CB136383

GRÁTIS
30 DIAS
GRÁTIS

Na Ubook você tem acesso a este e outros
milhares de títulos para ler e ouvir. Ilimitados!

Audiobooks Podcasts
Músicas Ebooks Notícias
Revistas Séries & Docs

Junto com este livro, você ganhou **30 dias grátis** para experimentar
a maior plataforma de audiotainment da América Latina.

Use o QR Code

OU

1. Acesse **ubook.com**
e clique em Planos
no menu superior.

2. Insira o código
GOUBOOK no campo
Voucher Promocional.

3. Conclua sua assinatura.

ubookapp ubookapp ubookapp

ubook
Paixão por contar histórias

Daniel Griffin & Albert van der Meer

PRESS START

GAMIFICAÇÃO COMO NOVA FERRAMENTA DE MARKETING

TRADUÇÃO
UBK Publishing House

ubook ubk
Publishing House

Copyright de © 2019, Daniel Griffin e Albert van der Meer, 2019
Copyright da tradução © 2020, Ubook Editora S.A.

Edição original do livro, *Press Start: Using gamification to power-up your marketing*, publicada por Bloomsbury Publishing.

Todos os direitos reservados. Nenhuma parte deste livro pode ser utilizada ou reproduzida sob quaisquer meios existentes sem autorização por escrito dos editores.

COPIDESQUE Vânia Cavalcanti
REVISÃO Lígia Alves e Rose Damas
PROJETO GRÁFICO Bruno Santos
DIAGRAMAÇÃO Know-how Desenvolvimento Editorial
IMEGEM DE CAPA Bruno Santos / luengo_ua / adobe stock

Dados Internacionais de Catalogação na Publicação (CIP)
(Câmara Brasileira do Livro, SP, Brasil)

Griffin, Daniel

Press start / Daniel Griffin, Albert van der Meer ; tradução UBK Publishing House. – Rio de Janeiro : Ubook Editora, 2020.

Título original: Press start : using gamification to power-up your marketing
ISBN 978-65-5875-038-3

1. Gamificação 2. Marketing I. Meer, Albert van der. II. Título.

20-47329 CDD-658.8

Índices para catálogo sistemático:
1. Marketing : Administração 658.8

Cibele Maria Dias - Bibliotecária - CRB-8/9427

Ubook Editora S.A
Av. das Américas, 500, Bloco 12, Salas 303/304,
Barra da Tijuca, Rio de Janeiro/RJ.
Cep.: 22.640-100
Tel.: (21) 3570-8150

Sumário

Introdução

"Gamificação."

Nós dois já pronunciamos esta palavra em centenas de workshops, reuniões e outros eventos. E geralmente podemos prever a reação inicial.

Às vezes temos sorte e a resposta é entusiasmada. Mas geralmente o que vemos são pessoas revirando os olhos, alguém falando que isso é "modinha" ou um eventual riso de pouco-caso. Esses são os sinais de que as pessoas tentaram e falharam em implementar uma das mais poderosas ferramentas motivacionais que temos à nossa disposição. Pior ainda, são os sinais de que essa ferramenta foi simplesmente descartada por causa das muitas opiniões negativas sobre ela.

Nós entendemos isso, já vimos isso acontecer, fizemos parte disso ou talvez até já pensamos do mesmo jeito. Temos estudado a gamificação desde que ela teve a primeira explosão de popularidade, por volta de 2012. Trabalhávamos em uma escola de administração na época, e, apaixonados por jogos, nós dois ficamos animados logo de cara com a possibilidade de fundir nosso passatempo preferido com a nossa vida profissional.

Seguimos o mesmo caminho, tentamos e falhamos em várias implementações no marketing, em recursos humanos e em L&D (*learning and development*) ao longo dos anos. Fizemos o que muitos outros fizeram na época, lemos alguns guias e estudos de caso na internet e aplicamos cegamente a gamificação em tudo o que podíamos, sem qualquer estruturação ou estratégia:

- Claro, se criarmos indicadores de desempenho e sistema de pontos para o nosso site, o engajamento vai melhorar...
- Basta colocar um fórum neste portal de ensino e os alunos vão começar a conversar uns com os outros...
- Acho que, se trabalharmos com um ranking, isso pode dar certo.

Era um brinquedo novinho em folha, que todo mundo queria experimentar. Mas, como sempre acontece com os brinquedos novos, depois de algum tempo ficamos entediados e o deixamos de lado.

Então a gamificação morreu, ou, na melhor das hipóteses, ficou capenga, porque um exército de consultores e especialistas não queria perder nem seus empregos, nem o nicho da indústria que eles mesmos haviam criado.

Pelo menos é isso que a maioria das pessoas pensa. A realidade é que a gamificação nunca morreu; ela apenas foi para as sombras. Isso é especialmente verdade para a nossa área de atuação, o marketing de gamificação.

POR QUE LER ESTE LIVRO?

Pontos, recompensas, rankings de classificação – esses são termos que você normalmente escuta quando alguém começa a falar de marketing de gamificação, e em geral é aí que as pessoas param de escutar. Elas já ouviram falar sobre isso; se não funcionou antes, não é agora que vai funcionar.

No entanto, se falarmos em eBay, Fitbit, LinkedIn, Duolingo e Booking.com e quisermos saber quais ferramentas e técnicas essas empresas usam para crescer com tanto sucesso, as pessoas começam a ouvir novamente.

A verdade é que a gamificação está viva e atuante no marketing, mas as histórias de sucesso não são tão visíveis, ou então foram rebatizadas como "experiência do usuário" (user experience – UX) ou "experiência do cliente" (*customer experience* – CX), já que os marqueteiros sempre tentam se distanciar de um conjunto de ferramentas e técnicas que as pessoas enxergam como ilusórias ou manipuladoras.

Esses profissionais de marketing se concentram no cliente; eles trabalham para entender o que o cliente precisa, e então procuraram as melhores ferramentas para atender às necessidades identificadas. E acabam chegando (seja por acidente ou intencionalmente) à "gamificação".

A diferença é que, em vez de sair colocando ferramentas em prática de qualquer jeito e sem estratégia, eles começaram pela estratégia e, depois, testaram uma ampla variedade de ferramentas para descobrir o que funcionava e o que não servia. Não houve artifícios, jogadas ingênuas ou projeções aleatórias. Eles trabalharam nisso sem um guia, assim como nós.

Mas agora você tem um guia: este livro. Em três seções, ele traz estudos de casos reais e mostra exemplos que o ajudarão a aplicar a gamificação ao seu marketing com sucesso:

- **Seção 1:** Explica a teoria por trás da gamificação e esclarece por que ela é tão importante; depois, expõe uma série de teorias motivacionais e psicológicas relevantes para o marketing de gamificação.
- **Seção 2:** Mostra quais ferramentas de jogo (como pontos e recompensas) se relacionam com quais alavancas motivacionais, fornecendo exemplos reais de como as organizações as utilizaram em seu marketing.
- **Seção 3:** Apresenta o nosso framework na prática para que você projete sua própria solução de gamificação, desde segmentar seu público e estabelecer metas até construir uma solução e falar sobre ela.*

POR QUE NOS OUVIR?

Se você ainda não havia percebido, duas pessoas escreveram este livro.

Albert van der Meer é um consultor criativo sediado na Holanda. Sua expertise está especificamente no entretenimento narrativo e visual, no storytelling e no ensino dessas técnicas. Ele associa os conhecimentos de gamificação à sua experiência como cineasta freelancer, produtor audiovisual, blogueiro especialista em soluções baseadas em jogos e facilitador de team building, prestando consultoria para diversos empreendimentos internacionais, como Hult International Business School, England & Wales Cricket Board e UK Sport, entre outros.

Com esses conhecimentos e habilidades, ele ajuda empresas, instituições de ensino e outras organizações corporativas a melhorar a cooperação entre equipes e a desenvolver um aprendizado mais profundo e significativo por meio do uso de técnicas de design narrativo e de jogos. Seu foco principal é criar ambientes e experiências nas quais

* Framework é um conjunto de ideias, regras e crenças que dão base teórica para determinado assunto [N. E.].

os indivíduos aprendem a desenvolver habilidades interpessoais e de liderança por meio da aventura e da ficção.

Dan Griffin é um profissional de marketing com mais de dez anos de experiência em multinacionais como a gigante do varejo on-line Amazon e escolas de negócios, bem como inúmeras instituições beneficentes e pequenas empresas. Sua experiência prática em marketing B2B e B2C é embasada pelo conhecimento teórico e qualificações de marketing adquiridos no Chartered Institute of Marketing (CIM), além dos inúmeros prêmios que recebeu, individualmente e em equipe, da Amazon e do Learning and Performance Institute (Instituto de Aprendizagem e Performance).

Dan é um profissional de marketing multidisciplinar, mas adquiriu uma vasta experiência em marketing digital ao longo de sua carreira. Começou a se interessar pela gamificação ao estudar a psicologia do consumidor, e desde então tem pesquisado sobre o assunto em profundidade, testando múltiplos frameworks e ideias em vários tipos de empresas. Atuando na linha de frente, tem um conhecimento abrangente sobre o que funciona e não funciona nesse campo.

PARA QUEM É ESTE LIVRO?

Escrevemos este livro para guiar você na criação de sua própria solução de marketing de gamificação.

Imaginamos que estamos conversando com um profissional de marketing ou com um empresário que busca novas formas de interação significativa com seus clientes. Alguém que já tentou as abordagens padrão de marketing, mas sente que existe algo mais, alguma coisa que falta nos manuais que encontramos na internet.

Depois desta leitura, você vai sentir o desejo sincero de se envolver com as pessoas com quem faz negócios, além de entender que construir relacionamentos de longo prazo e confiança com os clientes é a melhor estratégia para o futuro de sua organização. Um aviso: este livro não funciona para quem busca uma solução rápida.

Se você se identificou, ótimo! Bem-vindo a *Press Start*. Caso não tenha certeza, saiba que ele foi escrito especificamente para o tipo de pessoa que pensa no longo prazo, então é possível que você prefira pular os trechos que trazem informações que já conhece ou que não se aplicam à sua necessidade.

TRÊS AVISOS RÁPIDOS

1) Cobrimos uma grande variedade de assuntos neste livro: teoria da gamificação, psicologia motivacional, química cerebral, teoria do marketing e estratégia de marketing, entre outros. Abordamos os aspectos que consideramos mais relevantes e necessários para o conhecimento desses tópicos e então avançamos para o assunto que você precisa conhecer em seguida. Não pretendemos fazer uma análise abrangente e completa dos temas; por isso, se você quiser saber mais sobre algum deles, sugerimos buscar uma fonte específica ou passar pela nossa seção de leitura adicional, nas últimas páginas.

2) Também não recomendamos tecnologias específicas ou empresas que forneçam as ferramentas que discutimos. Isso porque a indústria está em rápida evolução, e não queremos dar conselhos que talvez estejam desatualizados logo depois de este livro ser lançado. O que nós oferecemos é o conhecimento necessário para você mesmo aplicar os princípios e ser capaz de identificar ferramentas que possam realmente ajudá-lo no mercado.
3) Você deve saber que a gamificação não vai ser a ferramenta certa para todas as situações. Ela é adequada para tipos específicos de negócios e certos tipos de clientes, mas tudo isso será explicado no decorrer do livro. Então, mesmo que leia *Press Start* até o fim e decida que a gamificação não serve para você, temos certeza de que, no fim da leitura, você terá uma noção mais ampla sobre psicologia do consumidor e saberá estabelecer um método eficiente para atingir os clientes com seu marketing.

Já chega de avisos. Vamos ao livro!

Seção 1
Teoria

Infelizmente ainda existe certo ceticismo em torno da gamificação. Isso se explica em grande parte pelo fato de ter havido uma bolha por volta de 2012, que estourou após muitos fracassos públicos. A coisa foi piorando com o tempo, pois surgiram inúmeros "gurus" apresentando soluções engessadas num modelo único, tentando firmar a reputação da gamificação como um modismo.

Então, por que falar nisso de novo? Porque a gamificação – sobretudo no marketing – pode ser uma ferramenta incrivelmente eficaz. Ela é utilizada por muitas empresas de sucesso de todas as áreas. A seguir, vamos descobrir como isso acontece.

Antes, precisamos chegar a um acordo sobre o que é exatamente a gamificação. A falta de uma definição concreta é outra razão pela qual essa ferramenta é muitas vezes ignorada, incompreendida ou considerada simples demais. Esse contexto nos motiva a começar pelo exame do que é a gamificação, desmistificando as definições oferecidas por vários especialistas e, em seguida, fornecendo nossa própria definição, adequada ao propósito que nos guia aqui.

Depois, vamos demonstrar por que a indústria do jogo e da gamificação é um fator tão relevante no momento. Há uma razão pela qual a gamificação decolou, e há uma razão pela qual o seu crescimento nunca realmente parou. Entender essa definição é vital para você decidir se venderá a ideia do marketing da gamificação para a sua empresa; a crescente relevância do tema não pode ser subestimada, e as organizações que o adotarem imediatamente estarão muito à frente da concorrência.

Finalmente, faremos um rápido tour pela psicologia motivacional, identificando o que impulsiona cada um de nós a agir da forma como agimos e qual é, especificamente, o objetivo da gamificação. Esses impulsos são comuns a todos nós, mas a forma exata como eles nos pressionam a agir varia de acordo com cada indivíduo e suas circunstâncias. É importante entender isso, pois você vai fundamentar sua solução de gamificação nessas alavancas. Se interpretar a mensagem incorretamente, você vai dar ao seu negócio uma base com a qual os clientes não vão se envolver ou pela qual não terão interesse.

Portanto, como você pode ver, a Seção 1 é, sem rodeios, a parte teórica do livro, mas não a deixe de lado mesmo que esteja familiarizado com muitos dos conceitos aqui expostos. Entender o que é a gamificação e o que são as alavancas psicológicas relacionadas a ela vai ajudá-lo a construir algo que realmente poderá atrair o engajamento de seus clientes, o que a maioria das soluções de gamificação falha em entregar.

Capítulo 1
O que é gamificação?

Vamos começar do início. O que é gamificação?

Infelizmente, definir a gamificação é complicado porque no momento não há um conceito com que todos concordem, mesmo que essa ferramenta seja usada em diferentes áreas de negócios e em diferentes carreiras há vários anos.

Existem múltiplas correntes de pensamento (e argumentos) sobre o que é a gamificação, formuladas por estudiosos, profissionais, consultores e "gurus", mas, embora muitos concordem uns com os outros, podem discordar em alguns aspectos fundamentais.

Para melhor explicar a gamificação, escolhemos especialistas com os quais concordamos em quase tudo, e trabalhamos com suas teorias para apresentar a você uma ideia mais clara sobre o pensamento atual em relação à gamificação. Entenda, porém, que, embora haja muitos mais pensadores por aí que poderíamos ter consultado, optamos por fazer um recorte transversal das definições mais difundidas e relevantes. Será a partir dessas explicações sobre a gamificação que explicaremos, então, a definição com a qual vamos trabalhar neste livro.

É importante entender e estar de acordo sobre esses termos e ideias básicas agora, antes de passarmos para conceitos mais complexos. Caso contrário, você corre o grande risco de se perder ou se confundir com os pontos subsequentes que vamos discutir. De qualquer forma, os leitores mais experientes podem preferir pular esta seção e passar para as partes práticas do livro.

PERGUNTANDO AOS ESPECIALISTAS: O QUE É GAMIFICAÇÃO?

O CONSULTOR

Yu-Kai Chou escreve e presta consultoria sobre gamificação e a aplicação mais ampla de seus princípios – uma área que ele chama de "design comportamental". Ele é o criador do Quadro de Octalise[1] (um método usado para quantificar os impactos da gamificação em diferentes motivadores psicológicos), e o autor de *Actionable Gamification: Beyond Points, Badges, and Leaderboards* [Gamificação de ação: além dos pontos, recompensas e rankings de classificação].[2] Nossas ideias são muito influenciadas por ele quando se trata de gamificação em geral, e recomendamos que você leia seu livro e os artigos publicados na internet.

Yu-Kai Chou acredita no seguinte:

> *"A gamificação é a arte de extrair todos os elementos divertidos e viciantes encontrados nos jogos e aplicá-los a atividades produtivas ou do mundo real. Isso é o que chamo de 'design humanizado', em oposição ao 'design funcional'. É um processo de design que otimiza o aspecto humano no sistema, em oposição à pura eficiência do sistema."*[3]

A ênfase de Yu-Kai Chou está em projetar um sistema para o usuário humano final, usando os aspectos divertidos e viciantes dos jogos. Esperamos que você já seja capaz de perceber que esse tipo de pensamento se encaixa perfeitamente nas estratégias de marketing focadas no cliente que você sem dúvida está tentando implantar em sua empresa.

Assim como nós, Yu-Kai Chou se concentra na psicologia humana e no design de jogos de forma a atingir os motivadores específicos dos jogadores. Vamos abordar a psicologia motivacional em capítulos posteriores, e esse conhecimento será fundamental para entender por que a gamificação é tão eficaz e como você pode empregá-la com eficiência para sua base específica de clientes, ramo de negócio e empresa.

O ANALISTA

Brian Burke é vice-presidente de pesquisa da Gartner e autor do livro

Gamificar: como a gamificação motiva as pessoas a fazerem coisas extraordinárias.[4] Nele, Burke discute as origens do termo "gamificação" e mostra como essa palavra, que pode soar estranha, tem dominado os negócios, apesar das inúmeras tentativas (sem sucesso) de mudá-la ao longo dos anos (por exemplo, para "design comportamental", conforme mencionamos ao falar de Chou).

Considerando sua formação, não chega a surpreender o fato de ele usar a definição de gamificação de Gideon Gartner:

> *"O uso da mecânica do jogo e do design de experiência para engajar e motivar digitalmente as pessoas a atingir seus objetivos."*[5]

Burke destaca o uso da mecânica do jogo e do design da experiência para influenciar a motivação. Ele parece considerar que a gamificação é puramente uma aplicação digital; nós discordamos disso, pois ela pode ser igualmente eficaz (e às vezes mais viável para pequenas empresas) quando feita de forma não digital.

Burke aponta, no entanto, que a gamificação se destina a motivar as pessoas a alcançar os objetivos. Aqui, seus objetivos são vitais, e muitos profissionais de marketing falharam porque se esqueceram desse princípio fundamental. Quando tenta gamificar algo, você precisa se lembrar de se concentrar no jogador, não em si mesmo.

Este livro vai apresentar muitos exemplos sobre mecânica de jogo e sobre maneiras relevantes de aplicá-la ao marketing do seu negócio, tanto on-line como off-line, para ajudar os jogadores a alcançar suas metas. Queremos que você seja capaz de empregar essas técnicas, não importa se esteja em uma startup sem orçamento de marketing ou em uma megacorporação com recursos ilimitados.

O PROFESSOR

Kevin Werbach é professor associado de estudos jurídicos e ética empresarial na The Wharton School, da Universidade da Pensilvânia. Ele é criador e instrutor do MOOC Gamification na plataforma Coursera, e coautor de *For the Win: How Game Thinking Can Revolutionize Your Business* [Jogar para ganhar: como a lógica dos jogos pode revolucionar seus negócios].[6]

A definição de gamificação comumente citada por Werbach é uma das mais difundidas no meio acadêmico, abrangendo muitos dos diferentes aspectos dos jogos, do design de games e da própria gamificação:

> *"Gamificação é o uso de elementos de jogo e de técnicas de design de jogos em contextos alheios ao jogo."*[7]

O problema é que essa definição pode trazer mais perguntas do que respostas, dependendo do conhecimento preexistente. O que são elementos de jogo? O que exatamente é design de jogos? O que são contextos alheios ao jogo?

As respostas a essas perguntas são elementos vitais para entendermos o que é a gamificação, por isso decidimos decompor a definição de Kevin Werbach, "*A gamificação é o uso de elementos de jogo e de técnicas do design de jogos em contextos alheios ao jogo*", e explicá-la peça por peça.

Vamos utilizar essas respostas para montar nossa própria definição de gamificação – voltada especificamente ao marketing de gamificação –, que será adotada em todo o livro.

ANTES DE COMEÇARMOS: O QUE É UM JOGO?

Muitos de vocês, dependendo do grupo social, hobbies e conhecimento técnico, podem desconsiderar essa pergunta e simplificar a definição rotulando os jogos como aqueles de computador, de cartas ou esportivos. Bem, vocês estão no caminho para a resposta correta, mas o que *realmente* faz essas coisas serem consideradas jogos?

É importante chegarmos a um acordo sobre o que é um jogo antes de trabalharmos na definição de Werbach. Assim você vai saber se fez um jogo ou apenas mais uma inconsistente tentativa corporativa de criar algo "divertido".

Bernard Suits, autor de *The Grasshopper: Games, Life and Utopia* [O gafanhoto: jogos, vida e utopia],[8] concentrou seu trabalho na definição de jogos e no impacto deles sobre nós e sobre toda a sociedade. Ele fez um esforço significativo na busca por conceituar o que é um jogo e criou as seguintes regras para isso:

REGRA 1: TODOS OS JOGOS DEVEM TER UM OBJETIVO FINAL PREDEFINIDO

Na brincadeira de esconde-esconde, o objetivo predefinido de quem se esconde é permanecer escondido o máximo de tempo possível, enquanto o objetivo de quem procura é encontrar o mais rápido possível aquele que se escondeu. Veja como é importante ter metas em um jogo. Sem elas, ninguém saberia o que fazer, e haveria caos e pouca motivação. Com elas, cada jogador entende o que precisa alcançar, e essa é a principal motivação para que os participantes ajam da forma como agem enquanto estão no jogo.

REGRA 2: TODOS OS JOGOS DEVEM PREVER UM CONJUNTO DE LIMITAÇÕES QUE DETERMINAM COMO OS JOGADORES PODEM AGIR

Continuando com o nosso exemplo do esconde-esconde, quem se esconde geralmente sabe que há uma área determinada na qual pode se esconder (como o playground), enquanto quem procura sabe que vai fechar os olhos por um período de tempo combinado enquanto quem se esconde acha um esconderijo – então, nada de espiar!

Essas limitações/regras são vitais para que os jogos sejam bem-sucedidos. Quando se impõe uma estrutura por meio dessas regras, tarefas e ações comuns podem se tornar desafiadoras e até mesmo divertidas. Imagine como seria chato brincar de esconde-esconde se você visse o outro se escondendo. Muitas empresas negligenciam esse aspecto dos jogos ao tentar tornar seus processos lúdicos o mais fácil possível, eliminando um elemento fundamental do próprio jogo e destruindo a motivação dos participantes para brincar e ser criativo.

REGRA 3: TODOS OS JOGADORES ADOTARÃO UMA ATITUDE "LUSÓRIA"

Uma atitude lusória é a mentalidade de quem, ao participar de um jogo, está disposto a seguir suas regras. Os jogadores devem se preocupar e investir no jogo em benefício do próprio jogo e assumir um comportamento justo ou desportivo em relação aos outros participantes e ao próprio jogo.

Em nosso exemplo de esconde-esconde, não há limites físicos reais na brincadeira, mas todos os jogadores aceitam inerentemente que há uma determinada área onde o jogo é disputado e que ele não vale ou não existe fora dela. (Então, nada de se esconder dentro das salas de aula ou fora da escola!)

Assumir uma atitude lusória é vital para aplicar a gamificação à vida real; sem ela, os jogadores não se envolverão na atividade como um jogo e tentarão, em vez disso, enganar o sistema. Pode ser também que eles não reconheçam onde o jogo começa e onde ele termina, provocando comportamentos não intencionais em outras áreas do seu negócio.

REGRA 4: TODOS OS JOGADORES DEVEM PARTICIPAR VOLUNTARIAMENTE

Uma coisa que Suits não inclui nas três regras, mas menciona em sua definição de jogo, é que todos devem participar dele por livre e espontânea vontade. Isso tecnicamente está subentendido na atitude lusória, mas é importante a ponto de ser reconhecido como uma regra à parte.

Se um jogador é forçado a jogar, então não é um jogo. Essa é, muitas vezes, uma falha que aparece em muitos sistemas gamificados, pois as empresas forçam seus clientes e funcionários a se envolverem em um jogo e ficam com a pulga atrás da orelha pela falta de envolvimento deles. Por exemplo, o primeiro encontro de muitas pessoas com a gamificação geralmente vem das tentativas do RH de tornar "divertido" o treinamento obrigatório de saúde e segurança.

ATENÇÃO: QUANDO UM JOGO NÃO É UM JOGO

Mas será que todas essas coisas precisam estar presentes para que um jogo seja um jogo? Você pode estar pensando que não se lembra de ter adotado, na infância, uma atitude lusória consciente, nem de ter estabelecido metas e regras para cada jogo que disputou. A resposta provável é que você fez essas coisas de forma automática e inconsciente, com pouco esforço mental.

Mas também há uma chance de que você não estivesse jogando; você estava apenas brincando.

Brincar é uma diversão não estruturada, sem objetivo ou propósito final predeterminado. Um bom exemplo de brincar é o faz de conta das crianças, ou o desenho livre usando apenas a imaginação. Brincar é divertido e envolvente para aqueles que brincam, mas, como você pode ver, não é muito eficiente em motivar os participantes para um objetivo específico, tornando-se ineficaz ao tentar gamificar um processo e motivar os usuários finais.

É essa estrutura (ou falta dela) que faz a diferença entre jogar e brincar. Quanto mais baixo você estiver na escala móvel da estrutura, mais vai avançar nas brincadeiras tradicionais e na sua orientação para os objetivos. Contudo, quanto mais você deslizar em direção ao lado mais estruturado, mais restritivo o processo se tornará até que não haja mais "brincadeira".

Você precisa planejar cuidadosamente seu processo de jogo para encontrar o ponto ideal de estrutura que permita que os jogadores se envolvam com ele de forma eficiente – dando-lhes objetivos e motivação –, mas não a ponto de eliminar a brincadeira até que a coisa deixe de ser divertida. Isso normalmente só pode ser alcançado depois de extensos testes do seu conceito.

Então, isso é tudo o que se pode saber sobre jogos? Um conjunto de objetivos e regras para criar uma estrutura e a mentalidade de jogador correta?

O lendário designer de jogos Sid Meier disse: *"Um bom jogo é uma série de escolhas interessantes"*.[9] Meier destaca o fato de que os jogos podem ser bons ou ruins, e que a distinção entre eles pode muitas vezes depender do que o autor chama de "escolhas interessantes". Essas escolhas interessantes estão fundamentalmente ligadas à estrutura, mas são ainda mais aprimoradas pela forma como o jogo foi projetado e pelos elementos de jogo a partir dos quais este é construído.

Mas agora voltemos ao nosso conjunto original de perguntas: o que são elementos de jogo e o que é design de jogos? Vamos retomar a definição de gamificação de Werbach e a nossa decomposição de cada um dos termos dentro dela.

O QUE SÃO ELEMENTOS DE JOGO?

"Gamificação é o uso de elementos de jogo e de técnicas de design de jogos em contextos alheios ao jogo."

Agora sabemos o que é um jogo, mas como se faz para montar um? Você tem um conjunto de regras e um objetivo geral para os jogadores, então o que vem a seguir?

Vejamos o futebol como exemplo. Com nossa definição de jogo, temos 22 participantes voluntários divididos em dois times, que entendem as regras e concordam com elas; uma área delimitada na qual se deve jogar; e sabemos que o objetivo dos times é vencer o jogo marcando mais gols do que o adversário. Parece ótimo, mas estamos esquecendo um detalhe: como eles podem jogar sem a bola?

Ao construir um jogo, ou, mais especificamente no nosso exemplo, um processo ou produto gamificado, você precisa incluir esses "detalhes" com os quais o jogador interage ou que tem como referência quando está jogando. Esses "detalhes" são o que denominamos "elementos de jogo", e são os blocos de construção de todos os jogos.

Para dar continuidade ao nosso exemplo do futebol, os elementos de jogo que poderíamos enumerar são:

- O futebol em si
- As traves do gol
- Pontos quando uma equipe marca um gol (um gol equivale a um ponto)
- Cronômetro de contagem regressiva para a duração do jogo
- Rankings de classificação, se os resultados forem registrados e comparados com outros jogos ao longo do tempo

E assim por diante...

No entanto, em vez de listar todos os elementos de jogo agora, o que importa entender nesta fase é que esses elementos são partes individuais dele. Os blocos de construção que lhe permitem jogar. Juntamente com o design de jogos, eles fazem o jogo, mas por si sós não fazem nada.

Muitas vezes, os negócios apenas escolherão elementos individuais do jogo, como vitórias e rankings de classificação, e tentarão colá-los em um processo que pretendem gamificar, sem pensar no design do jogo e na experiência do jogador. Isso, com frequência, resulta em participantes confusos e desmotivados, muitas vezes levando a efeitos colaterais e a comportamentos não intencionais.

Um bom exemplo desses efeitos colaterais não intencionais foi o esquema do serviço de limpeza de quartos gamificado da Disney.[10]

A Disney usou um ranking de pontuação para classificar os funcionários em relação a quantos quartos eram limpos e com que frequência a lavanderia era usada – com o membro da equipe de menor pontuação sendo repreendido (ou até demitido). De início, isso aumentou muito a produtividade em curto prazo (o que é bom), mas também aumentou as reclamações sobre quartos mal arrumados, roupas danificadas e moral baixo dos funcionários (o que é ruim). A Disney não tinha pensado na experiência do jogador.

Também não se trata do número de elementos de jogo que você pode cogitar e aplicar a uma situação; você precisa pensar em como esses elementos interagem entre si, no próprio jogo e nos jogadores.

Essa estratégia sobre como fundir os elementos de jogo e vinculá-los à estrutura é chamada de "design de jogos", que só terá sucesso, lembramos, se motivar os jogadores a executar as ações desejadas.

O QUE É DESIGN DE JOGOS?

"Gamificação é o uso de elementos de jogo e de técnicas de design de jogos em contextos alheios ao jogo."

Jogos são mais do que apenas uma pilha de elementos. Se você simplesmente despejar elementos de jogos em uma estrutura sem planejamento, é provável que provoque um desastre. É aqui que entra o design de jogos.

O design de jogos consiste em pegar sua seleção de elementos específicos e relevantes e reuni-los segundo as regras e a estrutura do jogo para motivar seus participantes em direção a um objetivo final. Isso requer que você entenda o que é o seu jogo, o que quer que os participantes façam em determinadas situações e quais elementos de jogo estão disponíveis para você.

Não se preocupe se ainda não compreender isso; vamos orientá-lo mais tarde. Por enquanto é preciso entender:

POR QUE VOCÊ ESTÁ CRIANDO ESTE JOGO E POR QUE ALGUÉM DEVERIA SE INTERESSAR POR ELE?

Os jogos são projetados para um propósito final – muitas vezes para divertir e para desafiar o jogador –, mas no marketing de gamificação esse propósito deve ser um objetivo orientado aos negócios, como o engajamento do cliente ou as taxas de conversão e retenção. Você precisa abordar e alinhar o propósito do jogo sob dois ângulos – seus objetivos comerciais e os objetivos do seu público – se quiser implementar a gamificação de forma eficaz. Entraremos em muito mais detalhes sobre o estabelecimento de metas apropriadas no Capítulo 15.

PARA QUEM É O JOGO?

Você precisa entender que jogos de sucesso são focados no jogador, não no designer ou na empresa para a qual ele trabalha. Os designers de jogos entendem que o jogador precisa ser o centro do jogo e sentir que este foi feito para ele. Esse foco no jogador se presta bem ao marketing voltado para o cliente. No Capítulo 14 veremos mais sobre como segmentar a base de clientes, entender suas motivações e o comportamento do jogador.

DE QUE MANEIRA O QUE EXPUSEMOS ATÉ AQUI MUDARÁ COM O TEMPO?

Os jogos e os jogadores mudarão ao longo do tempo. Todo jogador começa sem experiência e, para entrar no jogo, precisa de tutoriais e instruções. Com o tempo, a expectativa é que esse jogador precise de menos instruções, mas ele vai se entediar com a repetição da mecânica e começar a procurar maiores desafios e novas experiências. Os participantes mais experientes terão visto tudo o que seu jogo tem a oferecer; o que você fará para mantê-los por perto e ajudar o grupo mais recente de novatos? Todo jogo precisa levar em consideração as mudanças nas necessidades dos participantes; no Capítulo 16 mostraremos a você como mapear a jornada dos jogadores e mantê-los engajados a cada passo do caminho.

COMO VAI SER O MEU JOGO?

Finalmente, seria excelente se você avaliasse como os jogadores vivenciam a experiência. Essa é a aparência geral do jogo, e deve estar ligada à sua marca se você quiser garantir que os jogadores consigam associar seu negócio ao produto/processo com o qual estão interagindo. A estética é o que a maioria das pessoas associa ao design de jogos. É importante acertar nesse quesito, já que a qualidade final e a coesão em relação à marca devem ser altas para conseguir encorajar a participação dos jogadores; se houver alguma desconexão da identidade da sua marca ou da expectativa dos jogadores, estes rapidamente abandonarão o jogo. Lembre-se: seu objetivo não é criar o próximo game top de linha, mas promover uma experiência visualmente coesa que se encaixe na promessa da sua marca.

O QUE SÃO CONTEXTOS ALHEIOS AO JOGO?

> *"Gamificação é o uso de elementos de jogo e de técnicas de design de jogo em contextos alheios ao jogo."*

Este é o cerne do que realmente é a gamificação. Se você construiu um jogo que não impacta sua organização, então, parabéns, você construiu um jogo, mas ainda não implementou a gamificação para melhorar seu negócio. Para praticar a gamificação, o jogo deve se integrar ao negócio (o tal contexto alheio ao jogo) e se alinhar aos seus objetivos de negócio.

Este livro se concentra especificamente no marketing de gamificação. Portanto, quando falamos em contextos que não são de jogos, estamos falando de casos de uso como:

- Gamificar o site da sua empresa para incentivar os clientes a completar o preenchimento do seu perfil. Como o LinkedIn, que usa barras de progresso e tutoriais para guiar os consumidores ao longo das melhores práticas a fim de garantir que eles preencham 100% do perfil.[11]
- Gamificar sua versão de teste de um produto para aumentar as taxas de conversão para o produto pronto. Como a Autodesk, que construiu uma série de desafios na versão de teste para encorajar os jogadores a aceitar mais e mais tarefas usando o software da empresa.[12]
- Gamificar o atendimento ao cliente para melhorar os índices de satisfação da clientela ou diminuir o tempo de resposta. Como o FreshDesk, que recorreu a uma combinação de pontos, níveis e prêmios com o objetivo de envolver os funcionários do serviço de atendimento para responder com rapidez e precisão às solicitações de ajuda.[13]

Os contextos alheios ao jogo também podem ser focados tanto externa quanto internamente.

- Soluções com foco externo terão impacto direto no cliente, e você deve tentar alinhar seus objetivos de negócios aos objetivos do cliente a fim de aumentar o engajamento.
- Soluções com foco interno terão impacto em seu próprio negócio e em seus funcionários e podem alcançar várias equipes que compartilhem os mesmos objetivos.

Tradicionalmente, a gamificação externa está associada ao marketing, uma vez que se concentra na melhoria do envolvimento do cliente, enquanto a gamificação interna é, em geral, uma área dominada pelos setores de RH, Finanças, TI e Operações (muitas vezes em associação com as equipes de melhoria da aprendizagem, suporte, compliance etc.).

No entanto, à medida que o escopo do marketing aumenta, você verá que a gamificação interna tem aplicações no atendimento ao cliente, no endomarketing, em vendas e na gestão de equipes.

A maneira mais fácil de garantir que você agiu bem até chegar a esse obstáculo é perguntar a si mesmo: Tenho um objetivo relevante e mensurável para os negócios? O processo gamificado que projetei contribui para isso? O meu objetivo de negócio está de alguma forma alinhado com os objetivos finais do meu jogador? Mais sobre isso na Seção 3.

O QUE NÃO É GAMIFICAÇÃO?

Vamos ver o outro lado da moeda agora – como saber que a gamificação falhou? Compreendendo o que não é gamificação, você deve estar mais bem preparado para criar uma solução de gamificação de sucesso. É uma pergunta complicada, mas este é um bom momento para falarmos sobre algumas das armadilhas em que muitos negócios falham quando tentam implementar a gamificação adequadamente.

USANDO APENAS ELEMENTOS DE JOGO, SEM DESIGN DE JOGOS

Declarar que o cliente ganhou 10 pontos por clicar em determinado botão ou foi contemplado com um bônus por postar seu primeiro comentário são exemplos da aplicação de elementos de jogo. No entanto, se você não amarrou esses elementos a um design consistente, não terá uma gamificação bem-sucedida, e sim uma experiência oca.

Um exemplo dessa armadilha foi visto quando o Google implementou um sistema de símbolos para leitores de notícias.[14]

Sempre que você utilizava esse sistema do Google, ele gravava o que você havia lido e periodicamente lhe mostrava símbolos com base nos seus interesses; o problema era que ninguém mais podia ver esses símbolos, e a maioria das pessoas que os recebiam desconhecia essa associação que tinha sido feita. Como resultado, os jogadores recebiam títulos como "amante de esportes" depois de ler cinco artigos relacionados ao tema e reclamavam que esse bônus não tinha significado ou relevância para eles.

APENAS UM JOGO, SEM UM CONTEXTO ALHEIO AO JOGO

Se você criou um jogo que não está ligado aos seus objetivos comerciais, então, como já dissemos, você criou um jogo, mas não implementou a gamificação (o lado positivo é que sua empresa agora tem um jogo, e você passa a ser tecnicamente um desenvolvedor de jogos). Para evitar essa armadilha, é preciso identificar as métricas que você está tentando influenciar e projetar ativamente um jogo que as impacte.

UM JOGO QUE NINGUÉM QUER JOGAR

Enquanto você pode criar um produto/serviço gamificado, é preciso que haja um (bom) motivo para ele ser jogado. Esse motivo pode ser a diversão, o desafio ou a recompensa, mas é necessário oferecer uma razão para as pessoas quererem jogar.

E como você pode saber disso? Com dados.

As pessoas já fazem o que você quer que elas façam, mas a jogabilidade vai facilitar esse processo? O que as pessoas acham do seu jogo? Elas o abandonam ou sempre voltam?

Esse tipo de teste poderia ter poupado muito dinheiro ao Marriott quando desenvolveu seu jogo de recrutamento MyMarriottHotel,[15] um clone de FarmVille cujo objetivo era ensinar aos participantes o que é trabalhar em um hotel Marriott. Infelizmente, o jogo não era muito interessante – consistia em cliques e missões sem relação genuína com os objetivos do jogo (mostrar aos jogadores como era trabalhar no Marriott) e sem qualquer razão real para as pessoas estarem ali, pois ele não se relacionava com as chances de conseguir uma entrevista ou de demonstrar suas habilidades. Isso levava os participantes a abandonar o jogo rapidamente.

FINALMENTE: O QUE É GAMIFICAÇÃO, ENTÃO?

Examinamos brevemente como alguns dos pensadores atuais definem a gamificação, mais especificamente a definição de Kevin Werbach – analisando cada parte de sua proposição para saber o significado de jogos, elementos, design e contextos alheios ao jogo.

Muitas dessas definições coincidem em grande parte com os traços gerais do que é gamificação, e não estamos interessados nas discussões acadêmicas que esmiúçam, por exemplo, o que é e o que não é um elemento de jogo – estamos falando aqui de aplicações práticas.

Contudo, ter uma definição é importante, e ela o guiará na certeza de saber se o que você cria é ou não realmente gamificação – e é uma medida que pode ser usada para checar se não caiu em uma das armadilhas que discutimos até agora, criando acidentalmente algo que na verdade é apenas um jogo ou, pior, uma verdadeira confusão.

Vimos as definições dadas por importantes pensadores no ramo: o consultor, o analista e o professor. Mas o que está faltando? Se você é igual a nós, provavelmente está incomodado com a ausência de contribuição dos empresários e profissionais de marketing dentro das organizações.

O fato é que a maior parte do ruído na área da gamificação vem de alguns líderes de pensamento que discutem semântica e de alguns consultores que tentam vender seus serviços superestimando os benefícios da gamificação. Ainda há poucos profissionais dentro da gamificação que falam publicamente sobre essas coisas. Geralmente eles estão ocupados colocando-a em ação.

Essa foi uma das principais razões pelas quais nos sentimos compelidos a escrever este livro. Ambos temos trabalhado com gamificação em empresas reais e sentimos que esse recurso pode realmente ajudar muitas organizações a construir experiências convincentes para seus clientes – para chegar lá, elas só precisam aplicar um modelo de gamificação de marketing sem enrolação.

Então, qual é a nossa definição? Definimos gamificação de marketing da seguinte forma:

"Gamificação de marketing é a aplicação criteriosa de elementos de jogo relevantes a fim de resolver problemas reais do cliente ligados à sua empresa."

Observe várias palavras-chave em nossa definição:

- **Aplicação criteriosa**: Esta é a nossa dica para o design de jogos; você não deve simplesmente despejar elementos de jogo em um sistema ou processo e pensar que o trabalho terminou. Toda decisão deve ser tomada por um motivo. Esteja sempre perguntando qual é a razão.
- **Elementos de jogo relevantes**: Menos pode ser mais; cada elemento de jogo que você inclui deve estar lá por uma boa razão e precisa contribuir de alguma forma para a experiência do jogador. Não acrescente nada só porque você pode, porque o chefe pediu ou para imitar os concorrentes.
- **Problemas reais do cliente**: Certifique-se sempre de que sua solução de gamificação está impactando o mundo real, que está resolvendo os problemas/necessidades reais de seus clientes de forma tangível e mensurável. Se você não pode medir uma coisa, então ela não existe.
- **Ligados à sua empresa**: Parabéns, você construiu uma solução de gamificação que resolve os problemas de higiene dental de seus clientes. Pena que... você venda carros! Embora seja importante projetar a gamificação para os problemas dos clientes, certifique-se de que esses problemas estejam conectados aos objetivos da sua empresa!

Então, anote essas palavras-chave, peça para seus executivos de marketing tatuá-las no corpo; coloque-as no topo de cada documento que tenha relação com seu projeto de gamificação. Elas devem ser o mantra que você absorverá deste livro, é com base nelas que você deve julgar cada solução de gamificação que encontrar – e é com base nelas que nós julgaremos a sua!

RESUMO: CAPÍTULO 1

Gamificação é um termo amplo, utilizado em múltiplos setores e profissões. Existem inúmeras definições diferentes, mas muitas compartilham características similares. Principalmente a de a gamificação se basear em jogos e usar seus elementos para motivar as pessoas; esses elementos estão ligados ao design (um método para saber como os jogadores reagem a determinado jogo); e todos são projetados para impactar situações da vida real de alguma forma, motivando pessoas reais a executar ações específicas que devem beneficiar um negócio ou processo.

Aprendemos também que todos os jogos devem obedecer a quatro regras:

- Regra 1: Todos os jogos têm um objetivo final predefinido.
- Regra 2: Todos os jogos preveem um conjunto de limitações que determinam como os participantes podem agir.
- Regra 3: Todos os jogadores adotarão uma atitude lusória.
- Regra 4: Todos os jogadores devem participar voluntariamente.

E, finalmente, lembre-se da nossa própria definição: **Gamificação de marketing é a aplicação criteriosa de elementos de jogo relevantes a fim de resolver problemas reais do cliente ligados à sua empresa.**

PRÓXIMOS PASSOS:

- Escreva nossa definição em algum lugar e mantenha-a visível: Gamificação de marketing é a aplicação criteriosa de elementos de jogo relevantes a fim de resolver problemas reais do cliente ligados à sua empresa.
- Pense sobre seu jogo favorito, seja um game de computador, um jogo de tabuleiro ou um esporte. Faça uma lista dos elementos dele e pense em como ele foi projetado para motivar os jogadores a atingir determinados objetivos. Alguns elementos de jogo são mais eficazes do que outros? Por quê?
- Agora que você sabe mais sobre o que é a gamificação, pode pensar em três exemplos em que foi impactado ou experimentou a gamificação? Eles foram bem-sucedidos? Ou imediatamente perceptíveis?

Capítulo 2
A ascensão dos jogos

Temos a esperança de que você está lendo este livro para encontrar novas maneiras de fazer seus negócios crescerem, mas você pode estar cético sobre a gamificação e sobre como os jogos podem melhorar o marketing da sua empresa. Nós entendemos o ceticismo (também éramos céticos), então dedicamos este capítulo e o próximo a lhe mostrar por que os jogos e a gamificação são importantes, de onde eles vieram e como podem impactar suas estratégias de marketing.

Mas por que você deveria se interessar? De cara, a razão mais importante para gamificar seu negócio é o fato de que essa técnica pode exercer um impacto muito real no marketing e nas pessoas. Ela oferece ferramentas e métodos para:

1) Motivar os clientes a agirem de determinada forma (compartilhar posts de blogs nas redes sociais, visitar lojas específicas em determinados horários, registrar produtos em seu site, preencher formulários etc.).
2) Construir o reconhecimento da marca e a lealdade a ela.
3) Incentivar os clientes a usarem, comprarem e falarem sobre seus produtos/serviços.

Um exemplo do impacto da gamificação no marketing é a popular marca de chocolate M&M's, que conseguiu alcançar as três ações citadas acima com a campanha "Eye-SpyPretzel", que lançou o doce com sabor de pretzel nos Estados Unidos.[16]

Foi uma estratégia engenhosa e de baixo custo em que a empresa usou o jogo I spy (eu espio, em tradução literal), e colocou uma ilustração como as do tipo "Onde está de Wally" na sua página do Facebook. Os seguidores e clientes eram desafiados por um mecanismo de "caça ao tesouro" para encontrar o pequeno pretzel escondido entre os doces em várias imagens gráficas. Foi um enorme sucesso nos Estados Unidos. Muitas pessoas gostaram e compartilharam. O jogo viralizou, tornando a marca ainda mais conhecida e, especificamente por intermédio dessa experiência, divulgando seu último lançamento de produtos com sabor de pretzel.

A estratégia funcionou porque a gamificação teve custo de execução e criação baixo, foi simples para os clientes entenderem e jogarem, revelou-se divertida e envolvente e não estava diretamente ligada a qualquer ação comercial (embora ajudasse a vender mais do produto em longo prazo).

Esse foi um pequeno exemplo de uma empresa que incorporou um jogo ao seu marketing de lançamento em rede social, mas este livro lhe dará muitas outras ideias, ferramentas e técnicas para incorporar a gamificação em todos os aspectos de sua estratégia de marketing.

A gamificação pode ser poderosa quando bem-feita. Mas de onde vem esse poder? O que torna os jogos tão eficazes, para começo de conversa?

O AMANHECER DOS JOGOS

Para entender melhor a gamificação, você deve saber de onde vêm os jogos e para onde eles vão.

Os jogos sempre fizeram parte das sociedades humanas, tanto que alguns dos mais antigos datam de mais de 5 mil anos nas áreas que hoje fazem parte do Oriente Médio e dos territórios ao redor do Mar Mediterrâneo. Não eram complexos para os padrões modernos, mas tinham regras, objetivos e reuniam as pessoas.

Ter jogos e participar deles, segundo Johan Huizinga, foi na verdade o que ajudou a criar uma sociedade cultural humana com todas as suas complexidades: "[O jogo] é mais antigo que a cultura, pois a cultura, por mais mal definida que seja, pressupõe sempre a sociedade humana, e os animais não esperaram que o homem lhes ensinasse o seu jogo." (tradução livre)[17]

Nesse sentido, o jogo foi onde tudo começou: arte, filosofia, guerra, linguagem e assim por diante. Por extensão, os jogos e brincadeiras ocorreram organicamente como forma de explorar esses conceitos.

Podemos ver essa relação na qual os jogos imitam a vida em alguns dos primeiros que foram criados. Jogos que conhecemos hoje, como xadrez, go ou damas, são competitivos de soma zero que essencialmente consistem em representações de uma batalha. Ao mesmo tempo, os que envolvem o acaso com dados, que têm surpresa e mistério entrelaçados, são a base dos jogos de azar modernos.[18]

Mas o que esses jogos têm em comum?

Como já discutimos, os jogos precisam de jogadores, regras, limitações e um objetivo. São esses elementos que prendem os participantes, é a estrutura que dificulta, mas não impede, que se alcance o objetivo.

Por volta do século XV, as estruturas e regras realmente começaram a tomar forma e a definir o que é o jogo, dando a ele um ar mais profissional. Durante muitos séculos, a capacidade de jogar xadrez, damas ou jogos de cartas em nível "profissional" pertencia à elite – aqueles que podiam dedicar tempo para aprender o ofício do jogo.

Um dos resultados dessa busca pelo profissionalismo é o fato de que os jogos ganharam popularidade e tornaram-se mais difundidos à medida que a sociedade permitiu que seus cidadãos tivessem mais tempo livre. As pessoas dispunham de mais tempo para jogar e passavam mais tempo vendo os outros jogando. Um exemplo da ampla adoção e democratização dos jogos profissionais está nos primeiros campeonatos televisionados de esporte e de xadrez do século XX, que rapidamente se expandiram para game shows na TV e, agora, com a internet, para streamers de videogame.

Jogos de live-action transmitidos pela TV, juntamente com os minitabuleiros de RPG e os jogos de guerra, podem ter sido um forte fator rumo à ascensão dos games eletrônicos e de computador, que são hoje uma das maiores indústrias do mundo. O mais importante, porém, é que, com os jogos e a ascensão da eletrônica e do mundo digital, a democratização do prazer, aliada ao desafio e ao aprendizado, se espalhou ainda mais. E, com os jogos nos celulares, a velha crença de que eles são exclusividade da elite foi totalmente eliminada.

Não importa a idade, o sexo ou a cultura: qualquer pessoa pode desfrutar dos jogos e beneficiar-se deles, como fazemos há gerações e como farão as gerações futuras.

O CENÁRIO MUTANTE DOS JOGOS E OS GAMERS

Os millennials e as gerações vindouras provavelmente crescerão considerando os jogos como uma de suas formas de entretenimento preferidas. Como todos estão cada vez mais conectados, a tecnologia cada vez mais barata e as empresas cada vez mais ágeis no aprendizado e na customização, os jogos se entrelaçarão ao próprio tecido do nosso dia a dia.

Mas eles servem apenas para o entretenimento?

Sabemos por vários estudos que os jogos continuam a ser divertidos mesmo quando exigem de nós um esforço excepcional, e é por isso que muitos sistemas educacionais estão usando a gamificação para melhor reter a atenção e potencializar o investimento intelectual dos alunos.

James Paul Gee, professor de Estudos Literários da Universidade Estadual do Arizona, observou que os jogos forçam os indivíduos a aprender rapidamente e a se adaptar a seus próprios conjuntos únicos de regras e desafios. Os jogos certamente demandam tempo e energia das pessoas, independentemente da dificuldade esperada.[19]

Assim, se os jogos estão pedindo isso das crianças dentro e fora das escolas à medida que crescem, então elas invariavelmente estarão esperando por um ambiente semelhante quando entrarem no mercado de trabalho. E pode-se esperar a mesma coisa quando se tornarem consumidores de pleno direito.

Essa expectativa quanto à atual geração e às futuras explica por que a gamificação é tão importante. A geração do jogador não está chegando; está aqui, agora. Esses jogadores são muitas vezes os que estão em busca de um significado mais profundo e de experiências mais imersivas. Se você não está oferecendo isso, eles vão encontrar em outro lugar.

Vejamos algumas estatísticas que indicam quem são esses jogadores:[20]

- Em 2018 existiam aproximadamente 2,3 bilhões de pessoas que jogavam ativa e regularmente jogos eletrônicos, multiplayer ou os jogados por meio de redes sociais. Mais da metade deles vem da região Ásia-Pacífico. Esse número não abrange o baralho nem os jogos de tabuleiro.
- Ao mesmo tempo que os jogos eletrônicos são frequentemente associados a pessoas mais jovens, aproximadamente 15% dos jogadores do mundo inteiro têm entre 51 e 65 anos de idade. Não apenas isso, mas 63% de todos os jogadores em 2018 tinham entre 21 e 50 anos. Esses números mostram claramente que os games são apreciados com muito mais frequência por adultos.
- O número de horas gastas em jogos on-line e off-line é entre quatro e oito horas por semana. Essas horas podem ser passadas em jogos eletrônicos, mas também em jogos de tabuleiro tradicionais e similares.
- Pelo menos 40% dessas pessoas jogam com alguém que conhecem. E, sem surpresa, 50% dos jogadores são aqueles que apreciam os chamados jogos sociais. Estes podem ser tanto os do tipo multiplayer (por exemplo, *Call of Duty*) como os jogados em mídias sociais ou aplicativos com recursos multiplayer.
- Quantos homens e quantas mulheres participam desses jogos? Bem, a diferença está ficando menor a cada dia. Atualmente as estatísticas apontam para faixas de 54% de homens e de 46% de mulheres. Mas essa é uma média aproximada em todas as idades. Em faixas etárias específicas, a divisão às vezes se move em favor das mulheres, em outras em favor dos homens. E ainda nem consideramos nações e culturas para avaliar a divisão por gênero.

Esses números podem ou não surpreender você dependendo do seu histórico, mas o que provavelmente o chocará de fato é o dinheiro que está por trás deles.

Em 2018, os maiores vencedores da área dos jogos eletrônicos em todo o mundo, em termos de receita, foram a China, com 37,9 bilhões de dólares, e os Estados Unidos, com 30,4 bilhões de dólares.

A Eurásia e a África respondem por 28,7 bilhões de dólares. E a região Ásia-Pacífico como um todo tem 71,4 bilhões de dólares em receitas.[21]

O maior nome do segmento atualmente, em termos de negócio emergente e de gastos, são os eSports. Esse é o nome genérico de todos os jogos digitais que podem ser praticados em um nível competitivo profissional. Eles envolvem atletas, de modo muito similar aos esportes tradicionais, só que o campo de jogo está no mundo virtual.

Os valores envolvidos nos eSports são espantosos. Sua receita global em 2018 foi de 865 milhões de dólares, e espera-se que aumente para 1,8 bilhão até 2022.[22] Em 2018 foram realizados 737 eventos eSports individuais, com patrocínio de 456,7 milhões de dólares, publicidade de 189,2 milhões e venda de mercadorias e ingressos de 103,7 milhões.[23]

Os números são enormes e, à medida que as faixas etárias aumentam junto com os formatos e a adoção de jogos, continuam aumentando. Embora não estejamos sugerindo que você se envolva em eSports ou tente transformar seu negócio em algo parecido, o fato é que os jogos se tornaram predominantes em nossa sociedade, estão crescendo em popularidade e mudando as expectativas de sua equipe e de seus clientes. Mas como esse crescimento nos jogos se traduz em gamificação?

Em 2016, a expectativa era de que a indústria de gamificação crescesse para 12 bilhões de dólares até 2021 e para 19 bilhões até 2023. Grande parte desse crescimento está centrada nas ferramentas digitais gamificadas para instituições de ensino e para o setor de RH e L&D, especificamente no treinamento para cuidados em saúde, saúde & segurança e treinamento de compliance.[24] É aqui que está a maior parte da publicidade para gamificação como a conhecemos.

Mas e a gamificação de marketing?

Sabemos com base em nossas próprias pesquisas que a gamificação tem crescido ano após ano, e, enquanto todos discutem a aprendizagem da gamificação, o êxito verdadeiro, como mostraremos a você, está no marketing de gamificação.[25]

O marketing flertou com a gamificação há alguns anos e rapidamente decretou que essa era apenas uma moda passageira depois que milhares de empresas tentaram e falharam em implementá-la como um esquema de enriquecer fácil e rapidamente. Foi essa mentalidade de fixação fácil e rápida, sem qualquer estrutura ou orientação realista para os profissionais de marketing seguirem, que condenou a gamificação ao fracasso naquele momento.

Mas ela realmente falhou? Mostraremos, com diversos exemplos e estudos de caso neste livro, que a gamificação nunca morreu. Muitas grandes empresas continuaram a praticá-la, mas não fizeram muito barulho ou não a chamaram de gamificação propriamente dita. Uma revolução silenciosa vem ocorrendo, e este livro vai ensiná-lo a aproveitar alguns frutos dessa revolução e aplicá-los ao seu próprio marketing.

RESUMO: CAPÍTULO 2

Os jogos sempre foram difundidos nas sociedades humanas no mundo todo e agora, no século XXI, estão se tornando uma atividade predominante em todas as idades, gêneros e culturas. Essa expansão, combinada com o crescimento da internet e dos eSports, tem agitado a economia dos jogos para rivalizar com o cinema, os jogos de tabuleiro e alguns esportes populares – e superar todos eles. Os jogos chegaram para ficar e estão se tornando cada vez mais integrados ao cotidiano; os profissionais do marketing que ainda não implementaram a gamificação ficarão para trás em pouco tempo.

PRÓXIMOS PASSOS:

- Mergulhe em jogos on-line ou off-line e descubra o que os torna atraentes e o que atrai você neles.
- À medida que avança na leitura deste livro, tenha em mente o que está tentando gamificar e comece a procurar as ferramentas tecnológicas que podem ajudá-lo a conseguir isso.
- Na lista de ferramentas, inclua as opções analógicas também; fazer uma lista ajudará você a entender o que é viável financeiramente e em termos práticos para sua gamificação de marketing.

Capítulo 3
O poder por trás dos jogos

CONTROLE, ESTRUTURA E ESCAPISMO

Como vimos, os jogos não só se tornaram populares e sinônimo de grandes negócios como passaram a fazer parte do dia a dia de todos. Tudo isso apesar da imagem estereotipada e negativa do gamer, formada em torno dos videogames nos últimos anos e que felizmente tem sido dissipada à medida que os jogos se tornam mais populares.

Os games não são apenas jogos de vídeo; eles cobrem a ampla gama de todos os jogos de que todos nós participamos. Os jogos sempre foram importantes, mas só recentemente se tornaram um grande negócio e se difundiram por tantos países. Mas são mesmo um fenômeno recente?

Jane McGonigal, em seu livro *A realidade em jogo*, usa o exemplo da civilização Lídia, que viveu na Ásia Menor no Mundo Antigo, descrevendo como os lídios sobreviveram à seca e à fome com o uso e a ajuda de jogos disputados coletivamente: *"Os jogos tornam a vida suportável. Eles deram a uma população faminta uma sensação de poder em meio a uma situação de impotência, uma sensação de estrutura em um ambiente caótico."* (tradução livre)[26]

As palavras-chave aqui são uma sensação de poder ou, melhor, de "empoderamento", e de "estrutura".

Para muitos, a sociedade moderna é bastante caótica, e contar com sistemas como os jogos pode criar uma alternativa muito necessária, a "válvula de escape" que oferece estrutura e capacitação onde não há nenhuma. Isso fica óbvio pelo exemplo de McGonigal sobre os lídios, que conseguiram sobreviver à fome desviando a atenção para jogos que não estavam relacionados às suas circunstâncias de então. Não confunda isso com um estado de alheamento quanto aos problemas – na verdade eles estavam lidando com uma situação que eram impotentes para resolver, usando as estruturas e o poder que lhes eram dados pelos jogos para manter o controle de determinado aspecto de suas vidas.

Essa necessidade de compreensão estruturada é o motivo pelo qual somos atraídos por meios (visuais e interativos) de entretenimento; eles nos oferecem uma alternativa à realidade que não queremos, ou que não podemos controlar, ou com a qual não conseguimos lidar naquele momento. A ficção no cinema foi a primeira instância na era moderna a nos dar uma sensação de controle transitório; temos empatia com os protagonistas que parecem entender sua sorte na vida e estão no comando de seu destino.

O passo natural seguinte para a estrutura, o escapismo e o controle, foi, então, em direção ao mundo dos jogos. Um mundo com regras e objetivos claros. Aqui, o jogador entende tudo e tem tudo sob controle, ou pelo menos tem a ilusão de que é assim. Por isso os jogos são tão atraentes, sendo ao mesmo tempo visuais e uma forma de interação cognitiva para ajudar a lidar melhor com situações "extremas".

O CONHECIMENTO COMO UM GANCHO IMERSIVO

Para além do aspecto visual, o fator mais atraente da criação de jogos ou de suas experiências é a capacidade que eles têm de transferir eficazmente conhecimentos e ideias sobre o seu negócio para o consumidor.

Aproximar suas experiências de negócios de uma similaridade com os jogos deve torná-las mais envolventes e convidativas para seus clientes ou, melhor, seus jogadores, pois é isso que os clientes são agora.

Essa experiência se torna mais envolvente porque – como quem está familiarizado com jogos, especialmente os on-line, já sabe – a informação deve estar prontamente disponível e deve ser recebida "*just-in-time*". *Just-in-time* refere-se à aquisição de conhecimento exatamente quando é relevante e aplicável. Em um mundo de conectividade móvel, toda informação é on demand e acessível em qualquer lugar.

O processo de gamificação oferece uma estrutura em que experiências envolventes, divertidas, on demand e informativas *just-in-time* podem ser criadas em qualquer lugar para qualquer um. Isso é o mais importante para você, que está criando experiências informativas para seus jogadores. As pessoas não querem mais ser passivas; elas querem interagir e fazer parte da história (da marca) que você está desenvolvendo para elas. E elas adoram, porque podem participar e se tornar mais preparadas por causa disso.

COMUNIDADE E AUTOEMPODERAMENTO PARA SEUS CLIENTES

Quando você criar uma comunidade em torno do seu produto por intermédio de uma campanha, os jogadores desejarão fazer mais com – e para – essa comunidade, desejarão interagir com os outros jogadores envolvidos. Esse é um tipo de autopoder coletivo que, esperamos, vai crescer organicamente dentro da sua campanha de gamificação. No Capítulo 11, vamos explorar um pouco mais o conceito de comunidade e o de pertencimento.

A Playboy não é exatamente um exemplo de empresa com plataformas gamificadas e de autoempoderamento coletivo. A publicação remete a um produto que todo mundo deseja intrinsecamente: sexo. Apesar disso, a revista queria atingir assinantes mais jovens e mais novos para a marca. Ela, então, fez uma parceria com a Bunchball, uma empresa de webgamificação, para criar um aplicativo parecido com o Facebook chamado "Miss Social".[27]

Como o nome sugere, trata-se de um ambiente social para novos usuários se envolverem com o que poderia ser chamado de uma versão colaborativa da revista *Playboy*, liderada pela comunidade. Mulheres que desejassem estar na revista poderiam enviar fotos e tentar angariar votos para que pudessem aparecer na Playboy.com. O sistema funcionou dando oportunidade de voto aos usuários por um tempo determinado. Os usuários poderiam economizar esses votos e usá-los total ou parcialmente ao longo de vários dias para votar na(s) sua(s) pessoa(s) favorita(s).

As mulheres que concorriam poderiam engajar os amigos ou se envolver com a comunidade em geral por meio dessa plataforma social e somar mais votos. Enquanto entregavam o produto - fotos -, elas criavam uma comunidade orgânica em torno do aplicativo e delas mesmas fornecendo o conteúdo que o restante da comunidade queria e no qual votaria.

Esse projeto de gamificação social e comunitário foi bastante bem-sucedido para a Playboy. A revista teve uma taxa de 85% de reengajamento à marca e um aumento de 60% no faturamento mensal. Parece que, na era atual, desejos básicos como sexo não são suficientes para atrair engajamento - é preciso haver significado e um senso de trabalho conjunto, como em uma comunidade, para que as pessoas se comprometam com a sua marca.

Esses exemplos de comunidades trabalhando em conjunto, nas quais as pessoas, ao mesmo tempo que as formam, também são incentivadas a aproveitar o poder delas, são alguns dos aspectos mais fortes que você pode dominar ao utilizar uma campanha de gamificação de marketing bem implementada. Outras áreas em que as pessoas, em geral, pensam que não é necessário muito esforço para serem divertidas ou envolventes são o esporte, a saúde e o bem-estar. Mas a Nike também sentiu que poderia usar o poder da gamificação para melhorar exatamente isso.

Assim, outro grande exemplo de como os membros de uma comunidade ajudaram uns aos outros a melhorar nos leva à Nike e ao seu acessório Nike+ Fuelband.

A Nike lançou esse produto em 2012, e, desde então, passamos a vê-la como uma empresa que aparentemente tem um interesse ativo na saúde e no bem-estar de seus clientes.

O que o Fuelband faz é medir e monitorar a atividade física do usuário. Para acompanhar essa medição, o usuário precisaria fazer o download de um aplicativo da Nike+ pelo qual pode verificar os exercícios feitos, as calorias queimadas e assim por diante.

A primeira coisa a notar sobre o acessório e o seu aplicativo é que os jogadores recebem um feedback instantâneo sobre como estão se saindo. Isso é parte daquele mecanismo de feedback on demand e *just-in-time* que capta a atenção dos jogadores para o sistema que eles estão usando. Cada jogador pode comparar sua performance de hoje à do dia anterior, o que lhe permite, portanto, se for o caso, ajustar o exercício diariamente para alcançar maior eficiência.

A segunda coisa a notar é que a Nike liberou o Fuelband na comunidade Nike+. Isso permitiu que os vários jogadores competissem entre si. Cada membro da comunidade poderia compartilhar e comparar suas próprias conquistas com as dos amigos ou com os melhores da comunidade, já que todas as conquistas são visíveis em um quadro de liderança.

Adicionalmente, conforme cada jogador passava pelo aplicativo Fuelband, ia aos poucos desbloqueando recursos e ganhando bônus pelo que haviam alcançado, promovendo, assim, um retorno ao aplicativo para ver o que mais poderiam conseguir.

Essa campanha da Nike foi muito bem-sucedida e criou organicamente a fidelidade à marca, pois cada jogador deseja estar em forma e saudável, mas também quer fazer parte de uma comunidade que compartilha esses valores. A inclusão de elementos de jogo de competição e conquistas ajudou a facilitar o processo. O êxito alcançado demonstra que muitos associam a vida saudável à marca Nike, e a mecânica utilizada no Fuelband agora também é onipresente nos aplicativos de fitness.

COMUNIDADES E NARRATIVAS COMUNITÁRIAS PARA SUA MARCA

O desejo das pessoas de integrar uma comunidade e de fazer parte de sua jornada é uma grande ferramenta de marketing. Os clientes gostam de estar com pessoas da mesma opinião, especialmente se são elas que sabem das coisas e se foram elas que compraram os produtos corretos; os seus produtos.

Um exemplo de onde esse tipo de jogo comunitário é utilizado é a Samsung Nation. A Samsung Nation, como o nome sugere, visa criar uma comunidade em torno da base de clientes Samsung e usá-la para impulsionar o seu engajamento. Nessa comunidade, os usuários podem analisar os produtos da marca, participar de discussões, assistir a vídeos e assim por diante. Cada vez que eles contribuem com a comunidade, progridem por níveis, ganhando bônus e conquistas.

Esse é claramente um exemplo básico de jogo, pois ele simplesmente usa alguns elementos de jogo de nível baixo, como recompensas e conquistas, para ajudar a aumentar a sensação de lealdade à marca. O verdadeiro objetivo por trás disso, no entanto, era aumentar o número de avaliações de produtos da Samsung, e foi atingido. A Samsung viu um aumento de 500% nas opiniões sobre seus produtos. Então, de certa forma, foi um grande sucesso; a comunidade ficou satisfeita em dizer o que tinha para dizer. Mesmo que isso tenha expandido a comunidade com novos clientes, a meta era aumentar a fidelidade à marca e a homogeneidade da comunidade na base de contatos já existente.

Essa é apenas uma amostra básica de lealdade à marca e de construção da comunidade em um exemplo de gamificação de marketing. Em curto prazo, a empresa viu um aumento no volume de avaliações, e as pessoas/clientes viram opiniões incríveis. Só que, com o passar do tempo, passaram a desconfiar dos comentários mais antigos.

Se você quer propiciar uma experiência agradável e envolvente em longo prazo, precisará de algo mais do que isso – de uma narrativa. A narrativa para um negócio são a marca e a motivação corporativa. Uma narrativa por si só, porém, oferece apenas uma parte do que os jogadores estão procurando. Pode ser inconsciente para alguns, mas a maioria dos jogadores busca uma experiência comunitária desafiadora e que ofereça um aprendizado significativo com a "narrativa".

Um grande exemplo de empresa que cria mundos de histórias imersivas para promover sua marca é a Autodesk. Ela juntou as ideias da criação narrativa e da personalização e as direcionou para uma base específica de usuários. Se você não está familiarizado com a Autodesk, trata-se de uma empresa de software de modelagem 3D, frequentemente usada nas indústrias de filmes e jogos.

A Autodesk aproveitou seu software de teste tradicional e o gamificou. Os testes sempre foram um aspecto central para qualquer venda de software. Estão lá para dar ao consumidor um gostinho do que o software pode fazer e, com base nisso, decidir se vai comprá-lo ou não. A Autodesk, no entanto, decidiu criar uma jornada personalizada e focada na experiência de jogo para o público-alvo dos seus testes.

Durante o período experimental do software de modelagem 3D, o jogador seria levado a um tutorial chamado "Undiscovered Territory" (território inexplorado). O tutorial lhe mostraria como usar os vários elementos do software para passar de um esboço digital para um ativo 3D totalmente texturizado. Como você pode ver pelo nome, o jogador é levado através de uma narrativa de descoberta de várias cidades desconhecidas e territórios inexplorados. Isso significava que havia um sentido a mais para a experiência; o jogador não estava lá apenas para clicar aleatoriamente nas opções, mas sim para embarcar em uma jornada de descoberta, com um objetivo claro e desafios que precisava superar.

O teste gamificado foi um enorme sucesso para a Autodesk; seu uso aumentou 54%, os cliques de compra aumentaram 15% e a receita do canal por teste aumentou 29%. Esses resultados são razão suficiente para que a gamificação seja considerada útil.

O que pode ser visto a partir dos exemplos de gamificação expostos é que os processos corretos contemplam a criação de ambientes bons, eficientes e bem estruturados. Os jogadores precisam ser capazes de acessar com rapidez, entender e usar seu produto ou serviço com facilidade. Indo além, eles precisarão de outras peças, como uma narrativa, mas também da liberdade de escolha para se engajar ao produto ou serviço e de uma mecânica de feedback instantânea e útil.

RESUMO: CAPÍTULO 3

O poder dos jogos e da gamificação está no fato de eles permitirem que você adicione um sistema que contenha uma estrutura clara e com objetivos, desafios, resultados e consequências facilmente compreendidos e assimilados por seus jogadores. Permitir que estes conheçam mais sobre sua marca e seu produto enquanto aprendem novas habilidades para o jogo é uma forma de tê-los efetivamente engajados. Para mantê-los assim, você precisa garantir que uma comunidade cresça organicamente em torno de sua experiência gamificada, além de lhe oferecer uma narrativa de marca envolvente.

PRÓXIMOS PASSOS:

- Pense em quais experiências, jogos ou similares apresentavam um sistema estruturado que tenha envolvido você e permitido que se sentisse no controle.
- Considere as comunidades das quais você faz parte: grupo de leitura, grupo de atividade física, grupo de hobby. O que atraiu você para esses grupos e como eles mantêm o seu engajamento?
- Conheça sua marca e veja quais são as histórias que existem sobre ela, suas ou de seus colegas, e as dos clientes, independentemente de serem boas ou ruins.

Capítulo 4
A biologia da motivação

Você se sente no controle? Ou às vezes sente um impulso de agir de certa maneira? Não estamos falando de extremos como jogos de apostas ou dependência química, mas de falhas cotidianas, como o desejo de comer mais um pedaço de chocolate ou de terminar só mais um nível de *Candy Crush*.

A questão é: por que você faz o que faz?

A maioria de nós age da maneira que age porque espera que, dessa forma, se sentirá bem (ou menos mal), embora geralmente em curto prazo. Comemos um pedaço a mais de chocolate porque nossa boca saliva com a antecipação de fazer isso, ou jogamos mais um nível de um game porque sabemos que "nos sentiremos bem se o fizermos".

É claro que podemos ignorar esse pensamento de curto prazo e nos ater a uma dieta ou nos concentrar em fazer nosso trabalho, mas é sempre um esforço consciente manter distância das alavancas bioquímicas que nos fazem ceder.

Essas alavancas são poderosas motivadoras em virtude dos resultados imaginados sobre a ação adotada e a antecipação dos resultados dessa ação. Mas por que elas são tão poderosas e como funcionam?

VOCÊ É MAIS ESPERTO DO QUE UM RATO?

O grande mágico de Oz (aquele das cortinas e das alavancas[1]) é uma metáfora divertida para uma área em nosso cérebro conhecida como

* Em uma das cenas mais conhecidas do clássico *O mágico de Oz*, Dorothy e seus amigos são manipulados pelo "grande e poderoso Oz", que, na verdade, não é nem tão grande nem tão poderoso como aparenta. Eles descobrem que estavam sendo enganados quando Totó, o cachorrinho da protagonista, puxa as cortinas e descobre que o tamanho dele era uma simples ilusão [N. E.].

"núcleo accumbens". É uma parte importante do centro de prazer do cérebro e, como tal, acaba manipulando a maneira como agimos e reagimos de forma inconsciente.

Pensamos que estamos no comando, tomando todas as decisões, mas, na realidade, há um "ser" por trás das cortinas controlando (ou melhor, influenciando) nossas decisões sem que nos demos conta disso.

O feiticeiro em questão, o núcleo accumbens, foi descoberto por dois cientistas, James Olds e Peter Milner, no final dos anos 1950 e início dos 1960, quando fizeram experimentos sobretudo em animais.[28]

A maneira como Olds e Milner descobriram como funciona o núcleo accumbens não era o método mais pet friendly, mas se mostrou eficaz. O processo envolvia pegar um rato de laboratório e implantar eletrodos diretamente no cérebro do animal, especificamente no núcleo accumbens, para avaliar como essa região específica atuava.

O rato poderia escolher entre (A) comer e beber ou (B) apertar um botão que ativasse os eletrodos que estimulavam essa parte do cérebro diretamente. Comida e bebida são recompensas antecipatórias que estimularão os núcleos accumbens por sua característica intrínseca, mas o efeito dos eletrodos estimulando o núcleo diretamente foi muito mais pronunciado e poderoso. O que eles descobriram foi que os ratos começaram a optar cada vez mais por apertar o botão em vez de comer ou beber.

Perceba que o impacto da estimulação direta nessa área do cérebro era tão poderoso que os ratos desistiam de comer e beber só para continuar prolongando aquela sensação. E essa é a mesma área de prazer do cérebro em que a comida, o sexo, os celulares e (claro) os jogos nos impactam.

Olds e Milner deduziram que o núcleo accumbens deve ser ou fazer parte do que vieram a chamar de "centro de prazer" do cérebro. Como eles observaram na fixação dos ratos por apertar o botão, o centro tem um efeito distinto sobre a obsessão e o vício.

Se você estiver pensando a esta altura que "são só ratos; os humanos não são tão facilmente influenciáveis", está errado.

Alguns anos depois, outros pesquisadores repetiram a experiência de Olds e Milner com humanos e encontraram a mesma coisa – na verdade, foi pior ainda.

Mesmo quando os pesquisadores desligaram a máquina, os participantes continuaram a pressionar o botão. Os dispositivos e os participantes tiveram de ser removidos à força.

VOCÊ É MAIS ESPERTO DO QUE UM CACHORRO?

Ok, o teste com os ratos não foi ético, a inserção de sondas elétricas no cérebro nunca terminou bem em filmes de terror e não recomendamos que você tente isso em casa. Então, que tal uma abordagem menos invasiva?

Como ativar o núcleo accumbens sem sondas metálicas?

Primeiro, feche os olhos e imagine estar comendo seu prato favorito. Tente imaginar o prato bem na sua frente, imagine o aroma e o sabor da primeira garfada. (Pessoalmente imaginamos um bife suculento grelhado no azeite servido malpassado... Desculpas antecipadas para os veganos ou vegetarianos que estejam lendo este livro.)

O que aconteceu agora mesmo com você enquanto imaginava a cena? Sua boca provavelmente começou a salivar em antecipação à refeição imaginada, certo? Se não, você provavelmente não estava se esforçando o suficiente, ou poderia não ter sido condicionado para responder dessa forma ao estímulo que apresentamos.

Estar condicionado a um estímulo para obter a resposta desejada (como fazer você salivar ao pensar em grelhar um bife) é o condicionamento clássico de Ivan Pavlov.[29] Ele descobriu esse fenômeno enquanto pesquisava as vias digestivas dos cães e notou que os animais pesquisados babavam excessivamente sempre que o técnico de laboratório que os alimentava entrava na sala – mesmo quando ele não trazia comida consigo.

Essa reação era o núcleo accumbens ativado para uma resposta aprendida. Os cães associavam o técnico de laboratório à comida, ou seja, seu núcleo accumbens se ativava sempre que o viam.

Pavlov então passou a testar essa observação usando um metrônomo (o novo estímulo) em vez do técnico de laboratório. Ele colocava o metrônomo fazendo tique-taque somente antes de alimentar os cães (a comida era a recompensa). No começo, os cães não respondiam ao metrônomo (ainda não estavam condicionados ao estímulo); após algum tempo, porém, eles começaram a associar o som do metrônomo à recompensa do alimento.

Não demorou muito para Pavlov conseguir introduzir o estímulo (metrônomo) sem a recompensa (comida) e ainda obter a resposta condicionada (salivação). Ele acreditava que esse era o condutor fundamental por trás de toda motivação e ações, e que, como os cães, somos programáveis para responder às condições de causa e efeito aprendidas.

Essa se tornou uma grande escola de pensamento em psicologia, com múltiplos experimentos de acompanhamento que testaram os mesmos princípios – que animais e humanos podem ser "classicamente" condicionados a se comportar de forma definida. Eles mostraram que nós mesmos muitas vezes fazemos essas associações entre estímulo e recompensa naturalmente, mas que elas podem ser introduzidas artificialmente por psicólogos que trabalham com metronomia, por exemplo.

VOCÊ ESTÁ MAIS ESPERTO DO QUE ONTEM?

Nem todos concordaram com Pavlov, no entanto. Outro psicólogo, B. F. Skinner, acreditava que o condicionamento clássico era muito rudimentar para explicar as complexidades do comportamento humano. A simples observação mostra que os humanos não vivem o tempo todo com base em ciclos de estímulo-resposta aprendidos.

Skinner chamou sua abordagem de "condicionamento operante".[30] Ele acreditava que a melhor maneira de entender o comportamento é pelo viés de causa e efeito, e pelas lições que aprendemos com isso ao longo do tempo.

O básico do condicionamento operante é o fato de que nos lembramos dos resultados do nosso comportamento. Se fizermos algo (como tocar um ferro quente) e a consequência for negativa (queimamos a mão), é menos provável que façamos a mesma coisa no futuro. O oposto é verdadeiro para as consequências positivas.

Skinner chamou isso de "reforço" e sugeriu que nosso comportamento está em constante mudança com base nas experiências aprendidas de reforços positivos e negativos para nossas ações. Não só isso, mas também responder à falta de reforços, esquecendo ou mudando comportamentos se não tivermos recebido reforços há algum tempo. Essa abordagem dinâmica de aprendizagem está muito mais alinhada com a forma como nos comportamos de fato.

Em outro exemplo de experimentação animal antiética, Skinner estudou o condicionamento operante colocando ratos dentro do que veio a ser conhecido como a "caixa de Skinner", essencialmente uma gaiola que continha uma alavanca que o rato podia acionar.

Às vezes os ratos se movimentavam sem objetivo na caixa de Skinner, batendo ocasionalmente na alavanca, o que fazia porções de comida aparecerem. Com o tempo, os ratos aprenderam que, movendo a alavanca, ganhavam comida, e então repetiam a ação, uma e outra vez, para serem alimentados.

Uma versão diferente do experimento, a caixa permanecia eletrificada até que o rato acionasse a alavanca; você pode imaginar a rapidez com que o rato aprendeu a desligar a corrente elétrica depois que acidentalmente empurrou a alavanca na primeira vez.

Podemos todos pensar em exemplos de como nosso próprio comportamento tem sido afetado pelo reforço ao longo do tempo. Na infância, todos nós aprendemos por tentativa e erro, e essa prática continua até a idade adulta, embora neste ponto estejamos apenas reforçando lições já aprendidas em vez de criar novas associações.

Por exemplo, se você tentou, quando era mais jovem, fumar na escola, terá inconscientemente pesado os prós e os contras. Você pode ter ficado com os colegas mais legais e descoberto que fumar o relaxava antes das provas, mas também pode ter sido descoberto por seus pais ou professores e recebido uma punição. Dependendo de suas experiências, você pode ou não estar fumando ainda hoje, pois os diferentes resultados de suas ações o terão empurrado em uma ou outra direção.

Quando fazemos alguma coisa, aprendemos alguma coisa. Muitas atividades não terão um reforço positivo/negativo correspondente porque são de prazo longo demais, mas qualquer atividade que nos cause prazer ou nos ajude a evitar a dor, em curto prazo, tem potencial para ativar o núcleo accumbens.

Se todos esses fatores acionam o núcleo accumbens, o que ele está fazendo para gerar esse acionamento?

Esse núcleo faz parte do sistema de recompensa fisiológica e psicológica que é ativado quando se antecipa algo. A antecipação geralmente é a expectativa de alcançar algo bom ou de evitar algo ruim. Em ambos os casos, o efeito da sensação é sustentado por um neurotransmissor químico, conhecido como dopamina, liberado no núcleo accumbens.

Provavelmente você já ouviu falar em dopamina; ela é a celebridade dos neurotransmissores e recebe toda a pressão, tanto positiva como negativa, pela conexão com nosso senso de prazer e sentimentos de antecipação. Mas a dopamina faz muito mais que isso, é claro, e interage com outros neurotransmissores (como a serotonina) para fazer mudanças mais complexas no cérebro. Contudo, para os propósitos deste livro, vamos nos ater à dopamina e aos seus efeitos na motivação.

A dopamina é o mediador químico que nos ajuda a aprender o que é bom, e é ela que influencia muitas de nossas ações.

Quando esse mediador químico é liberado do hipotálamo, ele circula pelo cérebro e serve a diversas funções. A dopamina percorre muitos caminhos diferentes no cérebro, mas o principal para nós, neste livro, é o sistema mesolímbico da dopamina, do qual o núcleo accumbens faz parte – constituindo um componente importante do que os pesquisadores chamam de "centro do prazer" do cérebro humano.

O avanço na tecnologia melhorou a nossa compreensão desse centro de prazer. O professor Brian Knutson conduziu um estudo explorando o fluxo sanguíneo no cérebro de pessoas que participaram de um jogo em uma máquina de ressonância magnética funcional (fMRI, na sigla em inglês).[31]

Ele verificou que o núcleo accumbens não se ativou após a recompensa ter sido recebida (como as hipóteses de Olds e Milner); na verdade, ele se ativou quando o participante começou a antecipar uma recompensa ou punição.

E isso é muito importante.

Curiosamente, ele também descobriu que essa ativação causou estresse na pessoa, o que a motivou a agir de determinada maneira para receber a recompensa com que sonhava. Isso ficou evidente quando o núcleo accumbens se ativou mesmo quando os jogadores perderam – uma vivência que significou que se sentiram compelidos a continuar tentando.

Nir Eyal, em seu livro *Hooked (Engajado): como construir produtos e serviços formadores de hábitos*, usa uma ótima expressão para descrever esse efeito psicológico: o estresse do desejo (tradução livre).[32]

O estresse do desejo refere-se ao estado em que nos encontramos quando existe uma lacuna entre o que antecipamos e nosso estado atual. Dependendo de alcançarmos ou não o que desejamos, o estresse que experimentamos por causa dessa lacuna pode ter uma conclusão positiva ou negativa.

Um bom exemplo de um dos efeitos da dopamina sobre nós (e do estresse do desejo) é a fome. Vamos repetir o exercício anterior em que você imaginou estar diante do seu prato favorito e dando a primeira garfada nele.

Se fosse na vida real e você tivesse realmente saboreado seu prato favorito, você teria antecipado a recompensa de fazê-lo e saciado sua fome. Todo esse evento seria uma resposta física criada com a liberação de dopamina e endorfinas. Mas, como dissemos, o cérebro é um órgão incrível, e esse estímulo pode até ocorrer quando imaginamos ou percebemos algo. Os estímulos visuais (imaginários ou reais) são suficientes para ativar o núcleo accumbens e a liberação de dopamina, mesmo na mera situação de antecipação de uma recompensa ou de um resultado que desejamos.

No entanto, essa estrutura do cérebro tem dois lados. Nossos exemplos iniciais são de seus efeitos positivos, em que nos sentimos bem quando antecipamos uma recompensa desejável. O outro lado dessa estrutura representa o nosso sistema de aversão.

A aversão à perda, demonstrada por Daniel Kahneman e discutida em seu bestseller *Rápido e devagar: duas formas de pensar*, muitas vezes se resume à questão de escolher o "dos males, o menor" e que, *"se houver uma pequena chance de perderem o que ganharam, as pessoas farão de tudo para se proteger contra a perda"* (tradução livre).[33]

O conceito de Kahneman sugere que, se um indivíduo é apresentado a duas escolhas (ele prefere ganhar um desconto de 10 reais ou evitar uma possível sobretaxa de 10 reais?), na maioria dos casos ele vai preferir evitar a sobretaxa a obter o desconto. Isso porque a antecipação de perder algo é, às vezes, maior que o resultado garantido de um desconto.

VOCÊ CONTRA O FEITICEIRO

Esperamos que você tenha uma boa dose de ceticismo diante de todos esses modelos. Os seres humanos são muito mais complexos que o número limitado de modelos psicológicos aqui abordados, mas esses modelos simples nos ajudam a entender alguns dos fatores bioquímicos e psicológicos que nos influenciam todos os dias.

A liberação de dopamina e a ativação do núcleo accumbens são de fato um mago invisível no nosso cérebro que, muitas vezes, tentará nos fazer adotar comportamentos específicos. Isso não é ruim, é apenas como evoluímos e a maneira mais básica de aprender sobre a vida e nosso ambiente.

Seguir cegamente seus instintos e responder apenas ao que o faz sentir-se bem não é uma boa estratégia de vida. O centro de prazer químico do nosso cérebro está focado sobretudo em benefícios em curto prazo, e não necessariamente acompanha nosso amadurecimento para entender objetivos como não gastar todo o nosso dinheiro em jogos de azar, ou não comer todos os doces que desejemos.

Além disso, o cérebro também tentará "enganar" você para induzi-lo a fazer mais atividade, diminuindo sua resposta ao mesmo estímulo ao longo do tempo (ou, inversamente, tornando-o mais acostumado a estímulos em constante mudança).

Skinner descobriu isso, em parte, com sua própria versão do experimento de Olds e Milner. Ele fez um dispensador de alimentos para pombos que às vezes entregava sementes quando um botão era apertado; isso condicionava o pombo a estar mais motivado a apertar o botão o tempo todo, só para saber se receberia ou não comida, estando ou não com fome.

Conforme as ações (nesse caso, o pombo pressiona o botão) aumentam em quantidade, correm o risco de se tornarem repetitivas. Para os humanos, se a recompensa antecipada não variar, ou não for suficiente, o resultado pode se tornar previsível. Portanto, o ciclo torna-se cada vez mais banal e repetitivo demais para receber os mesmos níveis de estimulação; em outras palavras, torna-se entediante.

Além disso, como você já deve ter deduzido, é daqui que pode advir o comportamento obsessivo. Você só precisa olhar para os caça-níqueis em um cassino para ver esse tipo de comportamento condicionado em ação. Os caça-níqueis são bem-sucedidos, apesar de sua natureza repetitiva, graças às recompensas altamente variáveis que podem oferecer e que nos induzem a fazer "só mais uma tentativa".

DOPAMINA E GAMIFICAÇÃO

Então, como isso se encaixa na gamificação de marketing?

Como você provavelmente já percebeu, veículos poderosos que influenciam o lançamento de dopamina são filmes, vídeos e jogos. Esses meios são baseados em estímulos visuais e, geralmente, surpreendem o espectador. É o elemento inesperado que ativa a liberação de dopamina – há em nós uma satisfação na expectativa do inesperado.

Mas como você pode usar esses veículos no marketing? A Seção 2 vai explorar isso, mas queremos dar alguns exemplos enquanto o conceito de dopamina ainda está fresco na sua cabeça.

Para o aspecto antecipatório da dopamina, um dos nossos exemplos favoritos de vídeos na gamificação de marketing é uma série um pouco mais antiga do YouTube, *Will it Blend?*[34] [Vai se misturar?] A premissa é brilhante e uma ilustração incrível de como se pode transformar o marketing de um produto incrivelmente banal e monótono em algo divertido e inesperado.

Para os que não estão familiarizados com *Will It Blend?* Um "cientista" usando um jaleco de laboratório joga objetos aleatórios no modelo de liquidificador de última geração da fábrica para testar a capacidade de mistura do eletrodoméstico. Em um episódio, o "cientista" coloca um iPhone novinho em folha no liquidificador e a pergunta "vai se misturar?" aparece.

Instantaneamente somos apresentados e estimulados com uma surpresa (lembre-se de que a estimulação do núcleo accumbens vem com a antecipação do resultado, não da recompensa real). Para os novos espectadores, há a surpresa de ver um homem realmente bater no liquidificador um objeto tão valioso e cobiçado, além da surpresa adicional de que o liquidificador poderia realmente bater o objeto em questão.

A expectativa era encontrar um item que o liquidificador não conseguisse misturar ou bater. Nesse episódio, o liquidificador se saiu muito bem, reduzindo o iPhone a milhões de partículas de pó tecnológico. A campanha de vídeo foi um grande sucesso, com pessoas acessando o canal regularmente para ver o que mais seria misturado.

As técnicas de gamificação de marketing que impactam a sensação de aversão às perdas são, no entanto, menos óbvias, pois a maioria das empresas não quer que essas técnicas sejam expostas, uma vez que talvez, involuntariamente, pareçam desleais e manipuladoras para os clientes se estes perceberem que podem ter sido impactados por elas. As empresas recorrem a elas, porém, porque são muito eficazes para impulsionar uma venda e muitas vezes vêm embaladas em mensagens úteis ou de apoio ao cliente para revestir a pílula da aversão a perdas.

Um bom exemplo dessa técnica de aversão às perdas é o site de viagens Booking.com, que regularmente expõe na tela mensagens como "Restam apenas dois quartos no hotel a esse preço", "Quinze pessoas estão pesquisando este hotel agora" ou "Este hotel foi reservado pela última vez há cinco minutos". Empresas como a Booking.com criam um senso de urgência e de ação, especialmente quando combinam esse tipo de mensagem com ofertas de reserva grátis a fim de convencer os clientes a agir imediatamente, sob pena de perder as férias dos seus sonhos.

RESUMO: CAPÍTULO 4

O cérebro humano tem um "centro de prazer" que contém o núcleo accumbens, uma estrutura envolvida na liberação de dopamina quando esperamos receber uma recompensa ou evitar um castigo. A dopamina nos ajuda a aprender o que é bom, e somos biologicamente motivados a tentar repetir o que é bom. Nossas ações e a liberação de dopamina associada a elas são aprendidas ao longo do tempo e reforçadas à medida que continuamos a experimentá-las.

Entretanto, também sentimos "o estresse do desejo" quando pensamos que talvez não alcancemos o que esperamos. Esse estresse aumenta nossa probabilidade de agir de determinadas maneiras quando nos tornamos mais conhecedores do que nos motiva e do que não nos motiva.

PRÓXIMOS PASSOS:

- Vá ao seu site de compras favorito (ou saia à rua) e veja se consegue detectar táticas de marketing que afetam ou influenciam a liberação de dopamina – essas técnicas podem ser baseadas tanto em aspectos positivos (a expectativa de recompensas) como em aspectos negativos (o medo de perder).
- Você foi condicionado a fazer compras de alguma maneira? Repasse suas compras dos últimos meses e veja se algum padrão aparece – por que você continua a comprar nesses lugares?

Capítulo 5
A evolução das necessidades humanas

ENTENDENDO NOSSOS MOTIVADORES BÁSICOS

Como acabamos de ver, os processos químicos do nosso cérebro podem nos influenciar a realizar – ou não – certas ações. Esse é o nosso cérebro, a "pessoa atrás da cortina", que nos guiou desde o início e nos trouxe até onde estamos hoje.

Para onde isso nos tem levado? O que nós, como seres humanos, realmente queremos?

Não nos deixemos desviar neste ponto e listemos todas as coisas que queremos como parte da sociedade moderna, que virão depois. Os humanos primitivos não queriam álcool, comida para viagem, jogos de computador ou o seja lá o que você deseje neste momento. As necessidades dos primeiros humanos se restringiam essencialmente aos instintos comuns aos animais: sobrevivência e perpetuação da espécie. Embora nossas necessidades básicas não tenham mudado muito, a sociedade moderna e a tecnologia certamente modificaram nossas prioridades motivacionais.

Comecemos do início, com um humano fictício e primitivo que nos ajudará a mostrar como a humanidade começou.

Então, o que esse humano primitivo quer?

NECESSIDADES FISIOLÓGICAS

O humano primitivo precisa se manter hidratado e consumir alimentos nutritivos; ele também precisa de ar, manter a temperatura corporal adequada e dormir certa quantidade de horas para continuar funcionando de forma satisfatória. Essa é a biologia básica para que todos os humanos sobrevivam, para se manterem na condição máxima que lhes permita continuar caçando ou coletando e viver o máximo de tempo possível.

Felizmente o homem moderno não precisa caçar, mas ainda precisa de energia e nutrição para sobreviver, elementos básicos sem os quais nenhum humano existiria. Evitar a morte é o principal motivador, e o cérebro humano usa diversos métodos para estimulá-lo a agir se uma pessoa começar a ignorar essas necessidades fisiológicas elementares de sobrevivência.

SEGURANÇA E ABRIGO

O humano primitivo também precisa de um lugar seguro para dormir e que ofereça proteção contra as intempéries, os predadores e outros caçadores. Na condição de caçador-coletor, ele passou muito tempo tentando encontrar um abrigo adequado e resguardá-lo. Isso é importante, pois sem ele o nosso humano primitivo morreria exposto a muitos perigos.

O homem moderno tem necessidades semelhantes; ainda buscamos abrigo, como nossas casas, nas quais nos sentimos seguros, e fazemos todo o possível para mantê-las funcionais e a salvo de intrusos. Mesmo fora de nosso abrigo, todos nós (em graus variados) evitaremos situações perigosas e tomaremos medidas para manter uma temperatura corporal adequada com aquecimento ou refrigeração e roupas apropriadas.

INTIMIDADE

Finalmente, os seres humanos desejam intimidade; em um nível primário, ela garante que nos reproduzamos. Como humanos, em uma escala macro, buscamos ativamente parceiros adequados para a reprodução. Essa atividade traz a necessidade de cuidar da prole gerada e de garantir a ela maiores chances de sobrevivência. Trata-se da nossa necessidade básica de interação e empatia recíproca, e leva a ações mais complexas, que requerem trabalho em equipe, influenciando e impondo o compromisso de alcançar certos resultados desejados.

Essas necessidades básicas que descrevemos são o que compõem o nosso núcleo de alavancas evolutivas e ainda exercem impacto na nossa motivação nos dias de hoje. Frederick Herzberg[35] desenvolveu a teoria da motivação dos dois fatores, que analisa como nossos instintos motivacionais originais ainda são relevantes no ambiente de trabalho moderno.

Herzberg observou e entrevistou mais de duzentos engenheiros para entender o que os fazia felizes ou infelizes em seu trabalho. Com base nessas entrevistas, ele dividiu suas motivações em dois grupos:

1) *Fatores de motivação* são os fatores psicológicos positivos que proporcionam maior motivação, como o reconhecimento por uma tarefa bem-feita e/ou a competência para realizá-la.
2) *Fatores de higiene* são aqueles que, se não forem cumpridos, diminuem a motivação e a insatisfação no local de trabalho.

Os fatores de higiene estão diretamente ligados aos nossos motivadores evolutivos, como fome, segurança física, temperatura e segurança (para trabalhar) – e sua ausência age como um bloqueador de quaisquer fatores motivacionais positivos que possam estar presentes. Por exemplo, você não pode desfrutar de um desafio criativo se estiver congelando, se não puder comprar comida ou se viver em um ambiente inseguro.

É importante lembrar disso, pois, enquanto nossas necessidades fisiológicas nos levarão a realizar determinadas ações para satisfazê-las, a não satisfação delas também impedirá que desfrutemos de outras atividades e do desejo de realizá-las – isso é diretamente relevante para a gamificação do local de trabalho onde você está tentando motivar os funcionários, como também é bastante relevante (embora um pouco menos controlável) para a gamificação de marketing. Você não conseguirá que seus clientes se envolvam com as campanhas que elaborar se eles estiverem passando frio ou preocupados com a eventual perda do emprego.

A humanidade, no entanto, não é uma pessoa singular ou uma família. Não somos meros animais solitários vagando pelas planícies em busca da nossa próxima refeição ou de um espaço seguro. Nós desejamos um parceiro, filhos, amigos, uma tribo, uma comunidade.

E é aqui que as necessidades humanas e nossas motivações para satisfazê-las dão um salto à frente.

As comunidades têm uma série de vantagens, principalmente em relação à segurança: por exemplo, a segurança que a quantidade pode trazer, a capacidade de dividir o trabalho ou de aumentar a arrecadação de recursos e a proteção aos mais vulneráveis, como os doentes ou incapacitados. Em razão desses benefícios, as comunidades nos ajudam a manter uma base para os fatores de higiene de Herzberg.

É por isso que a vida em comunidade é uma das principais razões pelas quais foi possível à humanidade perseguir outras necessidades mais complexas.

As comunidades são boas para nós, mas, como indivíduos, não podemos simplesmente tirar da comunidade: devemos também contribuir para ela. Cada pessoa (especialmente nos primeiros tempos tribais da humanidade) precisa fornecer um nível de valor similar ao valor que extrai do grupo, se quiser permanecer nessa comunidade.

Um exemplo muito simples: se você trabalha como coletor para sua tribo, espera-se que passe a maior parte do dia na floresta coletando alimentos, que compartilhará com a tribo. Em troca, você poderá comer a carne que os caçadores conseguiram, dormir perto do fogo e usufruir da segurança que o grupo proporciona, sabendo que, se adoecer, outros cuidarão de você até que se recupere.

Isso parece ótimo, mas, se você não cumprir sua parte no acordo (da comunidade), corre o risco de ser rejeitado do grupo e ter de se defender sozinho – algo extremamente difícil para quem até então viveu em uma comunidade.

Nos tempos modernos, isso é tão relevante como sempre foi. Cada um de nós precisa trabalhar em troca de um pagamento, que, por sua vez, pode ser trocado novamente pelos frutos do trabalho de outras pessoas. Você pode até tentar escapar do trabalho por um tempo, mas, se eventualmente for pego no flagra, provavelmente perderá o emprego e, sem ter boas referências para apresentar, será preciso lutar para encontrar outro. Se você perder o emprego, pode contar com uma rede de segurança (poupança, família, ajuda governamental), mas, quando isso falhar, o que acontece? Você conseguiria sobreviver fora de uma comunidade? Sem ela, quanto tempo você acha que poderia se alimentar ou se manter aquecido?

A vida em comunidade começa na família e nos grupos de amizade, até chegar às comunidades mais formais, como o trabalho e até mesmo a nossa condição de cidadãos em nosso país de origem ou de residentes em nações estrangeiras. Cada comunidade terá seus próprios requisitos, seus próprios benefícios e suas próprias consequências, se esses requisitos não forem atendidos.

Observe como a manutenção de uma comunidade e de cada indivíduo dentro dela se tornou rapidamente um de nossos maiores motivadores, especialmente quando isso é planejado com a ajuda da gamificação; em particular quando os indivíduos procuram se juntar a uma comunidade de sucesso ou tentam participar de suas atividades.

DAR E RECEBER: MOTIVADORES SOCIOECONÔMICOS

O sistema de troca inerente às nossas comunidades foi o que constituiu o comércio precoce, uma organização flexível de entendimentos e papéis individuais que fez a sociedade funcionar e progredir.

No entanto, à medida que a humanidade se desenvolveu, claro que o mesmo aconteceu com nossas comunidades e as complexidades de nossas relações. Inventamos um sistema monetário, hierarquias e leis para organizar a convivência em comunidade. Esses desdobramentos fizeram do mundo o que ele é hoje e trouxeram consigo vários novos fatores motivacionais a serem considerados.

Então, o que queremos neste mundo mais complexo?

Ainda valorizamos os alimentos, o calor e a segurança. Ainda somos influenciados pela nossa bioquímica para perseguir a gratificação em curto prazo. Porém, como a sociedade mudou, também mudou a forma como precisamos satisfazer nossas necessidades básicas. Por exemplo, não precisamos mais caçar o almoço, mas precisamos conseguir dinheiro para adquiri-lo.

Essa é uma mudança fundamental na forma como atendemos nossas necessidades básicas, o que significa que passamos a contar com um modelo econômico de motivação. Tudo tem um preço hoje em dia, independentemente da moeda – o nosso tempo, atenção ou capacidade de trabalho –, e alguns de nós aprendemos as melhores maneiras de maximizar nossos ganhos, minimizando nossas perdas.

Grande parte da teoria motivacional moderna está focada nesses modelos econômicos de motivação, acreditando que a maioria dos humanos baseia suas decisões, inconscientes ou conscientes, em meios de maximizar seus ativos.

Duas teorias se destacam ao discutir a motivação socioeconômica que nos ajuda a entender melhor alguns dos cálculos mais complicados (e muitas vezes automatizados) que ocorrem em nossas cabeças.

TEORIA DA EXPECTATIVA

Um dos principais modelos motivacionais socioeconômicos foi apresentado por Victor II. Vroom: a *teoria da expectativa.*[36]

Vroom acreditava que somos motivados a praticar uma ação com base em nossa expectativa de recompensa ou de punição. Isso é semelhante às teorias condicionantes que discutimos no capítulo anterior, mas Vroom deu um passo além, sugerindo que o grau de motivação seria alterado segundo nossa:

- **Expectativa**: A crença de que uma recompensa ou punição é provável se agirmos de certa forma, especificamente a probabilidade de a punição ou a recompensa se concretizar. Por exemplo, se eu aparecer para trabalhar hoje, tenho quase certeza de que serei pago por esse dia.
- **Instrumentalidade**: A crença de que, se uma ação for bem executada, a probabilidade de uma recompensa ou a quantidade da recompensa aumentará (e o inverso para a punição). Por exemplo, se eu fizer um bom trabalho servindo esta mesa para o jantar dos clientes, acredito que receberei uma gorjeta maior.
- **Valência**: A valoração da recompensa ou punição. Por exemplo, se a recompensa por participar de um seminário de uma hora é um vale-presente de 10 reais, um indivíduo avaliaria esse valor em relação ao custo do tempo de participação em um seminário de uma hora.

Trata-se de um modelo de pensamento muito mais maduro que o condicionamento clássico ou operante e que reflete a natureza complexa das recompensas e de seus valores associados na sociedade moderna.

Vroom deixou claro que esses cálculos são feitos constantemente por cada um de nós (tanto inconsciente como conscientemente) e que são fundados nas percepções de valor de cada indivíduo.

Essa percepção individual de valor é o que nos torna únicos, e é a razão pela qual algumas pessoas se divertem limpando o amado carro, enquanto outras terão mais alegria em pagar para uma máquina fazer o mesmo serviço.

O interessante, no entanto, é como cada indivíduo chega ao seu cálculo de valor. Cada componente do cálculo do Vroom é altamente subjetivo e será influenciado por fatores individuais como educação, características demográficas, experiências de vida, até mesmo o estado de espírito.

A teoria da expectativa é a base da maioria da sociedade moderna, pois todos nós fazemos cálculos mentais constantes para cada atitude ou que tomamos ou deixamos de tomar. Por exemplo, se vamos trabalhar hoje, se compramos aquele último aplicativo, se comemos aquela sobra de três dias ou se ouvimos nosso amigo nos contar a mesma história pela oitava vez.

Assim, cada cliente terá uma percepção diferente do valor e reagirá de forma diversa às ofertas que você fizer. Se você interpretar mal o que os clientes valorizam, ou se não deixar a oferta suficientemente clara para que entendam seu valor, eles não vão se interessar. É por essa razão que delineamos alguns passos na Seção 3 para ajudá-lo a mapear e testar corretamente suas suposições.

O EFEITO DOTAÇÃO

O segundo modelo motivacional socioeconômico fundamental é o *efeito dotação*. Essa teoria acredita que não só sobrevalorizamos as coisas que já possuímos como temos um receio desproporcional de perder o que temos. O efeito de dotação pode ter um impacto significativo na teoria da expectativa, pois distorce significativamente os cálculos de valor de cada indivíduo.

Como exemplo, um estudo feito por Richard Thaler e outros[37] descobriu que, uma vez que os participantes receberam um objeto (no caso, uma caneca) e a propriedade foi estabelecida, a compensação necessária para vender o objeto tendeu a ser duas vezes maior que a quantia que estavam dispostos a pagar para adquirir/comprar o objeto.

Isso porque os participantes tinham supervalorizado o valor (esperado), com base no que eles tinham enfrentado para obter o objeto, em primeiro lugar, e no fato de que o objeto estava agora em sua posse. Compara-se isso com os outros participantes que haviam perdido a aquisição e não distorceram seus julgamentos de valor. É interessante, pois seria de esperar que os que não tinham uma caneca quisessem uma, mas não foi esse o caso.

Esse é um exemplo simples, mas a mesma regra se aplica à nossa vida diária. Quando temos algo, ficamos estranhamente apegados a ele, sem vontade de nos separarmos dele, a menos que nos seja dado algo muito mais valioso do que aquilo de que já somos donos. Você pode imaginar como isso pode impactar a teoria da expectativa? Ou qualquer outro fator motivacional que tenhamos discutido até agora?

Trata-se de um fenômeno universal, mas muitas vezes você vê as evidências em compras de maior valor, como as de carros e casas. Isso também pode estar ligado a outro fenômeno, chamado "efeito do custo irrecuperável", presente quando um indivíduo que investiu tempo e/ou dinheiro em algo torna-se cada vez mais apegado, além do razoável, ao que investiu.

A gamificação frequentemente emprega esse efeito para obter um bom resultado. Os jogadores alcançam recompensas, pontos, conquistas ou progressos em determinado sistema e, então, ficam relutantes em abrir mão desse conjunto. Os cartões de fidelidade que as empresas lhe dão (sejam os cartões de pontos digitais dos grandes varejistas ou os selos físicos para ter direito a um café ou um corte de cabelo grátis) são um bom exemplo disso. Eles podem parecer artimanhas descartáveis, mas há uma razão para sua popularidade. Uma vez que você tenha um cartão de fidelidade, é muito mais provável que continue fazendo compras com o provedor para continuar a somar pontos.

TEMOS MEDO DE PERDER O QUE TEMOS

Quando supervalorizamos o que possuímos, também temos um medo desproporcional de perdê-lo. As pessoas se esforçarão para garantir que não percam o acesso ao que percebem como sua propriedade.

Essa é uma informação valiosa para a gamificação de marketing no setor de serviços, pois você pode usá-la como ferramenta para manter ao longo do tempo a procura de seus clientes pelos serviços que você oferece. Esteja avisado, no entanto, de que, como a maioria dos princípios de gamificação, se o jogador sentir que você está fazendo isso por razões egoístas, ele o punirá com o abandono do jogo.

Um exemplo divertido é o *The Most Dangerous Writing App* [O mais perigoso aplicativo de escrita], uma ferramenta on-line que apaga o que você escreveu se você fizer uma pausa muito longa. Os usuários se inscrevem e definem um limite de tempo para a sessão; se pararem de escrever por mais tempo do que o previsto, as palavras começam a desaparecer da página. Outros exemplos são comuns em aplicativos fitness e de cursos de idiomas em que seus pontos se degradam com o tempo se você espaçar muito os acessos.

Esses exemplos são bem-sucedidos porque os usuários das ferramentas podem ver o benefício concreto para si próprios e seus objetivos; os escritores querem escrever em vez de perder o texto já feito, enquanto os aprendizes de línguas e os fanáticos por atividade física querem progredir em vez de regredir em suas conquistas.

Se você contrasta isso com um esquema de fidelidade que tira pontos se a pessoa não os usar com o tempo, verá o que é eficaz e o que não é. Se você tem um cartão de fidelidade com mil pontos, mas para cada dia que não adicionar um ponto você perde outro, ficará irritado em vez de compelido a comprar mais. Por quê? Porque seu objetivo pode ser economizar em vez de gastar.

A PEÇA QUE FALTAVA

Os dois últimos capítulos analisaram as razões biológicas, químicas, evolutivas e até sociológicas pelas quais nos sentimos compelidos a agir de determinadas formas. Nossa química cerebral nos recompensa quando buscamos o prazer ou evitamos a dor; nossa natureza básica procura se proteger do perigo e encontrar abrigo e alimento; a sociedade moderna nos motiva a nos conformarmos aos padrões sociais e a manter ou melhorar nossa posição nela.

Faz algum sentido, mas parece que falta alguma coisa, não?

As teorias que estudamos nos tratam como autômatos inconscientes, calculando incessantemente valores para traçar o melhor caminho possível para o prazer. Mas como trabalhar esses valores? Já dissemos que eles são altamente subjetivos, então em que se baseiam?

O que discutimos até agora supõe que os seres humanos tomam suas decisões com base em informações passadas, mas não esclarece muito o *porquê* de as pessoas fazerem o que fazem, além de um esforço (básico ou instintivo) de maximização ou minimização de ganhos/perdas de curto prazo.

Todos os cálculos que um indivíduo faz são supostamente fundamentados nas suas percepções de valor. Mas de onde vêm essas percepções? O que faz de alguma coisa um valor individual mais do que outra?

Pensando na gamificação, estamos muito mais interessados nessas questões. Entender nossas necessidades básicas e nossa química cerebral é importante, mas não é realmente algo que nós, como profissionais de marketing, influenciaremos muito com as campanhas. Precisamos levar a coisa a um patamar mais alto.

O que precisamos saber a seguir é como essas necessidades básicas se desenvolveram nos seres humanos modernos e como nós, na condição de indivíduos, classificamos e avaliamos seu valor. Uma vez entendido isso, poderemos começar a usar esses julgamentos de valor para construir as alavancas motivacionais de sua estratégia de gamificação.

RESUMO: CAPÍTULO 5

Os seres humanos são movidos por motivadores básicos como segurança, abrigo e sobrevivência. Esses motivadores básicos serão sempre importantes para nós, e, sem antes os satisfazer, não perseguiremos necessidades mais avançadas.

Nossas necessidades avançadas cresceram em complexidade à medida que os seres humanos construíram comunidades e sistemas de comércio. Isso nos permite compartilhar recursos, mas também significa que temos um novo nível de necessidades que nos motiva a manter nossa posição dentro da sociedade (trabalhar, socializar, permanecer dentro da lei etc.).

Assim como nossas necessidades e motivações continuam se desenvolvendo, o mesmo ocorre com a complexidade dos cálculos e suposições que devemos fazer ao ponderar as escolhas no dia a dia.

Apesar de nossas suposições, a realidade é que todos valorizam as coisas de forma diferente, e são essas diferenças e suas implicações que abordaremos no próximo capítulo.

PRÓXIMOS PASSOS:

- De quantos programas de fidelidade você faz parte? Pense na razão da sua adesão e no motivo de ainda ser um membro. Os programas de fidelidade o influenciam a fazer mais negócios com determinada empresa? Se você não os usa mais, por que ainda continua a ser um membro e por que mantém o cartão de fidelidade? Você experimenta algum tipo de tensão ao pensar em simplesmente jogar esses pontos fora?
- Considere algo que você possui, quanto gastou para adquiri-lo e qual o valor atual desse bem para você, seja financeiro ou afetivo. O que seria necessário para você se separar desse bem, e que sentimentos acompanham a ideia de fazer isso?

Capítulo 6
A motivação em um mundo desenvolvido

Os impulsos básicos que abordamos até agora são mais bem resumidos na forma como nós, seres humanos, conseguimos nos manter com a cabeça fora da água e sobrevivendo. Viver dessa maneira rudimentar pode ser uma existência estática que só encontra sentido realmente na aquisição de bens materiais. Pense no velho estereótipo anedótico do homem triste, rico e sem amigos ou sonhos, tendo apenas o dinheiro como todo o seu tesouro.

Isso pode funcionar para as pessoas em curto prazo, pois elas encontram prazer em recompensas extrínsecas como o salário, adquirir o modelo mais recente de celular, ter o mais novo console de game e assim por diante, mas logo começam a se sentir vazias como seres humanos se isso for tudo o que almejam.

O que nós realmente queremos e precisamos são recompensas *intrínsecas*.

São recompensas com as quais você se sente bem internamente pela realização que representam, ao contrário das recompensas extrínsecas, temporárias, de possuir "coisas". De quais recompensas intrínsecas precisamos e o quanto as valorizamos pode variar de uma pessoa para outra, mas esse é o PORQUÊ fundamental do impulso de cada indivíduo em sua vida, e é na alavancagem desse "porquê" que o marketing se concentra.

O que precisamos entender, portanto, são os "porquês" universais da humanidade.

Antes, porém, precisamos considerar um quadro inicial no qual possamos pendurar esses "porquês"; aqueles que ultrapassam a sobrevivência básica; um modelo que possamos usar para viver e que não apenas contemple as necessidades mais rudimentares que abrangem a todos nós, mas também que identifique e incorpore nossas necessidades de ordem superior no mundo moderno.

É aqui que entra Abraham Maslow.[38]

A MOTIVAÇÃO E A HIERARQUIA DE NECESSIDADES DE MASLOW

Se você está no marketing, provavelmente já conhece a pirâmide de Maslow, mas nós o convidamos a refrescar sua memória, pois é nisso que grande parte da estrutura deste livro se baseará daqui para a frente.

Maslow inventou um modelo que se encaixa em uma pirâmide de todas as necessidades humanas. Essa estrutura foi projetada para mostrar todas as necessidades em uma hierarquia, com as nossas necessidades mais rudimentares na base, cada camada sustentando uma necessidade mais complexa acima dela.

Isso significa que cada nível ou piso da pirâmide é um pré-requisito para o seguinte. Assim, sem atingir adequadamente o primeiro andar, você não pode se mover confortavelmente para o segundo.

Não se trata de dizer que cada andar é fechado e que, se você não tiver alcançado o nível de segurança, não alcançará o de pertencimento. O que se diz é que, se a segurança não estiver suficientemente consolidada, o processo em direção ao pertencimento será significativamente mais difícil e desgastante, tanto física quanto emocionalmente. E todos os andares subsequentes se tornarão cada vez mais desgastantes se os de baixo não forem consolidados de forma apropriada antes. Pense nesse conceito como um prédio de verdade; você até poderia construir um segundo andar em cima de um primeiro andar instável, mas nunca entraria ou permaneceria nele sem algum receio.

A hierarquia de Maslow se encaixa perfeitamente, pois segue a mesma jornada de necessidades que já foram atendidas até agora. Podemos ver como cada etapa ocorreu na civilização humana, mas também como cada uma delas é importante para nós em nosso dia a dia. Não podemos atingir nosso potencial sem escalar essa pirâmide, seja como indivíduos, seja como espécie.

Note que é importante entender completamente a hierarquia de Maslow para seu progresso neste livro, pois estaremos em parte usando os vários blocos de construção da pirâmide de Maslow para descrever as diferentes maneiras possíveis para gamificar seu marketing. No nosso caso, vamos construir uma torre de gamificação para ensinar você a usar os blocos de construção baseados na pirâmide de Maslow a fim de criar essa estrutura.

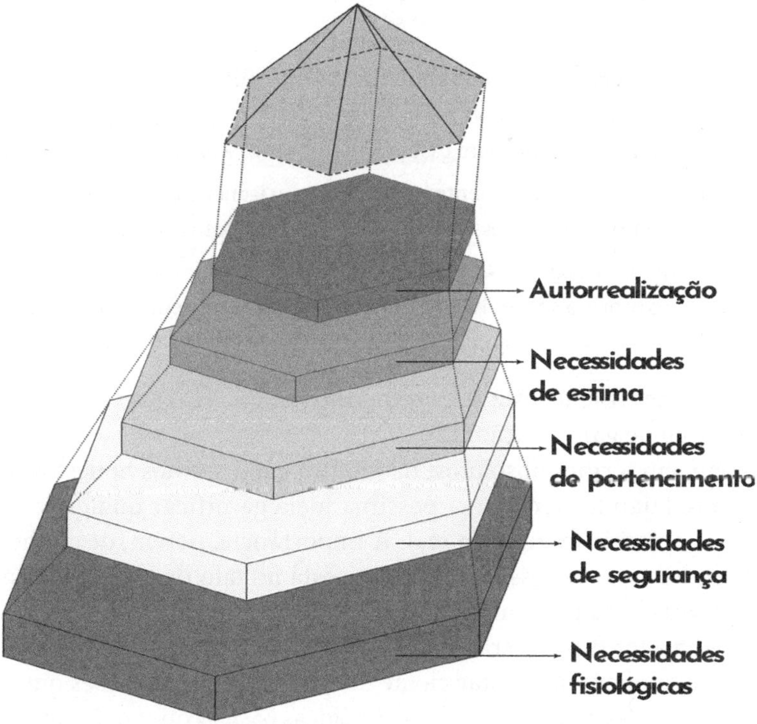

Figura 1.

Cada bloco de construção terá sua própria mecânica de jogo, que você pode usar em seu marketing. A Seção 3 ensinará a colar esses blocos para desenhar uma solução de gamificação eficaz.

Antes, porém, vamos olhar para cada camada da pirâmide de Maslow, compreendendo seu propósito e como ela nos motiva a agir de determinadas maneiras.

PISO 1: NECESSIDADES FISIOLÓGICAS

Nossas necessidades fisiológicas formam a base para um indivíduo e são primordiais para nossa sobrevivência. Se essas necessidades não forem atendidas, nosso corpo acabará definhando e morrendo. São muito simples, e todos nós as entendemos em um grau primário.

As necessidades fisiológicas podem ser divididas em três categorias: metabólicas, elementares e sexuais.

- As necessidades **metabólicas** são os requisitos básicos para nosso organismo sustentar a vida em si: ar – respiração; água – sede; e comida – fome. Sem esses elementos, nosso organismo não resiste.
- Necessidades **elementares** são nossas exigências de calor e abrigo, tais como roupas, acesso ao calor e a um local para armazenar ambos.
- As necessidades **sexuais** são os instintos básicos de procriação para garantir a sobrevivência da espécie, mas também o aspecto básico que nos impulsiona a buscar o conforto um do outro.

Você provavelmente está se perguntando: o que isso tem a ver com o marketing de gamificação?

Bem, em termos absolutos, não muito, para sermos honestos. Eticamente falando, seria uma péssima ideia gamificar qualquer uma dessas necessidades na vida real. A importância, porém, de conhecer e entender essas necessidades básicas está no fato de que, se elas não forem satisfeitas por um indivíduo, então nenhuma experiência que ele venha a ter funcionará.

Você também deve estar ciente de que existem abstrações que podemos tirar dessas necessidades fisiológicas básicas que você pode usar para simular outras necessidades fisiológicas.

Os jogos e as experiências gamificadas fazem isso pela construção de necessidades fisiológicas artificiais, como as barras que indicam a quantidade de vidas disponíveis, as condições para perder em um jogo e a sensação de escassez de recursos. Todos esses artifícios são usados para representar ou evocar as mesmas necessidades em nós. Sabemos que desejamos sobreviver e não perder/morrer e, instintivamente, entendemos os conceitos de jogos que giram em torno dessas ideias.

PISO 2: SEGURANÇA

Se uma pessoa está alimentada e com a temperatura corporal adequada, sua preocupação seguinte é avançar na pirâmide de Maslow para o degrau da segurança e proteção. A segurança, assim como a fisiologia, é dividida em subgrupos: segurança física e segurança econômica.

- A **segurança física** tem tudo a ver com saúde, bem-estar, segurança pessoal contra desastres, violência, guerra, fome, pestes etc.
- A **segurança econômica** nos move para o mundo moderno, onde as pessoas querem ou têm de lidar com segurança no emprego, seguros de vida ou de acidentes, contas de poupança, hipotecas, impostos etc.

Os dois primeiros andares, de necessidades fisiológicas e de segurança, retratam aquelas demandas mais básicas que discutimos anteriormente e que estão (assim esperamos) atendidas na maioria dos clientes que você tem em mente com sua gamificação de marketing.

Assim como acontece com as necessidades fisiológicas, você não deve gamificar necessidades de segurança diretamente, pois isso seria imoral (e provavelmente ilegal), mas é possível gamificar elementos do seu marketing para simular essas necessidades para o jogador. Tanto as necessidades fisiológicas como as de segurança são altamente motivadoras quando enfatizadas, mas também estão em uma área moral cinzenta, pois é fácil criar sistemas obsessivos como o jogo de apostas quando você se concentra nelas diretamente.

O Capítulo 12 vai explorar melhor quais elementos e desenhos de jogo você pode incorporar a fim de evocar essas necessidades pseudofisiológicas nos jogadores, e como eles serão motivados a preencher essa lacuna ao passar pela experiência que você oferece.

PISO 3: PERTENCIMENTO

Pertencer a um grupo ou comunidade é uma motivação muito forte e cobre nossas necessidades de conexão com família, amigos, colegas ou parceiros românticos. Fazer parte de um grupo oferece segurança, proteção no coletivo e pode nos ajudar a satisfazer nossas necessidades básicas por meio do compartilhamento de recursos do grupo.

Mas é importante ressaltar que esse piso não se refere apenas a necessidades físicas extrínsecas, como alimentação, sexo e a segurança que um grupo pode proporcionar. Esse patamar inicia a transição de necessidades extrínsecas (externas) para necessidades intrínsecas (internas).

As necessidades intrínsecas pedem uma conexão íntima com aqueles que estão ao redor e ganham um senso de significado pessoal com base em sua identidade nos grupos a que pertence e em sua posição dentro deles.

O pertencimento é um forte motivador; consequentemente, a falta dele também é. Muitas pessoas se desviam do próprio caminho para se juntar a grupos recomendáveis ou para não perder o vínculo com o grupo. Tudo isso é feito para ganhar status, acesso a outras pessoas ou para evitar ou diminuir a perspectiva de solidão ou exclusão.

Pense na alegria que você sente por ser o "engraçado" do seu grupo de amigos, ou o "especialista em tecnologia" no trabalho. Você tem orgulho de ser uma boa mãe ou de ser um filho amoroso? Se chateia quando não é convidado para o casamento de um amigo, ou quando discute com alguém e ele para de falar com você?

Todos esses sentimentos demonstram o poder do pertencimento, e você ficaria surpreso com o que seria capaz de fazer para proteger ou melhorar sua posição nos grupos aos quais pertence. A explicação para isso está no fato de que muito do que somos e como nos vemos está ligado à nossa identidade nesses grupos, e quase sempre agiremos de forma a nos mantermos consistentes com nossa autoidentidade.

Do ponto de vista da gamificação, pertencer é a necessidade mais comum quando analisamos a existência de clubes, grupos exclusivos, programas de fidelidade e assim por diante. É inerente o nosso desejo de integrar algo de que fomos excluídos, algo a que podemos atribuir valor ou em que pensamos que nos encaixaríamos.

O Capítulo 11 vai explorar maneiras de usar o pertencimento para motivar os jogadores, e quais elementos de jogo mais atraem as pessoas que respondem a essa necessidade.

PISO 4: ESTIMA

Toda pessoa tem uma necessidade intrínseca de ser respeitada, o que abrange tanto o respeito por parte de uma comunidade ou grupo do qual faça parte como também aspectos internos, na forma de autorrespeito e autoestima.

Ambos estão conectados, pois a estima externa é concedida ou adquirida por parte de um grupo que evoca uma sensação de autoestima em um indivíduo. Isso está ligado ao piso do pertencimento, pois muitas pessoas constroem a própria estima por meio da identidade de grupo, por exemplo, ser um bom membro da família, amigo, mentor, funcionário etc. As pessoas atrelam a estima à forma como seu status oscila no grupo, motivando-as a se comportar de certa forma.

Mas não se trata apenas de como as outras pessoas nos veem; o senso de autorrespeito de uma pessoa por quem ela é e pelo que faz também constrói a estima. É assim que nos julgamos por fazer um bom trabalho ou por agir de forma coerente com a nossa autoidentidade. Isso é diferente para cada pessoa, mas pode, em grande parte, ser traduzido como "sermos bem-sucedidos em uma tarefa com a qual nos preocupamos".

Em termos de gamificação, é de onde vêm conceitos como reconhecimento por realizações e recompensas por meio de status. Estes, por sua vez, estão associados ao domínio e à competência em uma tarefa ou habilidade. O Capítulo 10 vai explorar a eficácia que essa alavanca pode ter quando se gamifica qualquer coisa que envolva desafios e progressão.

PISO 5: AUTORREALIZAÇÃO

A autorrealização é o piso mais elevado da pirâmide de Maslow e pode ser vista como a área do jogo final quando se trata das necessidades de um indivíduo. Esse patamar é atingido quando um indivíduo satisfez suficientemente todas as suas necessidades inferiores e pode se concentrar totalmente em alcançar seu próprio potencial. Maslow acredita que esse é o objetivo pelo qual todos nós nos esforçamos.

É importante lembrar que, enquanto a sociedade, de modo geral, pode atualmente nos guiar a pensar que autorrealização é o mesmo que ser rico, poderoso e famoso, na realidade trata-se de uma escolha que você, como indivíduo, pode querer (e precisar) fazer quanto ao que significa se sentir realizado. Para alguns, pode ser tornar-se um pai amoroso, ou um atleta olímpico, ou simplesmente um jardineiro dedicado.

Como Maslow descreve: *"O que um homem pode ser ele deve ser"*.[39]

A autorrealização é o Santo Graal da motivação, e chegar nela é o foco efetivo de muitas das soluções mais eficazes de gamificação. No entanto, você pode estar intrigado neste ponto, porque, ao contrário dos outros níveis da pirâmide de Maslow, a autorrealização é algo meio "superficial".

Você já viu alguém que se considera realizado? Entendemos instintivamente a necessidade de estar vivo, de estar seguro, de pertencer, de se sentir importante. Mas o que realmente significa autorrealização? Vamos precisar analisá-la melhor antes de começarmos a vê-la como um método de gamificação.

TORNANDO A AUTORREALIZAÇÃO MENOS "SUPERFICIAL"

Um bom ponto de partida para expandir o trabalho de Maslow são outros modelos em psicologia positiva, especificamente o que Daniel Pink descreve em *Motivação 3.0 - Drive*[40] (com base parcialmente na teoria da autodeterminação, de Edward Deci e Richard M. Ryan[41]).

Pink reviu a literatura existente sobre psicologia motivacional e combinou-a com suas próprias observações sobre o mundo dos negócios. Ele concluiu que os modelos disponíveis eram muito transacionais e não refletiam a verdadeira natureza das interações humanas. Eram, portanto, inadequados para o mundo moderno.

O estudioso argumentou que as abordagens tradicionais da psicologia motivacional só eram eficazes para nos motivar nas tarefas mais básicas, sendo inúteis quando se tratava de atividades mais complexas ou criativas.

Por causa disso, Pink expandiu a hierarquia de Maslow, sabendo que ela tinha o potencial de explicar as complexidades por trás das coisas, mas, como nós, ele concluiu que autorrealização era um termo muito "superficial".

Então, Pink criou uma variação de autorrealização com três pisos adicionais: propósito, domínio e autonomia.

Esses três aspectos tentam explicar por que fazemos o que fazemos, além de nossas necessidades mais primordiais. Se temos um propósito em nossas vidas, estamos motivados a continuar no caminho escolhido. Se nos esforçamos para dominar uma habilidade ou uma tarefa que vale a pena, estamos motivados a continuar e melhorar. Se temos autonomia e somos capazes de escolher nosso próprio caminho, estamos motivados a avançar e somos fortalecidos pelo nosso poder de decisão para continuar.

Vamos examinar cada subestação com mais detalhes:

- **Piso 5-A: Propósito**

  Pink descreve o propósito como nosso desejo de agir a serviço de algo maior do que nós mesmos. Ele argumenta que todos queremos intrinsecamente atuar no que importa e "fazer a diferença". Esse conceito tem um grande impacto na motivação no local de trabalho (o principal alvo de Pink para seu livro), mas também no marketing. Por que as pessoas compram seus produtos/serviços? A que propósito maior elas estão servindo? Isso pode ser impossível para algumas empresas, mas o propósito é uma das principais alavancas motivacionais e, se direcionado corretamente, atrairá clientes fiéis e engajados para seu negócio. O Capítulo 7 analisará mais detidamente qual é o propósito da gamificação de marketing.

- **Piso 5-B: Domínio**

  Domínio é a necessidade de melhorar naquilo que importa para nós. Pink argumenta que gostamos de melhorar nas coisas e que desfrutamos da satisfação da realização pessoal e do progresso (veja que isso está ligado à estima). O problema é encontrar o nível de dificuldade apropriado para cada pessoa; se for muito baixo, ela não vai melhorar; se for muito alto, não conseguirá progredir. Muitos profissionais de marketing falham em atingir o domínio efetivo por errar na avaliação da dificuldade ou por tentar construir o domínio em uma área que não interessa aos clientes. O Capítulo 8 abordará mais de perto o domínio na gamificação e mostrará a você como torná-la um alvo de forma eficaz.

- **Piso 5-C: Autonomia**

  A autonomia é a necessidade de a pessoa dirigir a própria vida e trabalho. Para estar plenamente motivado, você deve ser capaz de controlar o que faz, quando faz e com quem faz. Pink dá exemplos disso no ambiente de trabalho, citando as práticas organizacionais do Google, que permitem que seus engenheiros utilizem o tempo de jornada para realizar projetos privados que causam um grande impacto na empresa. Mas a autonomia também pode exercer impacto no marketing. Os clientes gostam de se sentir no controle, mas, ao forçá-los a seguir caminhos específicos (especialmente aqueles com becos sem saída), você provavelmente tornará a experiência frustrante e os forçará a procurar outra empresa. Saiba, no entanto, que autonomia demais pode ser igualmente perigosa; o Capítulo 9 vai mostrar isso com maior amplitude.

Esses três impulsos, ligados às nossas necessidades básicas de sobrevivência e aos instintos humanos de buscar comunidades semelhantes e de alcançar o reconhecimento, são o que nos sustenta e nos impulsiona na vida.

Importantes para este livro, eles são os fatores que precisamos considerar ao criar experiências de gamificação. A relevância de entender essas necessidades intrínsecas abstratas, de longo e curto prazo, é que, quando você está gamificando uma experiência, precisa saber quais são os objetivos pessoais do público-alvo.

Com base na compreensão de qual é o seu público, você pode começar a entender quais são suas alavancas principais – as necessidades às quais ele responde melhor. Sabendo disso, você pode criar experiências gamificadas que apelem para essas necessidades e influenciar seus clientes a se comportarem de determinadas maneiras – maneiras estas que beneficiarão ambos os lados.

CONECTANDO ACIONAMENTOS, HÁBITOS E RECOMPENSAS

Agora conhecemos e entendemos as alavancas centrais do nosso público e como elas se enquadram na hierarquia de Maslow, na teoria da autodeterminação de Deci e Ryan e na teoria de Pink sobre isso. Assim, podemos conectar essas informações com a forma como nossa neurobiologia e o marketing constroem laços de formação de hábitos nos quais investimos e que nos envolvem com recompensas (intrínsecas).

Um dos modelos que nos ajudam a fazer essa conexão é o Hooked[42] (Figura 2), criado por Nir Eyal, que pode ser traduzido livremente como "engajado". O modelo é especialmente útil quando o combinamos com a pirâmide de Maslow e usamos ambos como lentes para ver como funcionam as recompensas. Ele nos dá uma compreensão mais clara de onde a motivação surge no âmbito bioquímico. O modelo também pode ser reconhecido por quem tem familiaridade com uma referência similar no mundo do marketing para o cliente, a jornada de decisão do cliente (CDJ, na sigla em inglês). Mais uma vez, essa é uma jornada em ciclo que forma um hábito para o indivíduo.

O modelo Hooked explora o laço criado para formar um hábito. Ele começa com um gatilho extrínseco ou intrínseco, algo de que o indivíduo necessita externamente ou algo que deseja internamente. O gatilho induz o indivíduo à ação desejada, o que, por sua vez, leva a uma recompensa. Voltando à Neurociência, o próprio termo de Eyal, *estresse do desejo* – o estímulo e a antecipação que favorecem a liberação da dopamina nessa parte do modelo Hooked –, é o gatilho que provoca a ação e a antecipação da recompensa. Quando realiza a ação, o indivíduo é recompensado; a recompensa é puramente representativa da ação.

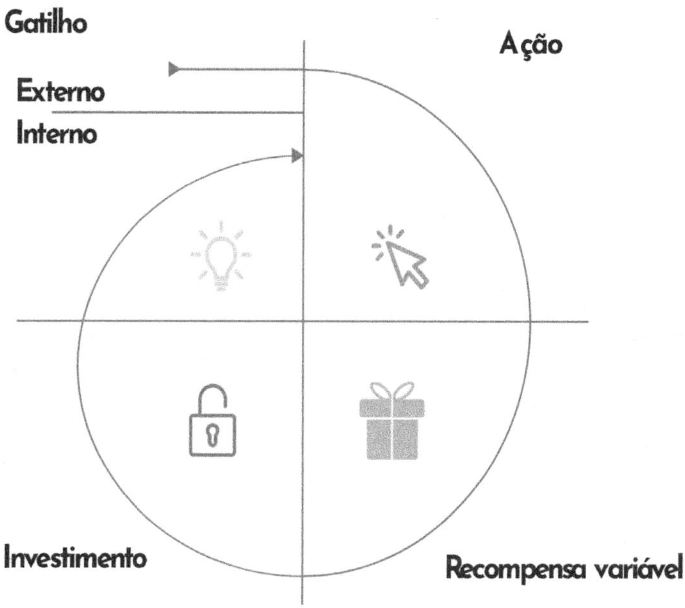

Figura 2.

A recompensa, portanto, está ligada à etapa "final", que é o investimento. Esse investimento do indivíduo pode ser emocional, financeiro, temporal ou intelectual. Dizemos "final" porque é um ciclo, e o passo seguinte é voltar a um gatilho que surge da etapa anterior ao investimento.

Para quem não está familiarizado com o processo de decisão do cliente (Figura 3), a leitura é semelhante à do modelo Hooked. O cliente começa com um gatilho, geralmente uma necessidade de algo; um desejo é estimulado. Ele avalia essa necessidade, que agora se torna um nível percebido de desejo, o estresse do desejo, por assim dizer. A ação se dá no momento da compra pelo cliente. Em seguida, a experiência do item comprado, as expectativas percebidas da experiência – são positivas ou negativas em relação à antecipação que o cliente sentiu? Essa experiência é o que informa, portanto, a próxima jornada de decisão, o investimento que o cliente fez no item adquirido.

Figura 3.

Um exemplo claro que une todos esses elementos é a ideia do misterioso colecionável. Isso pode vir em diferentes formas, como os serviços de caixas de assinaturas, ou os chamados loot boxes,* ou até mesmo um jogo de baralho ou a loteria instantânea, conhecida popularmente como raspadinha. Os indivíduos que se engajam neles podem optar ou não por isso. Eles geralmente o fazem, já que o investimento financeiro é baixo, fazê-lo é bastante acessível, a surpresa vale a pena e a recompensa é provavelmente algo de que os clientes desfrutarão. Isso se deve ou ao clímax que a experiência oferece ou ao interesse renovado e ao investimento contínuo que ela pede. Independentemente da motivação, os clientes provavelmente tentarão novamente o seu lance de sorte. Também é assim que se cria um comportamento viciante ou obsessivo, portanto tenha cuidado. Pense nos caça-níqueis dos cassinos.

É importante notar, neste ponto, que até agora temos olhado principalmente para os aspectos positivos das necessidades/motivações humanas. Mas você deve saber que, em curto prazo, essas motivações podem ser revertidas, criando necessidades muito agudas que se alinham mais com impedir a perda de confiança, de segurança, de inclusão e outras mencionadas nos quatro primeiros pisos da hierarquia de Maslow.

Você pode estar pensando que isso soa negativo, e até usamos a palavra "negativa" em nossas descrições ao explicar os vários andares. E você estaria certo, mas é aqui que ressaltamos a importância de entender as diferenças entre benefícios em longo prazo e dificuldades em curto prazo.

Na gamificação, um curto período de dificuldade pode ser um forte motivador. Muitas vezes pode funcionar como aquele incentivo inicial para envolver o jogador na experiência. Talvez ele queira aproveitar a chance de fazer parte de um grupo exclusivo e, então, aderir aos benefícios em longo prazo. Ele pode até sentir o empurrão para tentar a sorte e lançar os dados e, assim, conseguir criar uma conexão significativa de longo prazo com alguém.

---

* Loot boxes são uma forma de monetização características dos jogos virtuais. Os jogadores recebem, como recompensa, "caixas" contendo itens virtuais aleatórios que serão úteis para seu avanço no jogo [N. E.].

Todos esses elementos precisam envolver um aspecto estressante em curto prazo e um benefício em longo prazo. Se você, como criador, escolher empurrar os elementos "negativos" para longe demais a fim de alcançar um determinado resultado, corre o risco de inverter o elemento para uma desvantagem de longo prazo, o que resultará na desmotivação e na perda do engajamento.

A LIGAÇÃO COM A GAMIFICAÇÃO DE MARKETING

Em marketing, um dos principais objetivos subjacentes é fazer os clientes desejarem o que nossas empresas estão oferecendo. Dependendo do estágio do funil de marketing/vendas (ou jornada, ou qualquer termo de marketing que você use), isso pode acontecer por meio da sensibilização da marca, do redesenho de produtos ou da revisão de mensagens para que você seja mais atraente para públicos específicos.

Entretanto, a maioria dos profissionais de marketing falha ao não entender realmente o que o cliente quer. Isso muitas vezes significa que oferecem a ele a coisa errada ou, mais frequentemente, ofertam a coisa certa da maneira errada.

É por isso que usamos os três últimos capítulos para lhe dar uma visão rápida e simples sobre a psicologia motivacional, cobrindo os elementos básicos do que desejamos como humanos e por que desejamos.

Muitos profissionais compreendem esse mecanismo, especialmente quando têm um histórico em marketing, mas poucos conseguem articular esse conhecimento claramente e acioná-lo em suas estratégias de marketing. O que este livro vai lhe dar são as ferramentas para agir em relação a essas necessidades dos clientes. Veja alguns exemplos da nossa própria experiência:

- "Vendemos carros de luxo"; não, você vende status – o que se vincula ao pertencimento e à estima.
- "Disponibilizamos acesso ao nosso equipamento de ginástica"; não, você vende atividade física – que se vincula à capacidade e à estima.
- "Vendemos energia verde"; não, você vende sustentabilidade – o que se vincula ao propósito e ao pertencimento.

Cada um desses exemplos inclui um "produto" óbvio, mas o que você precisa fazer é olhar para a necessidade à qual esse produto está servindo. Em qual piso da pirâmide e modelo de Maslow/Pink você está quando resolve o problema do cliente?

A Seção 2 o ajudará a identificar essas necessidades em seus diferentes clientes – ligando os vários andares do modelo Maslow/Pink às necessidades deles – e a utilizar as ferramentas que discutiremos na Seção 3 para direcionar essas necessidades de forma eficaz.

Nossa metodologia se refere ao envolvimento com os clientes de forma significativa. Isso demanda identificar necessidades relevantes e alinhar melhor seus produtos/serviços com essas necessidades por meio de técnicas de gamificação.

Trabalhe corretamente nisso e você terá clientes fiéis e comprometidos que saberão e sentirão que você os entende. Eles farão negócios com você porque lhes interessa e porque atende às suas necessidades. Trabalhe do jeito errado e seus clientes desejarão (com razão) "fazer um barraco" por tentar manipulá-los. Eles verão em suas tentativas de encorajá-los artificialmente a indução a fazê-los agir de determinada maneira e vão puni-lo por isso.

As ferramentas que discutimos têm sido utilizadas com sucesso por organizações em todo o mundo a fim de melhor engajar os clientes, e nós vamos ensinar você a fazer o mesmo.

RESUMO: CAPÍTULO 6

A pirâmide de Maslow incorpora com sucesso as necessidades animais básicas que todos temos nos dois primeiros níveis (necessidades fisiológicas e de segurança) e as necessidades da comunidade no terceiro nível (pertencimento). Maslow acrescenta à pirâmide, então, dois níveis adicionais de estima e autorrealização, que podem ser decompostos pelo modelo de Pink em: propósito, domínio e autonomia.

Os pisos da pirâmide explicam nossas diversas necessidades e motivações. Como profissional de marketing, você deve tentar identificar essas necessidades nos clientes e orientar seu negócio e seus produtos/serviços para atendê-las.

Na próxima seção, vamos dividir as diversas ferramentas e os métodos de jogo ao longo desses pisos motivacionais para que você possa direcioná-los adequadamente aos seus clientes.

PRÓXIMOS PASSOS:

- Aponte o objetivo principal da sua empresa – o que ela faz pelos clientes? Agora passe pelos andares da pirâmide de Maslow e identifique quais pisos ela cumpre (pode ser mais de um).
- Faça o mesmo com seus principais concorrentes – eles estão enfocando outros andares com as características de marketing ou os produtos que oferecem? As mensagens deles prometem atender a certas necessidades que as suas não prometem? Muitas empresas que examinamos percebem que os concorrentes são melhores em apelar para as necessidades dos clientes quanto ao propósito e ao pertencimento.

Seção 2
Ferramentas

Depois de ler a Seção 1, você deve ter aprendido o que são jogos e gamificação e ter conhecido o básico da psicologia motivacional que usamos neste livro. Mais importante, você deve ter assimilado a hierarquia de necessidades de Maslow e a teoria de Pink, que a aprimora.

Na Seção 2 vamos mostrar que a gamificação é um método e um conjunto de ferramentas que pode permitir que você sincronize seu marketing com impulsos humanos fundamentais – tudo ao mesmo tempo, garantindo que a experiência será desafiadora e agradável para o jogador. Isso porque nos conectamos melhor e mais eficientemente com coisas de que gostamos, que nos envolvem, que nos prendem em uma experiência satisfatória.

Cada capítulo desta seção explorará um andar diferente da pirâmide de Maslow, mostrando como ele se relaciona com a gamificação de marketing e a mecânica do jogo que você pode usar para alavancá-la.

Você precisará desse conhecimento para a seção final, pois cada tática que mostrarmos será um bloco de construção que você pode usar para criar o que chamamos de "estrutura da torre de gamificação" (mostraremos a você como construir sua torre de gamificação na Seção 3).

Por que uma torre?

Basicamente, é uma metáfora visual útil para o que estamos tentando alcançar. Trabalha muitas disciplinas e interesses. Uma torre evoca instantaneamente uma imagem; é quase certeza que você esteja visualizando uma agora mesmo, como a Torre de Pisa. Também pode ser a imagem lúdica de uma torre Lego, que se aplica a pessoas de qualquer idade. Ela ainda tem um significado forte, por exemplo, para qualquer pessoa que tenha jogado algum RPG, como *Diablo* ou *Castlevania*.

Independentemente da conexão, cada pessoa saberá, de forma instantânea, por que a torre é uma alegoria brilhante para uma jornada gamificada.

Vamos imaginar essa torre, então.

Você está construindo a torre para que os jogadores subam. Ela tem andares diferentes conforme o progresso deles. Cada andar pode apresentar desafios e recompensas diferentes, dependendo de como você queira engajar os participantes. Seu trabalho é projetar e construir essa torre, preenchendo-a com as matérias-primas, os blocos de construção, que são os elementos de jogo de que você precisará para realmente atrair clientes e jogadores.

Uma orientação à qual você tem de se manter atento enquanto trabalhar nesta seção é que incluir todos os elementos e mecanismos o tempo todo é desnecessário. Problemas diferentes requerem soluções diferentes em vários estágios da torre, pois as motivações e necessidades do seu jogador mudarão conforme ele progredir em sua jornada.

Assim, qual lugar seria melhor para começar sua torre senão a escada que leva às alturas? Nós a chamamos de "escadaria do propósito". Afinal, de que outra forma as pessoas vão progredir?

Capítulo 7
Construindo sua torre - A escadaria do propósito

QUAL É O PROPÓSITO NA GAMIFICAÇÃO? DE QUE FORMA ELE MOTIVA?

Propósito é algo que todos nós estabelecemos em nossas vidas.

O objetivo é o que energiza as pessoas a seguir em frente. É a razão pela qual as pessoas retornam a uma atividade dia após dia, trabalhando incansavelmente nela, mesmo sem nenhum incentivo externo. Isso porque o propósito é um motivador intrínseco e possivelmente um dos mais poderosos que vamos explorar.

Pense na diferença entre um cliente que realmente acredita em seus produtos e outro que apenas os vê como mais uma mercadoria. Qual você preferiria?

Isso porque o propósito oferece sentido à vida das pessoas, e, quanto maior e mais relevante for esse sentimento, mais conectadas a ele as pessoas se sentirão. É o desejo de contribuir para algo fora de nós mesmos, de criar um efeito duradouro sobre aqueles que nos rodeiam, de fazer parte de algo maior do que seríamos se permanecêssemos solitários. Nossas ações também não têm de impactar diretamente sobre o propósito de sermos eficazes; elas só precisam estar alinhadas.

O significado varia para todos, desde realizar um bom trabalho para seu chefe, fazer doações ou adotar uma criança, e assim por diante. Não só isso: uma pessoa pode ter simultaneamente múltiplos propósitos que vão mudar com o tempo.

Essa é a razão pela qual colocamos o propósito como uma das primeiras alavancas motivacionais do nosso modelo de torre de gamificação, pois é um desejo e uma necessidade centrais para todos. Se você conseguir acertar o propósito, seus jogadores perdoarão muitas falhas.

Mas cuidado: o propósito é um dos aspectos mais difíceis de acertar!

Você pode estar pensando que isso acontece porque é impossível fabricar o propósito, certo? Você não consegue convencer alguém a assumir um "propósito" que favoreça seu negócio, não é mesmo? Correto, mas o que é possível fazer é alinhar seus objetivos com o propósito do jogador.

A Wikipédia dispensa apresentações e nos mostra como muitos indivíduos podem se reunir guiados pela necessidade e desejo comuns para um propósito. A plataforma reflete grande parte dos conceitos que acabamos de destacar e que são necessários para o desenvolvimento de um propósito em uma atividade ou campanha.

No entanto, a Wikipédia é um exemplo estranho se você pensar bem; ninguém jamais teria pensado que o conceito funcionaria. Considere, por um momento, uma enciclopédia open-source, gratuita, on-line, com milhares de pessoas em todo o mundo trabalhando nela diariamente sem que ninguém seja pago por isso. Na verdade, a plataforma solicita doações das pessoas que mais a valorizam. Se você tivesse proposto esse tipo de sistema a alguém há vinte anos (no final do século 20), provavelmente teriam chamado você de louco.

A Wikipédia nos mostra que as pessoas desejam fazer algo que traga sentido para si mesmas e para os outros. Estar a serviço de uma causa maior do que elas mesmas e de suas próprias escolhas. Isso é verdade em todos os aspectos da vida, especialmente quando se trata de suas campanhas de gamificação de marketing.

Como Daniel Pink menciona em seu livro *Motivação 3.0 - Drive*, em tradução livre:

> *"[A ciência mostra que] o segredo do alto desempenho não é o nosso impulso biológico ou o nosso impulso de redirecionar e punir, mas o nosso terceiro impulso – o desejo profundo de dirigir nossas próprias vidas, de estender e expandir nossas habilidades e de viver uma vida de propósito."*[43]

O propósito nos oferece um valor intrínseco visto como portador de um significado por trás de uma ação, e esta, em si, deve criar valor para o indivíduo e outros ao redor. É isso que eleva seu status: servir a um propósito superior a você mesmo.

Foi por isso que escolhemos usar a analogia da escadaria da nossa torre para ilustrar o propósito.

UM PASSO DE CADA VEZ

Mas o que a escada e o propósito têm a ver entre si?

Sabemos que, quando seus jogadores encontram um propósito, este os eleva, e é por isso que usamos a imagem de uma escada. Essa é também a razão pela qual o propósito é a nossa primeira alavanca motivacional para construir uma campanha gamificada usando a estrutura da torre.

Imagine que seus jogadores estejam passando pela experiência gamificada que você criou para eles. Cada etapa da torre é um nível diferente para eles trabalharem mediante desafios que lhes permitem descobrir novos elementos e aspectos da sua marca e a conexão deles (clientes/jogadores) com ela.

Mas como estão se saindo entre um nível e outro? O que os está levando do chão até o topo da torre? O propósito é a estrutura que permite aos jogadores escalarem as várias etapas da sua campanha, e, assim, temos uma escadaria.

Sem um contexto consistente, um sentido sólido sustentando as ações que eles estão praticando, não há razão para continuarem. Como no exemplo da Wikipédia, cada pessoa envolvida sabe e sente que existe um significado convincente por trás de seu compromisso com a plataforma. Sem nenhuma promessa de recompensa extrínseca, milhares de pessoas passam por uma infinidade de entradas na Wikipédia todos os dias, independentemente de qualquer coisa. Elas fazem isso porque acreditam que cada passo que dão como indivíduos agrega ao valor coletivo da Wikipédia. Seu senso de propósito cresce a cada ação que efetuam – e, para sustentar um pouco a metáfora, a cada degrau da escadaria que sobem.

Essencialmente, seus jogadores devem sentir que vale a pena o propósito para eles continuarem na jornada com você. Você precisará avaliar e refletir sobre sua marca para descobrir quais aspectos dela podem dialogar melhor com os jogadores a fim de lhes oferecer significado e propósito quando eles se envolvem com você.

Exploramos isso com mais detalhes na Seção 3, mas, para que você pense no assunto agora, vamos examinar alguns mecanismos de gamificação que você pode usar para melhorar ainda mais o propósito.

QUANDO O PROPÓSITO É BEM-SUCEDIDO

O propósito é uma ferramenta fantástica quando bem-sucedida. Um exemplo "em estado natural" disso é o jogo de solução de quebra-cabeça FoldIt, desenvolvido pela Universidade de Washington.

Para quem não está familiarizado, o FoldIt é um quebra-cabeça on-line. Os passos que o jogador tem de resolver estão relacionados a dobrar corretamente as cadeias de proteínas, daí o nome FoldIt [Dobre-o]. Felizmente, há apenas um determinado número de maneiras de dobrá-las corretamente, o que o torna um jogo acessível para não cientistas.

Cada estrutura recém-dobrada oferece novas respostas para os cientistas médicos determinarem curas e soluções para uma série de doenças, possibilitando o desenvolvimento de medicamentos para elas.

Pelo menos essa é a explicação leiga. Se você quiser uma explicação mais científica, então recomendamos visitar o site da FoldIt e explorá-lo por conta própria.

A cada quebra-cabeça que resolver, você se verá envolvido no desafio em si, mas também no bem que oferece à humanidade. O FoldIt é um dos poucos exemplos que realmente se conectam ao conceito de "significado épico" quando um jogador se envolve com a plataforma. Ele também é autêntico, portanto as pessoas dedicam seu tempo de graça para fazer parte dele.

Mas não desanime: nem todas as organizações querem salvar o mundo, no fim das contas. As lições do FoldIt podem ser igualmente aplicadas a um varejista on-line, uma empresa de serviços de TI ou qualquer outro tipo de organização. Você só precisa encontrar a conexão entre seus produtos e o propósito do cliente.

Naturalmente, o FoldIt também recorre a muitos outros mecanismos de gamificação e motivadores para engajar as pessoas. A narrativa subjacente é simples: resolver quebra-cabeça e ajudar a salvar a humanidade. No entanto, os fundamentos do domínio (veja o próximo capítulo) também estão presentes, pois cada quebra-cabeça é mais complexo que o anterior, tanto aumentando continuamente o sentido do propósito do jogador em ajudar a humanidade como testando sua capacidade de resolver desafios cada vez mais difíceis.

Espero que tenhamos vendido a você a ideia de incorporar o propósito, mas como fazer isso? Que mecânica de jogo você pode usar para incutir um propósito em sua solução de gamificação?

A MECÂNICA DO PROPÓSITO NO JOGO

NARRATIVA & TEMA

A narrativa é o que você diz sobre sua organização e como ela se relaciona com o jogador, ao passo que qualquer aspecto recorrente dessa história é o tema. Ambos são vitais se você quiser se conectar com seus jogadores.

Por exemplo, a Innocent Drinks, uma empresa europeia de bebidas, começou vendendo *smoothies* (uma bebida não alcoólica à base de frutas) em festivais. Em seguida, criou uma ampla gama de produtos sustentáveis, estabeleceu várias fundações beneficentes e se tornou uma importante ativista do movimento de reciclagem. É uma história convincente que não tem muito a ver com o sabor de seus produtos, ou que você normalmente não associaria a uma marca de bebidas.

O que a Innocent Drinks fez, no entanto, foi construir uma narrativa convincente em torno de um tema específico – fazer o bem. Esse tema foi o que atraiu muitos clientes fiéis, tirando-os da concorrência; eles provavelmente podem encontrar bebidas igualmente boas em outros lugares, mas a narrativa da marca se encaixa no seu propósito pessoal.

Ambos, narrativa e tema, portanto, são mecanismos potentes para construir o propósito em sua torre.

Ao utilizá-los na campanha, você precisa garantir que a narrativa que você tece ou o tema escolhido se alinhe com a imagem e a ideia geral da sua marca. A narrativa precisa ser autêntica em relação a quem você é e a como se representa. Isso também deve ser consistente ao longo do tempo – a Innocent Drinks se viu em uma situação desconfortável duas vezes quando os clientes perceberam que ela rompeu com a narrativa de marca, primeiro quando firmou uma parceria com o McDonald's e depois quando vendeu 90% de seus negócios para a Coca-Cola.

Uma narrativa e um tema criam uma estrutura na qual seu jogador pode imergir e ter empatia com você, com sua marca e com a experiência que você está desenhando para ele.

Dito isso, o propósito, como uma escada, não é o único motivador em um ambiente gamificado. Uma torre com apenas uma escadaria é bem pequena. O propósito pode ser visto mais como um amplificador para as outras alavancas motivacionais – quanto mais alto o jogador subir, mais engajado estará com todos os outros elementos que encontrar.

É por isso que a mecânica das narrativas está ligada ao propósito, pois as histórias criam contexto e compreensão. Acrescentar propósito, então, é uma ação intencional, mas seus efeitos são invisíveis, fazem parte do fundo, da estrutura do ambiente.

Quando utilizar a narrativa como um mecanismo dentro do seu negócio, você precisará adotar medidas específicas para garantir que um nível de autenticidade a acompanhe realmente para ser entregue aos jogadores. Você precisará identificar se o negócio ou processo que está gamificando já tem um propósito para eles. Revise sua declaração de missão para determinar isso. É melhor descobrir o propósito organicamente e integrá-lo em sua experiência de jogo em vez de adicionar como propósito um pensamento posterior ou algo que esteja separado do seu próprio pensamento.

Por exemplo, seu negócio salva a Amazônia do desmatamento ou está tentando curar o câncer? Ambos são propósitos definidos com os quais as pessoas possam se conectar; não faria muito sentido, então, criar um ambiente gamificado com base em outro propósito.

E se seu negócio for um pouco mais simples, como vender papel e papelão, ou panelas e utensílios de cozinha? Ainda é verdade que você precisa determinar o que deseja que os jogadores sintam. Se você tem um propósito genuíno para seu negócio, integre-o a sua implementação de gamificação desde o primeiro dia.

Mas não invente um; os jogadores perceberão a manobra e será impossível impedir que se sintam manipulados e, então, que abandonem o jogo.

Um aspecto crucial que deve ser lembrado ao adicionar o propósito e usar a narrativa é que isso deve sempre ser feito tendo como foco o jogador, não a sua empresa. Lembre-se de que o jogador é o herói; é ele que está na jornada, que realizará as tarefas e vencerá os desafios.

Seu jogador vai salvar a floresta tropical, curar o câncer, escrever um bestseller ou fazer refeições premiadas com seus utensílios e panelas. O ambiente gamificado que você oferece é apenas o veículo para isso.

Se não concordar ou não se alinhar com o propósito da sua marca, o jogador não será motivado a participar.

O PODER DAS HISTÓRIAS NA CONSTRUÇÃO DO PROPÓSITO

A força motriz por trás de quase toda história é o propósito, um significado épico iniciado por uma chamada para o propósito. Joseph Campbell, autor de *The Hero with a Thousand Faces* [O herói de mil faces][44] (2012), é possivelmente o estudioso mais conhecido sobre a narrativa e o propósito. Muitos dos livros, filmes e jogos de que você e seus jogadores gostam terão, provavelmente, alguma variação da Jornada do Herói de Campbell.

Ela descreve as várias fases pelas quais um herói passa em uma narrativa. A jornada tende a ser composta por três partes: o chamado, a iniciação e o retorno:

1) O chamado é o evento em que o herói é instado a sair de seu mundo ou de sua rotina, apresentado a uma busca com potencial para mudar sua vida para sempre e enviado para o mundo desafiador para cumprir esse chamamento.
2) A iniciação é a fase em que o herói deve completar os desafios e provações que lhe são apresentados, algo parecido com os doze trabalhos de Hércules.
3) O retorno encontra o herói realizando o desafio final e recebendo a recompensa, que pode ser sua própria salvação ou a do mundo, encontrar um amor, conquistar a prosperidade ou tudo isso junto.

Recomendamos que você assista à trilogia original *Guerra nas estrelas* para ver a Jornada do Herói se desenrolando.

Vale a pena mencionar que a pesquisa de Campbell tem base nas histórias de mitos, lendas e religiões, que são fortes criadores de propósito em muitas pessoas ao redor do mundo através dos tempos.

Um requisito básico da Jornada do Herói é que o leitor/visitante/jogador tenha empatia com o herói, pois este é um indivíduo comum no começo da jornada. Trata-se de um elemento vital, pois você não consegue se conectar com um ser extraordinário. No entanto, à medida que a história avança, o indivíduo comum torna-se extraordinário. O ambiente e a experiência da história estão oferecendo um propósito ao indivíduo.

Essa transformação do ordinário em extraordinário é o que todos nós queremos alcançar e é uma das razões pelas quais todos nos conectamos com as histórias.

ONDE O PROPÓSITO PODE FALHAR?

A primeira armadilha é a **Inautenticidade**.

Ser inautêntico em relação ao que você representa é um exterminador da motivação dos seus jogadores. Pense na última vez que uma famosa cadeia de fast-food tentou empurrar um menu "saudável"; você aderiu ou franziu a testa? O mesmo vale para sua marca; não finja ser o que não é. Os jogadores o verão imediatamente como uma fraude, ou ficarão desapontados quando descobrirem a verdade.

A segunda armadilha é o **Alinhamento**.

Não espere que os jogadores se alinhem automaticamente com seu propósito; cada indivíduo tem valores diferentes. Você precisa entender os jogadores primeiro e descobrir se há algum alinhamento entre os valores deles e os da sua organização (abordamos isso em detalhes na Seção 3). Não se preocupe se não encontrar nada; a gamificação não requer propósito; este simplesmente a aprimora.

A última armadilha ligada à autenticidade que precisamos explorar é a **Escolha**.

Um dos conceitos mais importantes em qualquer processo de gamificação é a ideia de escolha voluntária. É um conceito crucial, na medida em que você não força os jogadores ao usar a alavanca motivacional do propósito. Participar deve ser sempre uma opção, não uma imposição; caso contrário, o propósito não existe. Como mencionado, é melhor que essas escolhas também se alinhem com as crenças e valores do jogador. Isso é verdade mesmo que haja uma ilusão de escolha.

Se o propósito falhar e você cair em uma das armadilhas que mencionamos, seus jogadores vão reagir com uma destas três possibilidades:

1) Saída
2) Condescendência
3) Resistência

A **saída** é provavelmente a resposta menos destrutiva e mais comum dos jogadores. Ela ocorre quando alguém se desinteressa do propósito por trás da sua solução de gamificação e decide abandonar o jogo. Você perdeu um jogador, mas ele não é mais uma influência negativa sobre o jogo. Um exemplo é um dos clientes simplesmente não jogar, ou talvez não comprar seu produto neste momento.

Enquanto a saída é uma resposta de risco razoavelmente baixo, as outras respostas, condescendência e resistência, são muito mais perigosas. Edward Deci identificou essas duas respostas tóxicas em seu livro *Why We Do What We Do* [Por que fazemos o que fazemos]. Elas surgem quando o propósito é inautêntico, ou a escolha é involuntária.

A **condescendência** ocorre quando os jogadores perdem o interesse, muito parecido com a decisão de sair, mas não saem. Eles apenas permanecem e prosseguem com o fluxo da narrativa ou tendência dominante.

Se decidirem seguir o fluxo, as consequências adversas são mínimas, pois eles simplesmente não vão se envolver com a experiência. Mas isso também significa que nada de positivo acontecerá por causa dessa estagnação.

Se, em vez disso, decidirem seguir a tendência do comportamento de outros jogadores, então pode ser que os jogadores sigam com elementos mais negativos, tais como não se importar se outros jogadores ou uma comunidade são inúteis, ou pior. Isso pode então levar ao fortalecimento do próximo ponto – a resistência.

Este último ponto, **resistência**, é possivelmente a resposta mais destrutiva. No nosso caso, ocorre quando o(s) jogador(es) assume(m) uma posição ativa contra a experiência. Eles sentem e/ou acreditam que foram enganados, manipulados ou alguma outra emoção negativa, e agora pensam em descarregar a raiva em você.

Se eles foram enganados, você não pode culpá-los por estarem com raiva. Entretanto, se se sentirem manipulados, a melhor forma de superar isso é se envolver com a comunidade de jogadores como um todo e descobrir onde estão os problemas para que a sensação de resistência não saia do controle e se espalhe rápido como um incêndio em uma floresta.

Esses elementos negativos tendem a acontecer em jogos comercializados de forma inautêntica. Exemplos famosos recentes são vistos muitas vezes em torno de jogos que se venderam como free-to-play (f2p) ou como um modelo de pagamento único inicial; depois, então, os jogadores descobrem que, para aproveitar a experiência como esperado, eles precisam pagar continuamente mediante estruturas de microtransação dentro do jogo.

Nos negócios, esses elementos negativos muitas vezes surgem nas redes sociais. Marcas com uma narrativa forte e um seguimento dedicado estão sob maior risco, com fãs enfurecidos denunciando nas redes sociais, para o mundo inteiro, as marcas que eles um dia amaram.

Um exemplo disso ocorreu em 2014, quando a Apple lançou um determinado modelo de iPhone. A Apple detém uma das marcas mais fortes do planeta, com uma história e um tema convincentes que se desenvolveram ao longo do tempo e cativaram milhões de pessoas em todos os continentes. No entanto, quando lançou o iPhone 6, comemorou o lançamento forçando os clientes a baixar o último álbum do U2. Eles desencadearam uma tempestade nas redes sociais que durou muito tempo. A empresa privou seus clientes do direito de escolha e agiu de uma maneira que foi interpretada como um enorme afastamento da narrativa da marca. E os clientes a puniram por isso.

RESUMO: CAPÍTULO 7

O propósito é o motivador subjacente que mantém os jogadores conectados com os sistemas gamificados.

Está ligado à narrativa e ao tema inerentes ao jogo, mas também ao que a empresa, por trás dele, representa (especialmente na gamificação de marketing). Você precisa garantir que entende o propósito da sua própria organização, como ela se alinha com os propósitos do jogador e como integrar esse propósito ao seu marketing gamificado.

Faça isso direito e seus jogadores subirão a escadaria da torre do jogo para alcançar qualquer objetivo final que você tenha colocado no topo. Faça errado e seus jogadores, na melhor das hipóteses, sairão; na pior das hipóteses, pegarão em armas contra você, muitas vezes publicamente.

PRÓXIMOS PASSOS:

- O que a sua marca e organização representam? Qual é o seu propósito? Qual é a história que explica esse propósito? Por que você faz o que faz?
- Quando seus clientes vêm até você, o que eles querem? Pense no benefício real para o usuário final e não nas características do que você fornece. Como isso se vincula a um propósito maior?
- Você pode ligar o propósito por trás do que faz com os propósitos de seus clientes? Encontre quantos vínculos puder; esse é o cerne do que sua solução gamificada deve representar e a história que ela deve contar.

Capítulo 8
Construindo sua torre - Os portais do domínio

O QUE É DOMÍNIO EM RELAÇÃO À GAMIFICAÇÃO?

Nossa próxima alavanca motivacional na gamificação é o domínio – a progressão passo a passo e a aquisição de habilidades que cada pessoa cumpre na busca de um objetivo, muitas vezes ligado a um propósito específico.

Progressão passo a passo... Então, por que usamos a metáfora de uma escada para o propósito, e não para o domínio?

Os portais são uma metáfora visual muito mais forte para o domínio, especialmente quando se consideram as influências motivacionais de cada indivíduo.

O fato é que o propósito motiva porque obriga os jogadores a terem um objetivo de longo prazo, algo pelo que lutar. Enquanto isso, o domínio não é apenas um caminho para um objetivo final; é a superação de obstáculos na busca desse objetivo que torna o domínio tão motivador para um jogador.

Sem esses portais, o domínio seria substituído pela repetição sem sentido das mesmas tarefas, com pouco ou nenhum crescimento ou prazer.

Um excelente exemplo de domínio da gamificação é o Duolingo.[45]

O Duolingo é um aplicativo e um site que as pessoas usam para aprender um novo idioma – um objetivo final compartilhado por um grande número de indivíduos. O serviço oferece aos usuários miniexercícios com base em um tema (por exemplo, alimentos, animais, objetos) para que eles construam gradativamente um vocabulário de palavras e frases e tenham a oportunidade de reforçá-las ao longo do tempo, introduzindo-as em novos contextos.

Soa familiar, certo?

Esse foi/é o mesmo método utilizado em muitas escolas quando as crianças começam a aprender um novo idioma, mas, assim como muitos alunos, os usuários podem ficar entediados e desmotivados com esse estilo de aprendizagem.

Se isso fosse tudo o que o Duolingo faz, ele falharia. Muito parecido com o que acontece nos cursos tradicionais.

Os alunos estariam aprendendo sem receber um feedback explícito de seu progresso ou a compreensão de suas habilidades ao longo do tempo. Isso logo se tornaria monótono e desmotivante para a maioria das pessoas. Felizmente, o Duolingo[46] sabe disso e incorporou o domínio em seu design de produto principal.

BLOQUEIOS

Uma das principais alavancas do Duolingo para incentivar o domínio é o bloqueio do acesso à maioria de suas aulas até que o usuário complete aquelas que servem como pré-requisitos ou tenha a experiência necessária para avançar, completando os desafios do idioma no nível de dificuldade atual. Isso significa que o usuário não pode frequentar o módulo avançado de linguagem antes de pelo menos terminar um módulo básico.

Quando impõe esses bloqueios, o Duolingo força os usuários a provar seu domínio sobre as aulas anteriores antes de avançar para as novas. Isso cria um sentimento de realização para os jogadores à medida que eles progridem e os incentiva a continuar com sua jornada de aprendizagem.

Os jogadores podem verificar o próprio progresso, pois o Duolingo mantém um registro das seções concluídas e das áreas que ainda precisam ser desbloqueadas.

USO EFETIVO DO FEEDBACK EM TEMPO REAL

O Duolingo não espera até o final de um curso para dar uma nota pelo desempenho do usuário; ele nem espera até o final de um miniexercício! A cada pergunta que você responde, recebe um retorno imediato.

Se o usuário responder uma pergunta corretamente, recebe aprovação e avança. Se a resposta estiver errada, o aplicativo mostra a resposta correta e aponta onde está o erro, mas ainda assim avança para a próxima pergunta. Quando o usuário chega ao final do exercício, as perguntas que ele errou são repetidas para lhe dar a chance de usar o que aprendeu até então e consolidar esse conhecimento.

Quando completa o exercício, o usuário é informado sobre a "quantia" de experiência acumulada e tem a oportunidade de retomar o exercício se quiser melhorar ainda mais sua pontuação.

Esse uso do feedback imediato é uma poderosa ferramenta motivacional e um método-chave para aumentar o domínio de um jogador. O feedback é geralmente um resultado para realizar ações específicas, e, embora a recompensa/punição por esse resultado possa ser motivadora por si só, ter conhecimento do sucesso ou fracasso é muitas vezes o motivador mais poderoso para o indivíduo na busca pelo domínio.

Um ciclo eficaz de feedback permite que os jogadores construam estratégias mais bem-sucedidas para a forma como abordam as situações, melhorando a competência nas tarefas e a motivação para continuar.

EQUILÍBRIO PERFEITO ENTRE DESAFIO E DIFICULDADE

À medida que os jogadores recebem feedback, melhoram seu domínio na tarefa até que não cometam mais erros. Mas o que acontece se você continuar fornecendo o mesmo "feedback efetivo" aos jogadores?

Ao final, como continuam repetindo os mesmos exercícios no Duolingo, eles naturalmente deixarão de cometer os mesmos erros. No entanto, o mais provável é que tenham atingido um limite para o domínio, em que a repetição não estará mais melhorando seus resultados, o que rapidamente deixará a experiência monótona – é quando os jogadores começam a sair, já que descobrem que não estão mais progredindo.

Deci descreve bem essa situação:

"O sentimento de competência resulta do fato de uma pessoa assumir e, na sua própria visão, encontrar os melhores desafios. O desafio ideal é um conceito-chave aqui. Ser capaz de fazer algo trivialmente

fácil não leva à percepção de competência, pois a sensação de ser eficaz só ocorre espontaneamente quando se trabalha para a realização."[47]

Esse sentimento de competência (domínio) é o fator motivador pelo qual nos esforçamos. Devem estar presentes desafios que ampliam as habilidades e o domínio do indivíduo - se for muito fácil, o desafio não será mais motivador; se for muito difícil, o desafio será visto como intransponível, e isso por si só também é desmotivador.

Lev Vygotsky chamou essa linha tênue entre níveis de dificuldade de "*zona de desenvolvimento proximal*",[48] um elemento vital para garantir que o domínio continue a ser um fator motivador para seus jogadores. São necessários testes e avaliações adequados entre os usuários para garantir que o nível certo de dificuldade seja apresentado no momento certo para manter a motivação elevada; caso contrário, você inadvertidamente desmotivará os jogadores.

O Duolingo enfrenta esse problema pedindo aos novos usuários que façam um teste inicial para aferir seu nível de habilidade atual. Isso avalia o conhecimento que o usuário tem do idioma e o coloca em um ponto apropriado dentro da jornada de aprendizagem a fim de garantir que haja um desafio e que o usuário continue aprendendo um vocabulário novo a partir desse ponto em diante.

O que você pode concluir do Duolingo, portanto, é que o domínio é o crescimento de uma habilidade que um indivíduo constrói ao longo do tempo e que pratica enquanto está envolvido com uma atividade (motivadora). Dependendo da atividade, esse crescimento pode ser em grande parte invisível, mas todo domínio deve ser testado regularmente, e é aqui que o poder de motivação do domínio se torna eficaz para levar os indivíduos adiante, seja para dar continuidade aos êxitos, seja para superar os fracassos.

O MECANISMO DO DOMÍNIO DE JOGO

Como você pode aplicar os princípios de domínio ao seu próprio negócio de marketing? Aqui estão três mecânicas de jogo fundamentais que são eficazes:

O domínio é motivador quando os jogadores visualizam um fluxo constante de obstáculos menores e de curto prazo para serem vencidos. Os games, muitas vezes, simulam isso incluindo missões secundárias e objetivos para os jogadores completarem conforme progridem – tarefas como matar um número preestabelecido de monstros, viajar para um novo local ou resolver um enigma para abrir uma porta trancada. Esses pequenos desafios são, com frequência, associados ao aprendizado de novas habilidades e utilizados como parte de tutoriais e da ambientação, ajudando os jogadores a aprender em um ambiente de baixo risco. Com o passar do tempo, você pode aumentar a dificuldade desses pequenos desafios e forçar os jogadores a usar múltiplas habilidades em conjunto para superá-los.

Comece pensando no que você quer que eles façam: criar um perfil em seu site, inscrever-se em uma lista de discussão, ler seus tutoriais?

Pense no que os jogadores desejarão dominar. Se você trabalha para uma academia, seus clientes vão desejar o domínio para ficar em forma ou perder peso. Se você trabalha para uma agência de marketing, seu cliente buscará mensagens mais claras e um melhor retorno sobre o investimento (ROI, na sigla em inglês) para o engajamento dele com você.

É necessário ter certeza de que quaisquer desafios que você crie para os jogadores superarem vão realmente combinar com o que eles querem dominar. Caso contrário, seus jogadores não estarão motivados ou, pior ainda, ficarão desmotivados, pois verão isso como uma tentativa de manipulá-los e induzi-los a ações sem valor para eles.

Continuando com o exemplo da academia, uma maneira inteligente de usar o domínio seria incorporar rotinas de treinamento de dificuldade variável, ou desafios em cadeia para frequentar a academia por X dias/semanas seguidos. Isso seria muito mais eficaz do que os desafios de marketing que vimos no passado e que se concentravam em "assinar a newsletter da academia" ou "criar um perfil no site da academia".

Como isso me ajuda? Simples, alinhando o que sua organização faz com o que os jogadores querem. Ao direcionar a jornada de domínio para um jogador, você o motivará a utilizar seus serviços e produtos com mais frequência. Você pode, então, incorporar tarefas mais voltadas para negócios (por exemplo, seu site e newsletters) como um fluxo secundário, algo que pode ajudá-los a progredir ainda mais em seu objetivo de domínio. Uma ótima maneira de incorporar isso seria enviar um e-mail para os jogadores que estão no topo de seu desafio atual e lembrá-los de assinar newsletters relevantes para receber dicas de como vencer esse desafio.

GRAVANDO AS REALIZAÇÕES E PROGRESSOS DO JOGADOR

Como dissemos antes, o domínio é uma progressão gradual que cada pessoa cumpre na busca de um objetivo. O importante aqui é que a cada passo o jogador aprende ou evolui de alguma forma, e isso só se torna possível por meio do feedback.

Um dos principais mecanismos de jogo utilizados para medir e representar o progresso é o esquema de pontos, especificamente pontos de experiência. Quando os jogadores realizam certas ações desejadas, recebem pontos de experiência, e, quando os ganham em quantidade suficiente, "sobem de nível".

Essa rota linear é suficiente para motivar um jogador? Raramente. O uso bem-sucedido de pontos de experiência em jogos se constrói quando é empregado para determinar a progressão de um jogador e, mais importante, o que ele acessou como recompensa por seu esforço e domínio do jogo.

No Duolingo, vimos que os jogadores ganham experiência ao completar módulos de idiomas e que avançam para o conjunto seguinte de módulos assim que que alcançam a quantidade de experiência necessária. O Duolingo também mostra ao jogador todos os módulos que completou, exigindo que veja seu progresso antes de avançar para o próximo nível. Essa é uma tremenda alavanca motivacional para realmente mostrar ao jogador sua jornada e o domínio que ele alcançou.

Outro exemplo são os pontos de recompensa das companhias aéreas. Quanto mais você viaja com uma empresa, mais pontos de experiência recebe. Quando atinge certo número de pontos de experiência, avança para a próxima categoria. Companhias aéreas diferentes trabalham de maneiras distintas, mas, em geral, cada nível traz certos benefícios como embarque rápido, acesso gratuito a salas de espera ou a ofertas especiais e outras promoções. É um mix interessante entre as companhias aéreas, que recompensam seus clientes mais ativos, e os clientes, que buscam ativamente ganhar suas merecidas recompensas.

Tire um momento para pensar sobre quais atividades são relevantes para seu negócio. O que você daria como recompensa aos jogadores e por quê? Faça isso se relacionar ao que o jogador quer dominar.

COLOQUE GRANDES BLOQUEIOS (CHEFÕES) NO CAMINHO DO SEU JOGADOR

O desafio final para um jogador é uma "luta contra o chefão". "Chefão" é a terminologia usada para descrever eventos que levam um jogador aos limites de suas habilidades atuais, exigindo que ele demonstre domínio da habilidade na qual vem treinando (ou uma combinação de várias habilidades).

Essa etapa do jogo deve ser significativamente mais difícil do que as missões e desafios-padrão. Eles são os ritos de passagem pelos quais um jogador tem de provar seu domínio do jogo.

Eles devem lutar para vencer os desafios do chefão e, quando conseguem passar por eles, devem ter uma sensação de realização e de domínio em razão da(s) habilidade(s) que adquiriram. Não podem sentir que se tratou de um acaso ou que foram enganados de alguma forma (especialmente se tiverem perdido!).

O impacto mais significativo para os jogadores aqui é o fato de que eles querem sentir que estão melhorando ao usar os elementos que citamos. Coloque um bloqueio no caminho, e eles desejarão superá-lo – essa é a chave.

Avançando um pouco mais, um embate com o chefão que ocorre em um nível inferior pode se tornar um desafio-padrão para um jogador que atingiu um nível mais avançado e é uma excelente maneira de manter engajados os jogadores mais experientes – e assim suas habilidades se renovam.

Com o Duolingo, isso ocorre quando o jogador passa por um idioma escolhido e, depois, é testado no final para saber se dominou o vocabulário necessário para avançar. Somente por meio do uso e da prática regular do idioma ao longo de dias e semanas o jogador pode dominá-lo. Então, após o tempo/experiência, ele terá a oportunidade de progredir para a fase seguinte do aprendizado. Uma vez aprovado nesse teste, o que ele aprendeu será provavelmente uma característica regular nas fases posteriores.

Se um jogador sobe de nível, geralmente experimenta um sentimento de orgulho e realização; ele se sente pronto e mais motivado para enfrentar desafios de maior nível. Esse é um sistema poderoso e comprovado para motivar jogadores e alunos, podendo ser facilmente aplicado em cenários de marketing e de negócios também.

Quais desafios dos chefões podem se aplicar ao seu negócio? Como você testará o domínio do jogador?

ONDE O DOMÍNIO PODE FALHAR?

O domínio é um mecanismo de jogo escolhido de forma recorrente pelas empresas, mas utilizado sem que se pense nas armadilhas que podem ocorrer quando não aplicado corretamente. Há três erros comuns que você pode cometer ao aplicar o domínio na sua gamificação de marketing, que discutiremos a seguir.

MOTIVAÇÕES DESALINHADAS

Tenho certeza de que você tem metas e objetivos concretos para suas equipes de marketing e vendas, mas é improvável que sejam as mesmas metas e os mesmos objetivos de seus clientes e jogadores.

Ao considerar o domínio, você precisa pensar do ponto de vista do jogador e alinhar seus desafios, ciclos de feedback e chefões em torno de áreas com as quais os jogadores se preocupam. Se você basear todos os desafios de domínio em torno dos seus objetivos comerciais ou de objetivos errôneos, os jogadores não vão se envolver.

A título de exemplo, muitos varejistas estabelecem missões para que os clientes assinem suas newsletters, criem contas em seus sites ou se inscrevam em esquemas de fidelidade. Essas missões recompensam os jogadores com descontos ocasionais e (geralmente) um monte de e-mails de spam!

Mas isso é do interesse dos jogadores? Muitos deles imediatamente cancelam a inscrição assim que resgatam seus descontos e tudo volta à estaca zero para a equipe de marketing.

Isso acontece porque os objetivos não estão alinhados corretamente. E se o varejista criasse uma série de missões ligadas a certos objetivos de vida? Por exemplo, um varejista de utensílios de cozinha cria uma série de missões para os jogadores comprarem produtos específicos para se tornarem cozinheiros de alto nível. Quando eles compram certos produtos, a empresa não poderia enviar receitas grátis que envolvem os equipamentos que compraram e recompensá-los por completar os conjuntos com descontos adicionais, receitas e talvez um desafio do chefão?

O truque aqui é tentar posicionar newsletters, serviços premium e outros objetivos comerciais como complementos e melhorias que permitam ao jogador aumentar ou acelerar seu domínio, e não os usar como evento principal.

DESAFIOS FÁCEIS DEMAIS

Um erro comum quando se aplica o domínio na gamificação é tornar os desafios muito fáceis. É comum as empresas temerem que, se dificultarem muito os desafios, os jogadores não se envolvam. Esse temor é infundado.

Você precisa identificar os vários níveis de domínio pelos quais os jogadores passarão e garantir que progridam em um ritmo adequado. No entanto, são necessários testes rigorosos para assegurar que os jogadores não se aborreçam com os desafios que você apresenta.

Jogadores entediados saem e raramente voltam.

Muitos LMS (sigla em inglês para Sistemas de Gestão da Aprendizagem) ou cursos on-line têm esse problema, em que o teste final na conclusão do curso está lá como a ilusão de um portal de saída. O jogador vai seguindo sem esforço e é aprovado com facilidade, perguntando-se qual era o sentido daquilo tudo. Nenhum domínio verdadeiro de habilidade ou conhecimento é testado, pois os criadores temem que, se o desafio for muito difícil, os jogadores não queiram continuar e abandonem o jogo.

DESAFIOS DIFÍCEIS DEMAIS

Um erro menos comum é tornar o jogo muito difícil. Se os jogadores não estiverem preparados para o desafio que você definir e falharem ou não receberem feedback suficiente sobre o porquê de terem falhado, ficarão estressados ou irritados e irão embora.

Essa é uma situação semelhante àquela em que o jogo é muito fácil; você precisa garantir o nível de dificuldade adequado para o nível atual de domínio dos jogadores. A melhor maneira de avaliar isso é um teste inicial de competência que situe um jogador no ponto correto para seus desafios, como o exemplo do Duolingo, discutido anteriormente.

RESUMO: CAPÍTULO 8

Se o propósito é o objetivo final para muitos jogadores e a força que os impulsiona ao longo de nossa torre de gamificação, o domínio é a habilidade que lhes permite fazer isso. O domínio compreende a melhoria constante dessas habilidades e os frequentes testes e feedbacks que ajudam o jogador a crescer e o encorajam a continuar – mas cuide de ajudá-lo a dominar as habilidades com as quais ele se importa e que são relevantes para você também! O domínio depende de dois equilíbrios fundamentais que você precisa ter em mente:

- **Dificuldade**: Os desafios não podem ser muito difíceis nem muito fáceis, ou seus jogadores ficarão frustrados. É necessária uma verificação constante a fim de garantir que eles estejam sendo testados o suficiente para mantê-los atentos e melhorando continuamente.
- **Feedback**: Não podemos aprender se não soubermos o que fizemos certo e errado. O feedback dá essa informação, mas tenha cuidado para não atolar seus jogadores com muito feedback; por outro lado, ser muito econômico e não ensinar nada os deixará ansiosos.

Um último conselho: você precisa ter certeza de que os desafios são interessantes para o jogador. Não se deixe enganar pensando que o domínio se resume à quantidade de horas – você precisa tornar o desafio interessante e relevante para o jogador, ajustando a dificuldade nos pontos certos e dando feedback para que ele esteja sempre melhorando, não apenas fazendo a mesma coisa repetidas vezes até ficar entediado e ir embora.

PRÓXIMOS PASSOS:

- Pense sempre no propósito dos jogadores. De que habilidades seus clientes precisam para atingir os objetivos finais desse propósito?
- Agora pense em seus produtos e serviços. Os clientes precisam de alguma habilidade para usá-los? Ou eles ajudam seus clientes com habilidades que podem ser usadas em outros lugares?

Capítulo 9
Construindo sua torre - Os portais da autonomia

O QUE É AUTONOMIA E COMO ELA MOTIVA?

A razão pela qual escolhemos a metáfora dos portais para a autonomia é bastante simples: a autonomia se refere fundamentalmente a uma escolha.

Os caminhos se dividem em diferentes direções que levam a ainda mais caminhos e lugares. A capacidade de escolher qual direção seguir e a disponibilidade de múltiplas possibilidades são os pontos cruciais para se ter autonomia.

Para que a autonomia seja efetiva em qualquer situação, ela precisa de dois requisitos:

- A percepção de escolha: o jogador acha que tem escolha nessa situação?
- A disponibilidade de escolha: o jogador tem realmente uma escolha nessa situação?

Se nenhum dos dois existir ou um deles não estiver bem definido, o jogador se sentirá acuado e sem liberdade. Isso significa que, mesmo que o indivíduo tenha escolha em uma situação, se achar que não tem, ele se sentirá acuado.

No entanto, escolher é apenas metade da autonomia. A metade restante é a autoridade com a qual a escolha é feita e o tempo que se leva para decidir. A autonomia em um indivíduo é:

- A autoridade da escolha: o jogador tem capacidade para fazer sua própria escolha?

- O tempo de escolha: o jogador tem tempo suficiente para fazer uma escolha?

Quando falamos em autonomia, porém, não nos referimos ao individualismo.

Ser autônomo em suas escolhas não significa se isolar das escolhas dos outros. Significa apenas ter os meios, a capacidade e a liberdade para tomar as próprias decisões. Muitas vezes esse erro é cometido por empresas e designers de experiências de gamificação.

No ambiente corporativo, a ideia de controlar seu próprio tempo e a capacidade de fazer as próprias escolhas resultaram em um conceito conhecido como "ambiente de trabalho voltado a resultados" (results-only-work-environment, ou ROWE, na sigla em inglês).[49] Um dos exemplos de maior destaque usando a ideia do ROWE é a Atlassian.

A Atlassian é uma empresa australiana especializada em soluções de software colaborativo para equipes e grupos em diversas áreas de negócios. O que a torna tão famosa por promover o conceito de autonomia não é o software que ela produz, mas o fato de empregar o ROWE para motivar seus funcionários.

O funcionário tem a liberdade, a autoridade e a responsabilidade de administrar seu próprio tempo da maneira que achar conveniente para entregar os resultados necessários. A liberdade de escolha e a habilidade fomentam a criatividade, e isso, como sabemos, é o núcleo motivador da autonomia.

Não só isso: a Atlassian aciona ainda mais essa motivação com uma atividade que a empresa batizou de "ShipIt".[50] Se você não está familiarizado com o ShipIt, pode identificar o fundamento no nome de outra empresa, a FedEx Day,[51] assim chamada porque se espera que ela entregue qualquer encomenda em 24 horas.

O principal conceito do ShipIt é que, uma vez por ano ou uma vez por trimestre, todos os funcionários, desde o programador até o CEO, têm 24 horas para apresentar uma ideia que não tenha absolutamente nada a ver com seu trabalho diário normal. E este é o ponto principal: eles devem ser deslocados de suas funções para trabalhar com pessoas com as quais talvez não trabalhem regularmente, ou não trabalhem de forma alguma, e apresentar ideias inéditas, inovadoras e criativas que ajudem a empresa e os clientes.

A razão pela qual o ShipIt é um exemplo tão grande de autonomia está no fato de que o processo se inicia dando aos indivíduos a liberdade de escolher o que quiserem. Em seguida, eles saem para fazer um brainstorming e encontrar pessoas dentro da empresa com quem partilham as mesmas opiniões a fim de desenvolver a ideia que apresentarão em 24 horas para ser avaliada por seus pares, não pelo conselho de administração. Essa ideia simples e divertida tem tudo de que uma forte experiência motivada pela autonomia precisa.

AUTONOMIA E GAMIFICAÇÃO

Autonomia é a capacidade dos jogadores de explorar a própria criatividade, de desenvolver suas ideias e, mais importante, de ter escolha no que fazem e em como fazem. Na prática, isso significa que eles (alguns) têm liberdade para criar e se expressar em uma experiência de forma não totalmente controlada pelo que os designers de gamificação implementaram nela.

Lembre-se, porém, de que a experiência sempre enfrentará limites e de que, como designer, você precisará estabelecê-los, pois a liberdade total cria falta de direção. Até mesmo o ShipIt da Atlassian tem limites:

- O projeto não pode ser parte do trabalho diário dos funcionários.
- Os funcionários devem trabalhar com pessoas desconhecidas.
- Os funcionários devem apresentar a ideia em 24 horas.
- E assim por diante...

> *"Quando um usuário pode continuamente explorar sua criatividade e dirigir um número quase ilimitado de possibilidades, o designer de jogos não precisa mais criar constantemente novos conteúdos para tornar as coisas envolventes."*[52]

O que Yu-Kai Chou ilustra com essa afirmação é que o objetivo final que queremos alcançar em qualquer experiência gamificada é criar um ambiente em que a autonomia das ações e as liberdades do jogador vão impulsioná-lo sem nenhuma intervenção dos designers; um ciclo autoperpetuador de criatividade e produtividade.

Outro exemplo de êxito da alavanca motivacional da autonomia é o jogo de saúde e bem-estar de Jane McGonigal, *SuperBetter*.[53] Ele constrói uma estrutura clara para você operar, permitindo que escolha seus próprios objetivos, desafios, recompensas etc. e que determine como conseguirá tudo isso.

Você pode usar o jogo da maneira que escolher para se desenvolver, mas, caso se perca ou precise de orientação, ele lhe oferecerá algumas sugestões. A liberdade se mistura confortavelmente com limites suficientes para que o jogador tenha uma estrutura sólida para fixar seus objetivos e liberdade de escolha para alcançá-los. No fim, o participante desenvolve mais autoconsciência, saúde e bem-estar – um mix conhecido como estima, que vamos explorar mais tarde.

A MECÂNICA DA AUTONOMIA NO JOGO

Com uma base firme sobre como funciona a alavanca motivacional da autonomia e o que ela faz para engajar os jogadores, daremos uma olhada nos mecanismos que você pode implementar ao projetar sua própria experiência gamificada.

PERSONALIZAÇÃO

A primeira coisa que seus jogadores podem ver em sua experiência é a escolha de digitar o nome deles e, muito provavelmente, criar um avatar que os represente.

Esse tipo de personalização é o ponto inicial em que você pode dar ao seu jogador a autonomia e a liberdade para que ele escolha o nome que deseja ter e com que imagem quer ser reconhecido. Outros exemplos são o nome da equipe do jogador e uma bandeira para ela. As versões virtuais são nomes de avatar e a forma e aparência que ele assume. A criação de um avatar constitui o exemplo e o tipo de personalização mais comuns, mas é uma forma muito produtiva e sutil de dar aos seus jogadores uma liberdade de escolha inicial. Poder escolher um nome e a imagem pela qual os outros o reconhecerão é uma atividade fortalecedora e que tem um valor significativo para todos os jogadores.

A personalização também aumenta o sentimento de propriedade sobre as decisões que o jogador toma. Quanto maior o sentimento de propriedade em um jogador, mais valor ele atribuirá a ela e, portanto, menor a probabilidade de abandoná-la: não é uma coisa sem rosto que ganha recompensas – sou eu!

Embora, naturalmente, o nível de personalização que você ofereça vá depender do tipo de experiência que criar, das escolhas estéticas que fizer e assim por diante.

Se você quiser se aprofundar na experiência de personalização dentro das experiências gamificadas, dê uma olhada nos conceitos em torno dos "mods". Mods em jogos geralmente são personalizações e variações criadas pela comunidade em torno da experiência principal. As modificações têm um benefício duplo:

- Em primeiro lugar, elas permitem que um jogador personalize além do que você inicialmente pretendia, garantindo ainda mais a fidelidade dele ao seu produto ou serviço.
- Em segundo lugar, a comunidade trabalha ativamente em conjunto para desenvolver ainda mais seu produto ou serviço ao modificá-lo. Isso só acontece porque ela os valoriza.

A possibilidade de modificar seu produto ou serviço é um dos primeiros passos para criar um estado em que a criatividade se torne um ciclo autoperpetuador.

EXPLORAÇÃO

Dê aos jogadores a liberdade de explorar o ambiente gamificado sem restrições ou, mais precisamente, de permitir que eles o explorem sem restrições aparentes (isso porque um jogo sem restrições significaria criar um ambiente com possibilidades quase infinitas, o que talvez esteja um pouco além do seu orçamento!).

Dependendo da experiência que você está criando, o ambiente pode ser um espaço físico literal, ou pode ser um espaço abstrato, consistindo mais em conhecimento do que em quaisquer elementos físicos ou representações virtuais.

Adições úteis na utilização do mecanismo de exploração são as alavancas motivacionais da curiosidade e da surpresa, descobrindo e desbloqueando novas informações; ou os pequenos incentivos para os jogadores, como a adição de "Easter eggs" (segredos escondidos) ao seu ambiente.

Easter eggs são recompensas escondidas que o jogador só descobre se optar por explorar áreas ou aspectos mais remotos da sua experiência e ambiente. Esses itens ocultos podem conter qualquer coisa, desde informações adicionais até um bônus ao jogador ou mesmo algo tão simples quanto adicionar um esquema de cores diferentes a um avatar. A lista pode ser interminável, mas se traduz basicamente como algo que seu jogador recebe por não permanecer no caminho "recomendado".

A curiosidade e a surpresa de encontrar algo que ninguém mais encontrou são poderosos motivadores e, surpreendentemente, conseguem engajar uma grande variedade de jogadores.

DECISÕES

A tomada de decisão é a ação efetuada pelo jogador quando lhe são apresentadas várias opções. Nos jogos, a questão mais comum é geralmente: Como superar esse chefão ou esse quebra-cabeça?

Os melhores jogos dão aos participantes múltiplas opções para resolverem seus problemas. Inicialmente, os jogadores podem não estar conscientes de que múltiplas opções estão disponíveis, mas permanecerão motivados enquanto houver a sensação implícita de que, se continuarem tentando, acabarão descobrindo.

Trata-se de uma poderosa ferramenta de engajamento que motiva o jogador a seguir em frente, especialmente porque ele continua resolvendo mais problemas dessa forma.

Isso acontece porque os humanos gostam de resolver problemas – nós praticamente vivemos para isso, e os jogadores muitas vezes tentam o mesmo desafio repetidamente para vencê-lo de maneiras novas e interessantes. Claro, desde que eles tenham a capacidade e a liberdade de abordar o problema de diferentes ângulos.

As armadilhas em torno de múltiplas escolhas e tomadas de decisão têm consequências um pouco mais pesadas:

1) Em primeiro lugar, o problema só disponibiliza algumas escolhas, e muito parecidas, resultando em pouca experimentação e, no final, em tédio.
2) Em segundo lugar, o problema é muito fácil; nenhuma experimentação ocorre porque ele foi resolvido na primeira ou na segunda tentativa. Isso novamente provoca tédio e uma provável desistência.
3) Em terceiro lugar, há muitas escolhas, e isso sobrecarrega ou afasta o jogador.
4) Em quarto lugar, o problema é muito difícil, não há escolhas suficientes ou não são suficientemente claras.
5) E, por fim, e isso é verdade sobretudo em ambientes gamificados, o problema realmente só tem uma escolha específica.

Por exemplo, com referência ao ponto 5, digamos que você esteja tentando ensinar uma maneira específica de comportamento ou implementar um procedimento – vamos pensar que você trabalhe na área da medicina, colhendo sangue para um exame, realizando outro exame ou qualquer tipo de procedimento para o qual haja uma maneira específica de proceder. Os caminhos de ramificação de escolha e tomada de decisão dentro de uma versão gamificada são, portanto, baseados em torno das habilidades que os jogadores aprenderam e na maneira como as implementam em atividades interdisciplinares e relacionáveis a outras situações.

ONDE A AUTONOMIA PODE FALHAR?

A autonomia como motivador é muitas vezes mal utilizada e mal compreendida quanto ao que ela oferece às empresas. Já vimos algumas das armadilhas que aparecem no mecanismo do jogo da autonomia específica, mas vamos descobrir como o motivador pode falhar por si mesmo se for mal-empregado.

A ILUSÃO DA AUTONOMIA

A ilusão da autonomia resulta de escolhas sem significado de valor dadas aos jogadores.

Se as pessoas são apresentadas a dois produtos quase idênticos, diferenciados apenas pelos nomes, então a escolha fica sem sentido e sem valor. Um exemplo disso pode ser visto quando os supermercados vendem o mesmo produto, fabricado pelo mesmo fornecedor, mas o supermercado A o vende 20% mais caro que o supermercado B. A única diferença é o nome da marca, mas a qualidade do produto é, em última análise, a mesma.

Quando isso acontece, e o jogador descobre, ele se sente enganado e percebe que estava sendo conduzido pela ilusão. O resultado dessa percepção, seja no nível consciente, seja no subconsciente, é que o jogador cairá em uma de duas categorias: condescendência ou resistência.

ESCOLHA COMPLICADA DEMAIS

Uma armadilha de que você, na condição de designer, deve estar ciente ao criar ambientes para explorar e oferecer escolhas aos jogadores é não proporcionar escolhas muito variadas ou numerosas, pois isso sobrecarregará o jogador.

Em geral, a maioria das pessoas que gostam de explorar fica feliz com três ou quatro opções em determinado cenário; mais do que isso provavelmente as sufocará.

Um caso exemplar vindo dos games é o *EVE Online*. Quando foi lançado, em 2003/2004, o jogo oferecia uma quantidade virtualmente infinita de escolhas e locais para explorar, e esse ainda era seu maior diferencial em relação à concorrência.

No entanto, o *EVE Online* surpreendeu negativamente muitos jogadores em seu lançamento, pois criou, de maneira involuntária, uma experiência de ambientação bastante intrincada, o que desmotivou muitos jogadores eventuais. Uma solução foi produzir um tutorial que inicialmente limitava o novo jogador, mas logo se abria e permitia a descoberta ao longo do tempo em um ritmo que manteve os participantes interessados.

É uma situação cujo equilíbrio é complicado – se for muito, você corre o risco de sufocar os jogadores; se for pouco demais, você corre o risco de entediá-los. Testar é a única forma de descobrir o ponto certo.

EQUILIBRANDO O USO DA AUTONOMIA

Ao projetar com a autonomia em mente, uma questão que muitas vezes surge é o equilíbrio entre liberdade e estrutura. Se houver restrições demais – por exemplo, acuar o jogador por meio de desafios e não oferecer escolhas –, você perde os benefícios da autonomia.

Quando o jogador não está mais no controle e a liberdade é uma ilusão, voltamos à primeira armadilha. No entanto, se houver pouca ou nenhuma estrutura, você não tem mais um jogo; tem uma simulação de jogo. Essa experiência mais desestruturada poderia, portanto, assumir qualquer forma, mesmo uma daquelas que não têm mais nada a ver com o que você criou. Quando seus jogadores estão "apenas" jogando, não estão mais trabalhando para qualquer tipo de estrutura ou objetivo, e é improvável que estejam fazendo aquilo que você queria para sua organização.

Um exemplo disso pode ser tirado do mundo do RPG (*Dungeons & Dragons*, por exemplo), onde o facilitador guia suavemente os jogadores para marcos específicos na narrativa, e os jogadores têm total liberdade de escolha sobre como chegar a cada marco.

Um mau exemplo é, por um lado, aquele ambiente gamificado em que o facilitador traçou um caminho tão rigidamente específico, em geral conhecido como "railroading" (ou caminho imposto), que os jogadores não têm poder de decisão e só estão ali por estar. Por outro lado, se a estrutura é zero, e o facilitador perdeu o controle, os jogadores fazem o que querem, nunca alcançando o resultado e o objetivo da experiência gamificada do facilitador. Cabe a você encontrar o meio-termo.

AUTONOMIA E SISTEMAS EXTERNOS

Quando cria essas estruturas do tipo perene, que incentivam e incorporam a autonomia, você deve estar sempre atento caso associe outros sistemas a elas.

Em particular, tome cuidado com qualquer sistema que agregue um valor externo a essas estruturas, como um valor monetário, ou outros que possam representar um elemento de necessidade para acumular um valor medido em relação à atividade. No caso do ShipIt da Atlassian, os sistemas de valores externos associados a ele são o reconhecimento e o respeito dos pares. Já os valores que os participantes encontram nele são a participação e a liberdade de fazer algo diferente e ser reconhecido por isso. Nesse caso, temos uma confluência de propósito e de autonomia.

O problema com o sistema de valores externos e a autonomia é que a motivação por trás desta luta ativamente contra o sistema de valores externos. Ao final, o sistema de valores externos perderá o significado, seja porque o indivíduo deixou de achar os valores interessantes, seja porque são muito fáceis de acumular, seja porque não refletem o que investiu neles. A autonomia como alavanca motivacional deve transcender esse sistema, e o valor deve ser internalizado pelo indivíduo. A liberdade de escolha é o que importa aqui.

Como Pink menciona em seu livro *Motivação 3.0 – Drive*, a autonomia nos locais de trabalho, áreas movidas por sistemas de valores externos (como salários), está e deve estar lentamente se afastando da motivação no estilo recompensa-castigo. Assim como na Atlassian, com seu conceito de ROWE, os indivíduos são mais motivados pela liberdade e pela responsabilidade; o sistema de valores externos é apenas um reconhecimento desse valor motivacional interno.

RESUMO: CAPÍTULO 9

Autonomia é a liberdade que você permite que os jogadores tenham dentro do seu jogo; ela se traduz fundamentalmente em quantas escolhas você proporciona aos jogadores e na liberdade que eles têm para fazer essas escolhas. Mas é preciso ter cuidado para não sobrecarregá-los; escolhas demais levam à sobrecarga!

Ao dar liberdade aos jogadores, eles serão motivados a explorar a experiência que você criou. Essa exploração pode ser afunilada em saídas de negócios à medida que os jogadores começarem a entender mais sobre o negócio.

PRÓXIMOS PASSOS:

- Que escolhas os clientes fazem quando interagem com sua organização?
- Há algum momento na jornada de seus clientes em que eles ficam inertes diante de uma escolha?

Capítulo 10
Construindo sua torre - Os espelhos e as janelas de estima

O QUE É A ESTIMA EM RELAÇÃO À GAMIFICAÇÃO?

Por que espelhos e janelas? Escolhemos esses termos porque a estima, a princípio, tem a ver com a maneira como os jogadores se percebem: os espelhos. Mas também tem a ver com a forma como eles são e querem ser percebidos pelos outros: as janelas.

ESPELHO, ESPELHO MEU

A variante espelho da estima é a autopercepção e está ligada às alavancas motivacionais de propósito e domínio.

A autoestima de um jogador está diretamente ligada ao seu progresso para alcançar o propósito escolhido e aumentar o domínio nessa área. Se um jogador sentir que não está progredindo adequadamente, sua estima diminuirá ou permanecerá estática.

Técnicas de gamificação que dão um feedback relevante especificamente sobre o domínio de um jogador lhe fornecerão uma validação interna de suas habilidades e um impulso à sua estima – aumentando a motivação para ele continuar.

O feedback quantificável, como prêmios ou bônus, pode ter um efeito significativo quando um jogador o valoriza, pois não se trata apenas de uma recompensa pelo progresso, mas também de um lembrete "físico" disso e de seu domínio. Cada lembrete atua como um estímulo para sua autoestima.

Um exemplo disso está nas artes marciais, especificamente no sistema de graduação de faixas. À medida que o aluno avança em uma arte marcial, precisa ser aprovado em exames (portais de domínio) para demonstrar suas habilidades. Quando é bem-sucedido, ele recebe uma prova física que mostra seu novo nível: a mudança de faixa, cujos níveis são marcados por cores. Essa faixa está ligada diretamente às suas conquistas e aumenta a autoestima imediatamente, pois é uma recompensa valiosa (feedback).

JANELAS PARA A ALMA

A variante janelas da estima está ligada a percepções externas: o que queremos que outras pessoas pensem de nós e o que acreditamos que elas pensam de nós.

As pessoas se preocupam com a forma como são percebidas e reconhecidas pelos outros – o quanto elas se preocupam, no entanto, é obviamente um fator variável influenciado por uma situação específica, pela experiência de um indivíduo, por seus valores, sua educação, cultura etc.

Essas janelas de estima determinarão que os jogadores ajam de certas maneiras para se encaixarem em papéis nos quais acham que deveriam estar. Quanto mais pública for a situação em que se encontram, maior será o desejo de afirmar esse papel para si mesmos.

Isso significa que uma torre projetada com "janelas" permite que outros vejam como o jogador está progredindo. Para que esse recurso seja eficaz, você precisa incorporar elementos de gamificação que quantifiquem o progresso e as realizações de um jogador de forma visível para os outros e significativa para ele – e que seja reconhecida e valorizada por uma comunidade.

Se um jogador se preocupa com uma comunidade e seu lugar nela (ver o Capítulo 11, sobre pertencimento), ele se motiva a buscar o reconhecimento dentro desse grupo por intermédio das medidas quantificadas de seu progresso e de suas realizações – o que o leva a realizar ações que o ajudem a elevar esse reconhecimento aos olhos dos outros.

Exemplos disso podem ser encontrados em muitos aplicativos de corrida e de dieta que permitem e incentivam os usuários a divulgar nas redes sociais suas últimas corridas ou pesagens. Isso os ajuda a se validar publicamente para seus seguidores e aumentar sua estima, mas também beneficia o aplicativo, que obtém marketing gratuito.

Dependendo de como projeta o jogo, você pode optar por limitar o número de janelas com as quais o jogador entra em contato, promovendo experiências particulares ou individuais. Porém, você também pode criar uma torre inteiramente de vidro onde tudo o que o jogador faz é "público". Considerando as características dos jogadores e seus fatores de estima, você deve decidir onde o jogo deve se situar nessa escala, pois isso terá um impacto dramático na motivação e no desempenho do jogador.

Devemos observar, no entanto, que, independentemente da sua decisão sobre quantas janelas incluir na torre, o jogador sempre traz consigo um "espelho" pessoal, mesmo que você não inclua espelhos no seu projeto.

CALCULANDO O VALOR DA ESTIMA

Como mencionado, o feedback é vital quando se tenta influenciar a estima, pois ajuda o jogador a entender que está melhorando em determinada tarefa (domínio).

Feedbacks quantificáveis como bônus e troféus podem ser usados para melhorar significativamente a estima, desde que sejam valorizados pelo jogador ou pela comunidade em geral.

Assegurar que você está fornecendo um feedback de alto valor é vital para melhorar a estima nos seus jogadores e a motivação deles para prosseguir nas atividades específicas para as quais você os está levando.

Mas como saber o que é valioso para os jogadores? Vamos continuar usando o exemplo da faixa preta nas artes marciais e explorar o valor que ela tem.

VALOR PESSOAL (INTERNO)

A percepção do aluno sobre o valor da faixa preta estará muitas vezes ligada ao quanto ela está associada ao seu propósito, seja porque funciona como a prova de um marco na jornada rumo a esse propósito, seja porque ela em si ajuda o jogador a alcançar seu objetivo. Por exemplo, se a meta do aluno é alcançar o nível mais alto, então a faixa preta é um marco significativo para atingir esse objetivo (mas, em termos práticos, provavelmente não será muito útil para chegar à próxima fase, a não ser para segurar a calça do aluno!).

Se uma recompensa não está relacionada com o propósito de um jogador, ele não a verá pessoalmente como valiosa. Por exemplo, o aluno cujo propósito é ganhar a faixa preta só se preocupará em obtê-la se realmente a merecer, não por comprá-la no eBay.

VALOR PERCEBIDO (EXTERNO)

O valor percebido é aquele que outro jogador ou toda uma comunidade de jogadores deposita em alguma coisa. Esse valor é, muitas vezes, calculado com base na raridade dela e no custo/efeito de obtê-la, embora isso possa ser distorcido por fatores sociais como "ser antenado", com base em normas sociais e tendências que se concentram fortemente no pertencimento e em comunidades sociais. O valor percebido externamente é, muitas vezes, difícil de determinar quando os jogadores têm múltiplos propósitos e caminhos para dominar.

Por exemplo, a faixa preta será muito valorizada por aqueles de faixa inferior que também a desejam e será respeitada pelos que já a têm, mas terá significativamente menor valor em um espaço em que as pessoas não se importam com artes marciais. Isso é especialmente relevante na gamificação; não espere que pessoas fora de sua comunidade se preocupem tanto com recompensas quanto você.

VALOR REAL (EQUILIBRADO)

Curiosamente, a propriedade sempre opera um grande efeito de distorção no valor. Uma pessoa que possui um objeto geralmente o valorizará de forma diferente da de uma pessoa que não o possui quando está estimando seu valor real.

O valor real do objeto será calculado com base nesse equilíbrio entre o valor pessoal e o percebido.

Surgirão barganhas no jogo (ou equivalentes no mundo real) muitas vezes se elas não forem incluídas em jogos que tenham foco na estima e no valor, conforme os participantes desejem fazer trocas para ajudar no progresso em direção ao seu propósito ou estimular artificialmente esse progresso. Em nosso exemplo da faixa preta, o valor real da faixa é quanto custa ao instrutor comprá-la (você poderia adicionar os honorários do instrutor também), mas é improvável que ele seja igual ao valor percebido.

A estima e o valor do feedback que contribuem para ela são frágeis. Isso porque o valor é, muitas vezes, calculado sobre o reconhecimento externo do feedback – no qual a estima se baseia, portanto. Os valores percebidos podem mudar rapidamente entre jogadores ou dentro de uma comunidade, quebrando a estima de um único jogador se ela se basear nesses valores. Por essa razão, recomendamos projetar múltiplas fontes de feedback para os jogadores em vez de confiar em apenas uma e assegurar que eles estão construindo sua estima com base no valor pessoal, e não se concentrando apenas no valor percebido.

A MECÂNICA DA ESTIMA NO JOGO

A estima é essencial para manter os jogadores engajados; eles precisam sentir que estão progredindo no ritmo certo e ser recompensados com feedback quando realizam ações específicas. Faça isso do jeito certo e seus jogadores tentarão melhorar continuamente; faça errado e eles vão parar de jogar.

Como você entrega estima? Uma rápida pesquisa no Google para gamificação provavelmente trará dois tipos de artigos – um explicará a importância dos pontos, bônus e rankings de classificação; enquanto o outro os denunciará como a armadilha para os designers novatos. O fato é que ambos estão certos – pontos, bônus e rankings de classificação são importantes mecanismos de feedback usados para retratar o progresso de um jogador, porém são muitas vezes mal utilizados.

PONTOS

Os pontos são uma unidade métrica genérica que pode ser usada para medir o que você quiser; quantos cliques um jogador faz em um site, quantas palavras ele escreve em um ensaio, quanto dinheiro gasta em seus produtos, e assim por diante.

Essa é uma maneira rápida e fácil de dar feedback aos seus jogadores. Se fazem alguma coisa certa, dê um ponto a eles! Se fazem alguma coisa errada, tire um ponto!

Alguns tipos de pontos mais usados em jogos que fazem exatamente isso são os pontos de experiência (que representam a habilidade e o domínio do jogador) e a moeda do jogo (recompensas que os participantes recebem e que podem ser trocadas por outras coisas).

Um dos benefícios claros dos pontos é o fato de sua implementação ser simples e fácil. Pense no que você quer incentivar os jogadores a fazer e, depois, recompense-os com pontos sempre que o fizerem. Você quer que os clientes escrevam resenhas sobre seus produtos? Ou que deixem comentários em seu blog? Ou talvez que façam login todos os dias da semana? Você pode dar pontos a eles sempre que fizerem essas coisas e incentivá-los a continuar.

Um exemplo de pontos efetivos é o site de discussão Reddit e seu sistema de "karma". O karma do Reddit é a atribuição de pontos aos usuários que postam no site – um post rende um ponto. No entanto, o sistema também dá a todos os usuários o poder de votar para melhorar/piorar a classificação das postagens de outros usuários, adicionando ou deduzindo pontos extras de karma a eles.

Como você pode ver, há um método claro para ganhar pontos no Reddit; esses pontos têm uma taxa de conversão para sua moeda no jogo (karma), mas para que são usados? Para nada! Isso pode ser uma questão negativa para muitos sistemas gamificados, mas funciona para o Reddit. Trata-se de uma comunidade on-line global inclusiva, cujos membros fiscalizam a si mesmos e a seus comentários usando o sistema de karma. São pontos imaginários da internet que não podem ser comercializados, vendidos ou usados fora do Reddit – mas que têm um valor incrivelmente alto para os usuários e para a comunidade como um todo.

Então, os pontos são uma vitória rápida e fácil, certo? Errado. Muitos designers implementam pontos sem um propósito claro. Por exemplo, um jogador deixa um comentário no blog da empresa e ganha dez pontos! Ótimo! Mas para que servem esses pontos?

Muitos sistemas tendem a não explicar para que servem, por que se acumulam e para que podem ser usados. Se os pontos não têm função real – ou não são negociáveis, ou sua distribuição não está claramente alinhada com o propósito ou domínio do jogador –, não serão uma influência motivadora para o jogador.

Outro fator a considerar é que, muitas vezes, os pontos perdem valor com o tempo à medida que os jogadores os acumulam – existem jogos que não escalam a utilidade dos pontos à medida que avançam, o que significa que eles perdem o impacto e se tornam redundantes e irritantes.

Então, como você pode aplicar pontos ao seu marketing?

Primeiro, pense nos pequenos passos repetíveis dos jogadores ao interagirem com seu jogo – escrever palavras, deixar resenhas, clicar em botões específicos, completar níveis, bater os chefões? Essas são as ações às quais você pode potencialmente aplicar pontos.

Em seguida, descubra para que servem os pontos – serão trocados por bônus dentro do jogo? Permitirão que o jogador se compare com outros (pense nos rankings de liderança)? Ou serão um marcador para o jogador mostrar quão perto ele está de terminar o jogo (alcançando o domínio total ou seu propósito final)? Em outras palavras, seus pontos precisam fazer sentido!

Agora, como você vai apresentar e explicar os pontos aos jogadores? Como vai exibi-los? Eles serão privados ou públicos? E como você conservará a relevância dos pontos para o jogador ao longo do tempo à medida que ele adquirir maior domínio?

A campanha de marketing Starbucks Rewards é um grande exemplo de utilização eficaz de pontos, combinada com outras mecânicas de jogo, como personalização e progressão. Essa campanha poderia ter meramente seguido o esquema-padrão de recompensas. Se você comprasse produtos da Starbucks, acumularia pontos; esses pontos poderiam, então, ser trocados por itens gratuitos nas lojas, tais como bebidas ou alimentos. Essa prática naturalmente promove um nível mínimo de lealdade, já que a maioria das pessoas quer receber coisas grátis.

A diferença no esquema da Starbucks está no fato de que a empresa adicionou níveis de progressão, e cada nível ofereceu recompensas diferentes. Clientes frequentes e/ou fiéis podem até progredir para um nível em que podem receber recompensas personalizadas da Starbucks. Isso é engenhoso, pois o cliente é incentivado primeiramente ao receber o presente gratuito e, em razão disso, se une a uma comunidade exclusiva e leal à Starbucks que agora recebe presentes personalizados – e estes aumentam ainda mais sua associação pessoal com a marca.

RECOMPENSAS

Recompensas (e conquistas) são geralmente representações visuais/físicas que retratam os marcos que um participante alcançou em sua jornada no jogo.

Diferentemente dos pontos, que são um mecanismo de feedback frequente usado cada vez que o jogador pratica uma ação específica, as recompensas são mais significativas, na medida em que são concedidas quando determinado limite ou realização é atingido – por exemplo, atingindo 1 milhão de pontos, batendo o primeiro/último chefão ou completando o jogo em um período de tempo determinado.

Recompensas e conquistas são elementos comuns de gamificação porque são de fácil implementação e podem exercer um impacto rápido nos níveis motivacionais do jogador. Eles atuam como lembretes concretos e duradouros de conquistas passadas para o jogador, mostrando-lhe um histórico do caminho que percorreu em direção ao seu propósito ou o que ainda está faltando para completá-lo.

Por exemplo, para os escoteiros, que usam um sistema de distintivos para recompensar habilidades comprovadas, conseguir uma insígnia de "madeireiro" prova o domínio no trabalho com a madeira. Os escoteiros estão cientes das recompensas disponíveis e do que precisam fazer para ganhá-las, e isso os impulsiona a fazer certas coisas para conseguir as insígnias que faltam e completar o conjunto.

Outra razão pela qual as recompensas são eficazes é o fato de as pessoas os entenderem de forma natural. Qualquer pessoa familiarizada com jogos ou esportes automaticamente entenderá o que são premiações ou troféus, ou seja, eles requerem pouca ambientação ou explicação.

Por outro lado, essa familiaridade também pode gerar indiferença – muitas empresas já surfaram a onda da gamificação e tentaram implementar recompensas sem nenhum entendimento de valor pessoal, percebido ou real. Essas empresas criaram distintivos e realizações desconectados dos seus jogadores (por exemplo, insígnia por curtir uma página no Facebook, distintivo por comprar um produto etc.), e não entendem por que eles não são motivadores.

Há muitos exemplos terríveis de recompensas para citar, mas um bom exemplo vem do eBay e de seus prêmios de estrelas.

Quando os vendedores recebem um feedback positivo no eBay, começam a ganhar pontos, e, quando o jogador ganha uma quantidade definida de pontos, um emblema de estrela (amarelo para 10, azul para 50 etc.) é mostrado em seu perfil e enviado a ele como um certificado físico.

Isso é eficaz, pois o eBay entende que os clientes querem saber em quem podem confiar em seu site, e os vendedores querem uma maneira de mostrar que são confiáveis. Essas recompensas incentivam ambas as partes a se envolverem com o sistema eBay porque se alinham perfeitamente com o que os usuários estão priorizando – e não apenas isso: obter um troféu realmente valorizado pelo seu trabalho e ser reconhecido por outros como um usuário valorizado terá um impacto duradouro sobre a estima do jogador e sobre sua motivação para continuar.

Então, como você pode aplicar os bônus no seu marketing?

Reflita sobre o que os jogadores querem alcançar com seu negócio e mapeie os prováveis passos deles. A cada ponto ou obstáculo significativo, considere se um bônus ou uma conquista faz sentido – você ficaria orgulhoso disso? Você contaria aos seus amigos ou colegas? Esse é geralmente o melhor teste: se você puder responder honestamente "sim" a essas perguntas, então inclua-o.

Crie um roteiro para esses marcos e distintivos que estão ligados aos seus objetivos comerciais, mas fique atento: os jogadores vão detectar de longe um feito específico de marketing/monetário e tenderão a evitá-lo ou a zombar dele ativamente.

Além disso, considere a maneira como esses bônus são exibidos – eles aparecem quando um jogador os ganha e nunca mais são vistos novamente? Aparecem no inventário do jogador? São visíveis publicamente? Você mostra quais conquistas o jogador poderia alcançar? Você mostra a taxa de conclusão? As conquistas ajudam no jogo? Os bônus terão um valor real, ou seja, poderão ser negociados?

RANKINGS DE CLASSIFICAÇÃO

Se você implementar pontos em um jogo, no final os participantes começarão a comparar os totais. É aqui que entram os rankings de classificação.

Eles podem ser motivadores na teoria, pois os jogadores competirão entre si para obter uma colocação mais alta, ou seja, estarão mais motivados para realizar ações que lhes deem mais pontos, pois desejam melhorar sua classificação.

O truque, no entanto, é garantir que seja óbvio para os jogadores como eles podem aumentar a pontuação, bem como por que vão querer fazer isso. Você precisa ter certeza de que os rankings de classificação – como os pontos – têm um propósito, seja porque colocações mais altas significam melhores recompensas (pense nos rankings do campeonato universitário – instituições com colocações mais altas receberão um número maior de candidatos de qualidade) – ou porque manter uma colocação alta gera orgulho ou uma sensação de realização (por exemplo, vencer os amigos e conseguir a melhor pontuação na máquina de fliperama do bairro).

A rede social focada em profissionais LinkedIn utiliza os rankings de classificação para mostrar aos usuários quantas visualizações seu perfil recebe em relação à sua rede de contatos. Esses rankings não são proeminentes, mas podem ser encontrados quando você verifica as estatísticas do seu perfil.

Em uma plataforma na qual os usuários estão tentando trabalhar em rede e ser vistos, essa é uma visão valiosa e que pode incentivá-los a se envolverem mais com o ambiente na tentativa de aumentar sua visibilidade e de subir na classificação. O LinkedIn identificou com sucesso uma métrica que pode ser empregada para seu ranking de classificação com a qual os usuários se preocupam, mesmo que não haja recompensas diretas para o ocupante do topo, e que incentiva os usuários a se envolverem mais com o LinkedIn (e esse é claramente seu objetivo).

A abordagem do LinkedIn consiste em fornecer informações relevantes aos seus usuários, sem incentivos adicionais. No entanto, o exemplo tradicional de metas de vendas em negócios é a classificação da equipe, na qual os vendedores são classificados uns em relação aos outros para competir pelo título de vendedor da semana/mês/ano e ganhar prêmios ou comissões melhores.

Esse tipo de sistema de ranking de classificação muitas vezes é utilizado pelas empresas que tentam primeiro a gamificação para si mesmas; o problema com ele é o fato de poder levar a três tipos de comportamento:

- **O Escolhido:** Surge um efeito que se autoperpetua, em que o vendedor do topo permanece no topo porque recebe benefícios extras por estar no topo. Isso é motivador para o melhor jogador, mas muito desmotivador para todos os outros.
- **Trapaça**: O sistema de jogo pode ser um grande problema para os sistemas de ranking de classificação. Se os jogadores forem incentivados a pontuar alto, e se não houver restrições ou verificações contra fraudes, você deve esperar que uma parte dos participantes tente burlar seu sistema e pontuar mais alto por outros meios além do que você pretendia. Do ponto de vista do uso do jogo, isso pode ser ótimo, mas o que os jogadores estão realmente fazendo não é se envolver com seu jogo de uma forma produtiva em longo prazo.
- **Elites versus Perdedores**: Se os melhores jogadores têm muitas vantagens, isso pode ser desmotivador para outros que não conseguem ver uma maneira de reverter a situação. Esse é frequentemente o caso de jogos on-line em que os melhores jogadores atingiram níveis inalcançáveis para o participante médio. Os jogos superam isso adicionando camadas aos seus rankings de classificação para

> que os jogadores possam ver os competidores nas camadas mais próximas e não sejam desencorajados pelas camadas superiores. O LinkedIn faz isso bem ao comparar o usuário com suas próprias conexões localizadas e não globalmente – e melhora a experiência ao fornecer um instantâneo dos usuários diretamente acima e abaixo dele na classificação para lhe dar uma ideia ainda mais próxima da competição e de como ganhar uma posição.

Então, como você pode aplicar os rankings de classificação ao seu marketing?

Primeiro, você precisa decidir se incluir um ranking é apropriado para o seu caso. O sistema de pontos é robusto o suficiente? Ele pode ser gamificado? Os jogadores se importam o suficiente? Se as respostas forem afirmativas, certifique-se de que o ranking de classificação seja relevante, explique-o aos jogadores e mostre dados suficientes para ser motivador, mas não o suficiente para ser intimidador. Considere mostrar o que é preciso fazer para melhorar sua classificação para a posição seguinte, em vez de mostrar quão longe ele está do topo da tabela.

ONDE A ESTIMA PODE FALHAR?

INCENTIVANDO AS COISAS ERRADAS

Muitos sistemas gamificados focam seus pontos, bônus e rankings de classificação em fatores com os quais o negócio se preocupa, e não naquilo com que o jogador se preocupa.

Você precisa se concentrar no que o jogador identificará como propósito e nas ações que aumentarão seu domínio. Quanto mais próximo esse alinhamento estiver, mais seus sistemas gamificados motivarão o jogador quando ele os utilizar.

Um exemplo de pouco incentivo foi o aplicativo de táxi Lyft. Ele oferecia o serviço útil de reserva rápida e fácil de táxi mediante pagamento com cartão de crédito. Após algum tempo, enviava um e-mail com estatísticas relevantes sobre a frequência com a qual o usuário utilizava o serviço e mostrava a classificação que recebia como passageiro. O Lyft também contava com um sistema de recompensas, que eram concedidas para viagens em determinados dias.

Tudo isso soa bem, mas as pessoas só usam táxis quando precisam deles. Pouquíssimos de nós chamamos um táxi de que não precisamos em uma terça-feira simplesmente para usar ou ganhar o bônus "Viaje às Terças". O valor intrínseco do jogador conflitava com o valor (vazio) do bônus, o que significa que não era motivador para o cliente nem bem-sucedido para o Lyft.

SUB/SUPERVALORIZAR AS COISAS

Saber qual é o valor correto a colocar em ações e resultados é um ato de equilíbrio difícil. Se você supervalorizar uma ação simples que tem benefícios comerciais limitados e subvalorizar outra mais complexa que traz mais benefícios comerciais, estará influenciando vigorosamente os jogadores a agir de determinada forma.

Por exemplo, se você disser a um jogador que, a cada cem pontos que ele ganhar, receberá um café grátis, e que você lhe dará um ponto toda vez que abrir um de seus e-mails, o que você acha que vai acontecer? Nós apostamos que você teria muitos e-mails abertos, mas ninguém os leria!

Isso também pode ser uma falha se os jogadores virem inconsistência na forma como *você* valoriza as coisas em comparação com a forma como *eles* valorizam as coisas. Se um jogador percebe que você está subvalorizando algo que para ele tem um alto valor pessoal, é improvável que se motive a se envolver com você nesse contexto de desalinhamento.

TIRANDO O JOGADOR DO CONTROLE

Como já discutimos, a estima está diretamente ligada ao propósito e ao domínio; se um jogador percebe que está melhorando, vai se sentir melhor consigo mesmo e será compelido a continuar.

Mas tudo isso pode dar errado se você tira o jogador do controle durante esse processo. Um jogador sentirá pouca estima pessoal por qualquer ganho que o leve em direção ao propósito e ao domínio se sentir que não foi ele mesmo que o obteve.

Por exemplo, se você está usando um aplicativo de aprendizagem de idiomas como o Duolingo para aprender francês e tem feito progressos lentos, mas constantes, ao longo dos módulos, é provável que fique chateado e desmotivado se um amigo que fala fluentemente assumir o controle e elevar o perfil para você. A partir de agora, toda vez que você entrar no aplicativo, verá um conjunto falso de suas realizações e provavelmente ficará desmotivado e dissociado do seu progresso.

Para evitar isso, certifique-se de que quaisquer recompensas que um jogador receba sejam ganhas exclusivamente por meio das ações diretas dele. E não só isso: você também deve aumentar constantemente a autonomia do jogador à medida que o jogo avança para garantir que a estima possa florescer.

FAZENDO O JOGADOR SE SENTIR ESTÚPIDO

Diretamente ligado à dificuldade de um jogo, há o fato de que, se um jogador não conseguir vencer um desafio específico que você definir, vai ficar frustrado e provavelmente perderá a estima pessoal. Ele não será motivado a continuar, a menos que entenda por que não consegue vencer um desafio específico e como pode vencê-lo.

Normalmente a culpa é do projetista do jogo por torná-lo muito fácil/difícil em determinado ponto, ou por não fornecer treinamento suficiente para que o jogador consiga superar o desafio.

Dando continuidade ao nosso exemplo do Duolingo, a estima de um jogador seria prejudicada se ele fosse iniciado em um módulo muito difícil, especialmente se esse módulo fosse classificado como "fácil". Você precisa garantir que o jogador só enfrente desafios capazes de mantê-lo engajado.

RESUMO: CAPÍTULO 10

Se propósito e domínio são o roteiro para um jogador, então a estima é o combustível que o impulsiona ao longo do percurso. A estima é o que sentimos sobre nós mesmos e como nos sentimos sobre a maneira como somos percebidos. Somos motivados pela estima a agir de forma a nos sentirmos valorizados (pessoalmente e por outros), e buscaremos um feedback que nos ajude a demonstrar esse valor.

Os pontos são um mecanismo de jogo útil para a estima, pois são um sistema de feedback rápido que mostra ao jogador que ele está indo bem em determinada atividade. As recompensas são uma versão mais permanente dos pontos que um jogador pode exibir e aos quais pode atribuir valor, enquanto os rankings de classificação permitem que os jogadores se comparem diretamente uns com os outros.

Certifique-se de que seus pontos e distintivos têm valor para o jogador, caso contrário eles não exercerão impacto na estima!

PRÓXIMOS PASSOS:

- O que os clientes valorizam em relação aos seus serviços/produtos? E como isso reflete neles? Você é uma marca de "status"? Ou você habilita/encarna um estilo de vida específico?
- Que ações os clientes praticam que você gostaria de recompensar e incentivar? O que você poderia dar como recompensa que teria valor para eles?

Capítulo 11
Construindo sua torre - As câmaras do pertencimento

O QUE É PERTENCIMENTO EM RELAÇÃO À GAMIFICAÇÃO?

Pertencimento é a necessidade e o desejo de cada pessoa buscar e construir relacionamentos ou fazer parte de um grupo que cultiva os mesmos interesses e afinidades.

A incorporação a um grupo motivará as pessoas a realizar ações específicas para manter seu status nesse grupo, seja por meio de regras de convívio, seja por tentativas do próprio subconsciente do jogador de permanecer relevante para sua nova identidade de grupo.

Muitos chegam ao ponto de mudar de comportamento para se adequar às normas sociais do grupo. Imagine o novo aluno que de repente se interessa pelo time de futebol da escola porque todos os outros têm esse interesse. Ele fará de bom grado o que for necessário para participar do grupo social ao qual deseja se juntar.

Por que as pessoas escolhem agir assim, apesar de todo o trabalho adicional necessário?

Lembre-se de que somos uma espécie tribal que floresceu por causa dessa característica natural – um grupo proporciona segurança, múltiplos conjuntos de habilidades, divisão do trabalho, propósito, companheirismo; tudo isso cria uma sensação de pertencimento. Quanto melhor você for em encontrar e manter grupos, mais chances terá de sobreviver e ser bem-sucedido.

Nos jogos, os grupos oferecem mecanismos de apoio aos participantes e podem permitir que eles alcancem feitos muito maiores do que se estivessem jogando sozinhos, seja por meio do trabalho direto em equipe, seja pelo compartilhamento de recursos, seja por conselhos recebidos no jogo, seja pelo apoio emocional/psicológico.

O pertencimento é uma forte alavanca motivacional que muitos jogos e empresas frequentemente usam, não apenas para recrutar mais clientes, mas também para aumentar seu engajamento e lealdade.

No entanto, nem todos os negócios e jogos fazem isso direito e muitos ignoram alguns fundamentos de pertencimento, o que resulta no mau recrutamento de jogadores, em comunidades negativas e em altas taxas de abandono.

Vamos explorar os diferentes fatores e mecanismos do pertencimento e as principais falhas que ocorrem quando implementados incorretamente.

PROCURA-SE: ALGUÉM COMO EU

A alavanca motivacional do pertencimento pode ser descrita como a existência de uma comunidade ou grupo com o qual você pode se identificar ou ao qual pode aderir.

Jogos para múltiplos participantes podem desenvolver rápida e organicamente essas comunidades ao longo do tempo, desde que os jogadores tenham meios de se comunicar uns com os outros. Esses canais de comunicação são vitais porque permitem aos participantes estabelecer relações de confiança, e, mais importante, permitem que sinalizem uns para os outros quem eles são e pelo que se interessam.

Cada jogador normalmente avaliará esses grupos e seus membros com base nos itens a seguir:

- **Demografia**: Localização, proximidade, idioma, sexo, idade, profissão, etnia, religião e assim por diante. Os jogadores podem levar em conta alguns ou todos esses aspectos ao avaliar outros participantes e grupos do seu interesse. Dependendo da situação, esses fatores podem ou não ser importantes, mas note que a localização e a proximidade são geralmente relevantes, pois têm impacto sobre quando, onde e se os jogadores se encontrarão.
- **Competência**: Qual é a qualidade do jogador no jogo? Em que fase ele se encontra? Que habilidades/recursos tem esse indivíduo? A

importância dessas perguntas dependerá do tipo de jogador que está perguntando e onde ele está em sua experiência de jogo. Alguns procuram se tornar mentores de participantes menos habilidosos ou inexperientes, enquanto outros preferem afastar aqueles que precisam da sua ajuda e procurar seus "iguais". Independentemente disso, a maioria dos jogadores terá um espectro definido de competência com o qual estão dispostos a se engajar, barrando qualquer um que pareça diferente do que estão procurando.

- **Status**: Estreitamente ligado à competência, o status é a maneira como o jogador é visto pelos outros. Mas também pode estar ligado às afiliações de grupo que o jogador tem, à sua história e a quão ativo ele é ao atuar em diferentes aspectos do jogo. Em outras palavras, esse indivíduo é conhecido por outros, é um membro de longo prazo e se envolve regularmente com a experiência. Assim como a competência, os jogadores terão preferência por certo status que se alinha com suas expectativas e buscarão ou evitarão ativamente outros jogadores com base nisso.
- **Objetivos**: O que o jogador está tentando alcançar, afinal? Pode ser tão simples quanto jogar por diversão, mas em um processo de jogo pode ser que o objetivo seja desenvolver uma habilidade particular, economizar dinheiro, conhecer profissionais em sua área ou passar em um teste que o ajudará a conseguir uma promoção.

De todos esses fatores, os objetivos são o item mais essencial quando se utiliza a alavanca motivacional do pertencimento em uma experiência gamificada. Mas por quê?

O impacto de diferentes demografias, competências e status variará de um jogador para outro, o que significa que é difícil categorizar o pertencimento e torná-lo atraente para bases amplas de jogadores. Cada participante terá preferências muito individualizadas que provavelmente não conseguirão se articular. Isso praticamente impossibilita que você desenhe uma "estratégia de pertencimento" em torno delas.

As metas, no entanto, são muito diferentes.

A maioria dos jogadores pode articular seus objetivos ao participar de um jogo, seja o objetivo final de jogar propriamente dito (ganhar, se divertir, conhecer pessoas), sejam os objetivos específicos dentro do jogo, sejam aqueles relacionados à tarefa (vencer o chefão, coletar os pontos, passar no teste) que desejam cumprir.

Mesmo que um jogador seja incapaz de articular seus objetivos finais explicitamente, suas ações e escolhas ao longo do caminho falarão por ele. Se o verdadeiro objetivo final de um participante for explorar plenamente o mundo dentro do jogo, seu comportamento deixará isso óbvio.

Esse é o motivo pelo qual recomendamos que você agrupe os jogadores pelos objetivos deles ao desenhar um processo de jogo; essa é a maneira mais fácil de fazer isso e também é a forma como os jogadores se conectam uns aos outros. Vamos explorar métodos específicos para agrupar jogadores no Capítulo 14.

TRÊS FASES PARA O PERTENCIMENTO: BUSCAR, CONSTRUIR, COMPARAR

FASE DE BUSCA: OS JOGADORES ESTÃO PROCURANDO UM GRUPO PARA SE JUNTAR A ELE

A busca pode ser ativa e/ou passiva, geralmente uma combinação de ambas. Os buscadores ativos sabem que estão procurando um grupo e vão pesquisar e buscar perspectivas tanto dentro do jogo como fora dele (no mundo real). Esses jogadores têm uma ideia muito mais concreta do que querem de um grupo, e de quem são como jogadores.

Um exemplo disso é um jogador que sabe que existem equipes em um jogo e que busca ativamente várias delas para solicitar um convite.

Os jogadores passivos quanto a esse tipo de busca, por outro lado, normalmente estão apenas jogando e tentando alcançar os objetivos à sua maneira. Nesse processo, eles naturalmente se depararão com outros que compartilham seus objetivos e, é provável, acabarão como parte de um grupo por essa razão.

Um exemplo disso é o jogador que procura dicas on-line para melhorar sua pontuação – com o tempo, ele se torna ativo em um fórum que discute o jogo.

Ativos ou passivos, os jogadores muitas vezes terão uma lista de verificação inconsciente (com base na demografia, competência, status e fatores de objetivo) sobre o que estão procurando em um grupo e serão seletivos para ter certeza de que quem eles abordarem resultará em uma boa parceria.

FASE DE CONSTRUÇÃO: OS JOGADORES SE JUNTAM A UM GRUPO

Uma vez que um jogador tenha se juntado a um grupo, torna-se parte da sua identidade. Ele, então, começa a agir de forma a reafirmar isso para si mesmo e para os outros.

Esse comportamento fica muitas vezes automático à medida que os indivíduos assumem naturalmente as características do grupo ao longo do tempo e que a linha de base do indivíduo para as normas sociais se torna alinhada com as do grupo.

O educador James Paul Gee fala disso quando os indivíduos mergulham no domínio semiótico de um grupo de interesse (uma vez que a terminologia e a metodologia do grupo adotado entram na própria identidade dos indivíduos). Essa é uma ferramenta eficaz de mudança de comportamento que pode encorajar os indivíduos a adotar outros comportamentos e atitudes ao longo do tempo de forma não intrusiva.[54]

A verdadeira atividade nessa fase, no entanto, é a manutenção da filiação em grupo. Grupos diferentes terão requisitos diferentes – alguns declarados e outros implícitos –, a que o indivíduo deve aderir se quiser permanecer como membro. Isso pode incluir mostrar certo nível de atividade dentro do jogo, pagar uma taxa de afiliação regular ou estar regularmente ativo no fórum do grupo.

Como você pode perceber, esse é o ponto ideal para a motivação do pertencimento. Se você tem jogadores se juntando a grupos que exigem que eles realizem ações benéficas para seu negócio, a natureza autorreguladora do grupo vai encorajar os jogadores a continuar realizando essas ações. O que não recomendamos, entretanto, é tentar manipular ou criar grupos apenas para que os participantes façam isso por você. Mantenha grupos sobre os jogadores e seus objetivos; deixe que os outros benefícios se desenvolvam naturalmente como parte da dinâmica do grupo.

FASE DE COMPARAÇÃO: OS JOGADORES DESENVOLVEM UMA MENTALIDADE "ELES CONTRA NÓS" POR CAUSA DE SUA IDENTIDADE DE GRUPO

Isso está presente de certa forma desde o início, já que os jogadores bloquearão outros que não correspondam a suas listas de verificação internas, mas se torna mais pronunciado quando estão em um grupo.

Uma mentalidade do tipo "eles contra nós" pode ser prejudicial para um jogo, pois causa tensões entre grupos e pode isolar os jogadores. No entanto, também pode ser uma força motivadora muito positiva que estimula os grupos a competir uns contra os outros e a usar mais seus produtos e serviços e de maneiras diferentes.

A chave para isso é o equilíbrio; certifique-se de monitorar as comunidades e de manter a competição em um nível amigável.

Não se pode eliminar essa fase comparativa; a própria natureza do pertencimento exige que os jogadores busquem outros e formem comunidades que não incluam a todos. Portanto, o "eles contra nós" é inevitável.

Tenha em mente, ainda, que, enquanto os jogadores podem formar grupos dentro do seu jogo, é provável que também construam ou encontrem comunidades fora dele (especialmente se não conseguirem encontrar o que querem lá dentro).

Todos temos uma forte necessidade de pertencimento; uma vez que um número suficiente de jogadores esteja ativamente envolvido com seu jogo, os grupos se formarão naturalmente – seja dentro do ecossistema do jogo (blog/fórum da empresa), seja em outro lugar (rede social, fórum da concorrência etc.).

Por fim, não importa que tipo de comunidade seja, se um jogador faz parte de uma comunidade associada ao jogo e está satisfazendo a necessidade dele de pertencimento, o resultado é que ele será mais leal a você (embora como um subproduto de sua lealdade ao grupo). Isso diminuirá as taxas de abandono e de queda de usuários e ajudará a encorajar seus jogadores a praticar ações específicas.

O MECANISMO DO PERTENCIMENTO NO JOGO

GRÊMIOS E EQUIPES

Grupos, associações, clubes, casas e times são apenas algumas formas de implementar espaços onde os jogadores podem se conectar mais formalmente a um jogo. Existem diferentes convenções de nomenclatura para elas, mas todas permitem que os jogadores se conectem oficialmente sob uma única bandeira.

Isso proporciona ao jogador um senso de inclusão, mas somente se o grupo se alinhar com sua autoidentidade e seus objetivos. Esses grupos incentivam os jogadores a continuar na ativa e a atingir objetivos maiores além das capacidades individuais em virtude do compartilhamento de informações, recursos e estruturas de apoio mútuo.

Como todo mecanismo de jogo, os grupos só podem funcionar se houver a participação dos jogadores. Um grupo aparentemente vazio ou inativo é uma visão lamentável, e poucos desejarão participar dele, o que os fará deixá-lo e, por extensão, talvez até abandonar o jogo inteiro.

Para combater isso, você geralmente precisa manter a bola rolando e iniciar a participação no grupo com sua própria equipe e alguns jogadores especialmente escolhidos, cujo objetivo é construir e liderar esse tipo de comunidade. É aqui que os papéis da comunidade entram em ação.

PAPÉIS COMUNITÁRIOS ESCALONADOS

Os papéis na comunidade permitem que você dê a diferentes tipos de jogadores permissões distintas. Você pode permitir que os jogadores moderem grupos ativamente, estabelecendo regras de grupo – escolhendo a quem é e a quem não é permitido entrar, assim como recompensas e punições.

O site da comunidade Reddit faz isso bem – cada subreddit (um grupo focado menor dentro do site) define um número de administradores que podem controlar todos os aspectos desse grupo. Essas pessoas são normalmente autosselecionadas no início (porque tendem a ser os criadores do grupo), mas eleitas ao longo do tempo dentre usuários ativos que mostram interesse no papel e que exemplificam os ideais e as regras do grupo.

Trata-se de um excelente fator motivacional, pois os administradores sentem-se proprietários dos grupos que administram e, portanto, são usuários dedicados, mas eles também atuam como defensores do grupo e geralmente são modelos para novos, ou estabelecidos, membros, que agirão de certas maneiras para agradar os administradores.

RECURSOS DE CHAT

Os recursos de chat são ferramentas que permitem que seus jogadores se comuniquem por texto, voz ou imagens. Isso é feito frequentemente via mensagem de texto, emojis, fóruns, sistemas de comentários e bate-papo por áudio/vídeo.

Enquanto muitos jogos não tiverem essas características, ou as restringirem até certo ponto, os participantes tenderão a usar métodos alheios ao jogo, como redes sociais ou fóruns, para se comunicar.

A comunicação é o principal método para formar e fortalecer conexões e construir maior significado nos relacionamentos. Recomendamos que você considere a possibilidade de adicionar recursos de chat ao ecossistema do seu jogo para que os jogadores possam se comunicar. Esses recursos podem consistir em aplicativos personalizados ou em aplicativos externos (como fóruns) associados ao jogo.

A comunicação permite aos jogadores compartilhar conhecimento, construir confiança e formar conexões. Compartilhar conhecimento é um grande benefício que possibilita que os jogadores aprendam uns com os outros, melhorando o desempenho deles no jogo – o que posteriormente melhora seu desempenho comercial, se os objetivos do jogo estiverem alinhados com os objetivos do negócio.

Encorajamos fortemente que, se você usar qualquer recurso de comunicação dentro do jogo, também tenha capacidade suficiente para monitorá-lo. Jogadores tóxicos são infelizmente um fato da vida, mas desacordos regulares e desagradáveis podem ocorrer mesmo sem a presença deles. Certifique-se de monitorar ativamente as conversas sempre que possível, e dê aos seus jogadores a capacidade de reportar comportamentos inadequados.

Apesar de recomendarmos os recursos de chat como um bloco fundamental para o pertencimento, você deve ter certeza de que ele agregará valor. Muitos jogos tomam a decisão consciente de não incluir certos tipos de características de chat; um excelente exemplo disso é o *Heroes of the Storm*, que permite que os membros do time conversem uns com os outros, mas bloqueia qualquer comunicação entre os times adversários. Se você acha que um canal de comunicação favorecerá abusos, será ignorado ou não agregará valor à comunidade de jogadores, não o adicione.

Como você pode aplicar recursos de bate-papo à sua gamificação de marketing?

Provavelmente já existem ferramentas de comunicação ativadas em seu site por meio de comentários em blogs, fóruns etc. No entanto, elas podem ser subutilizadas se você não tiver uma comunidade ativa em torno de sua empresa.

A chave é entender quais grupos de jogadores você tem – e, então, encontrar maneiras de apelar para esses tipos de clientes/jogadores. Sabendo como seus jogadores estão divididos, você pode criar conteúdo específico para eles e direcioná-lo especialmente para eles – e será muito mais bem-sucedido do que a habitual abordagem sem foco.

Lembre-se: se os jogadores não estiverem usando seus recursos de chat, pergunte a si mesmo: Por que não? Esses recursos agregam algum valor?

VOTAÇÃO E CLASSIFICAÇÃO

Nem todos os conteúdos e comunicações são iguais. Os jogadores sabem disso e valorizarão a comunidade e uns aos outros com base em sua própria interpretação de valor. No entanto, pode ser difícil avaliar esse caminho, e a capacidade de julgar o valor pode ser distorcida por aqueles que fazem mais barulho e por mais tempo. Isso pode causar uma impressão deturpada de uma comunidade.

Os jogadores querem incentivar, recompensar e/ou punir uns aos outros com base no valor de suas ações. Dar aos jogadores a capacidade de votar entre si ou de votar nos outros, ou nas ações dos outros, é uma ótima maneira de permitir isso. Essa estratégia quantifica instantaneamente o valor da comunicação entre os jogadores e incentiva ou desencoraja certos tipos de comportamento que o grupo considera apropriado ou inapropriado. Não só isso: os jogadores que participam da votação/classificação sentem-se mais ligados ao grupo e ao seu futuro, o que fortalece os vínculos e o senso de pertencimento à comunidade.

Embora esse comportamento possa cimentar um grupo e suas normas sociais, isso pode não ser uma coisa boa – grupos ou atores destrutivos podem surgir e tentar quebrar o sistema. O elitismo também pode se tornar um problema, com grupos que se afastam de novos participantes que não conhecem as regras, e jogadores que procuram jogar o sistema votado em vez do jogo que você projetou.

Então, como você pode aplicar a votação e a classificação ao seu marketing?

Um bom exemplo de votação feita corretamente está nos sites Quora e StackExchange, que encorajam os usuários a formular perguntas para a comunidade mais ampla; esta, então, responde e os usuários podem votar uns nos outros com base na qualidade das respostas.

Para habilitar esse tipo de mecânica em seu próprio negócio, você pode capacitar os jogadores a fazer a moderação no grupo e a decidir por si mesmos sobre o que é valioso e o que não é. Isso pode ser uma surpresa para muitos empresários, pois eles descobrem o que os clientes realmente consideram uma comunicação valiosa.

Recomendamos usar esse mecanismo principalmente para permitir que os jogadores moderem uns aos outros, mas você também pode recorrer a ele para permitir que os jogadores votem nas decisões de negócios - por exemplo, qual será o assunto do seu próximo vídeo, a questão técnica a ser priorizada etc. Você verá que seus clientes estarão mais conectados a sua empresa se você os escutar.

Mas cuidado com o que você deseja! Um exemplo famoso que deu errado foi o Greenpeace ter permitido que seus membros se inscrevessem e votassem em nomes para uma baleia jubarte que a ONG estava tentando salvar - será que ela esperava que o nome mr. Splashy Pants (algo como sr. Calça Molhada) ganhasse 78% dos votos?

COMUNIDADES EXCLUSIVAS VERSUS INCLUSIVAS

Uma última consideração ao construir grupos é definir se eles serão inclusivos ou exclusivos.

As comunidades inclusivas estão abertas a qualquer pessoa que deseje aderir. Sua filiação é autosselecionada e geralmente baseada em quão bem o indivíduo se alinha com o grupo tal como ele é. Esses grupos podem mudar organicamente ao longo do tempo à medida que os membros vão e vêm, e que a liderança é assumida por diferentes maiorias com motivações distintas. Quanto ao design, as comunidades inclusivas requerem mais moderação e monitoramento em razão desse livre fluxo de movimento. Serão necessários mais tempo e esforço para garantir que os grupos não sejam negativamente impactados por membros perturbadores.

As comunidades exclusivas são acessíveis apenas por convite e geralmente constituem grupos muito focados, por exemplo, profundamente valorizados, apenas jogadores de alto nível. A adesão a elas pode ser um grande símbolo de status para os jogadores, e, como tal, pode haver requisitos de entrada desafiadores e altos custos de manutenção para permanecer. Certifique-se de que o benefício para os membros do grupo seja igual ou superior a esses custos, pois, se eles estiverem alinhados com as necessidades do seu negócio, isso será um forte motivador para os jogadores.

Um exemplo desses dois tipos de comunidade são os grupos do LinkedIn. Criados por indivíduos dentro da própria rede, eles podem ser fechados (exclusivos) ou abertos (inclusivos). Existem muitos tipos diferentes de grupos, e são geralmente temáticos, baseados em um tipo particular de interesse, por exemplo, especialistas em social media, contadores etc. O desempenho desses grupos varia consideravelmente com base no valor que cada membro do grupo atribui à sua adesão, que muitas vezes está diretamente correlacionado à quantidade e à qualidade do conteúdo postado. Grupos exclusivos muitas vezes levam vantagem aqui, pois podem vetar a entrada de novos membros e mais facilmente banir membros que não cumprem as regras do grupo.

Então, como aplicar os grupos à sua gamificação de marketing?

Você pode fazê-lo agrupando seus jogadores por tipo de objetivo e criando comunidades focadas nesses objetivos. Conte aos clientes sobre os grupos relevantes disponíveis e os benefícios de estar envolvido. Mas se certifique de que os grupos estão ativos e assim permanecem.

Você pode melhorar a estratégia ao criar conteúdos específicos para esses diferentes tipos de grupos e segmentar suas mensagens de acordo com os objetivos de cada um deles.

ONDE O PERTENCIMENTO PODE FALHAR?

JOGOS QUE RESTRINGEM DEMAIS A COMUNICAÇÃO

Isso pode variar entre jogos e jogadores, mas a maioria destes quer ter a capacidade de se comunicar uns com os outros de alguma forma – especialmente se puderem ver uns aos outros no jogo. Dizemos *a maioria dos jogadores* porque também haverá uma grande parte que não desejará isso – não crie duas experiências diferentes, no entanto; apenas permita que as pessoas optem por entrar/sair da comunicação.

Isso é importante, pois as necessidades do jogador provavelmente mudarão com o tempo, à medida que ele se envolver com diferentes aspectos da experiência, e a necessidade de pertencer a essa experiência provavelmente terá efeito com o passar do tempo – o que é especialmente verdade em situações em que a transferência de conhecimento é necessária.

Na maioria dos casos, a restrição excessiva da comunicação entre os jogadores provavelmente os frustrará, e eles buscarão métodos fora do jogo para se comunicarem, por exemplo, nas redes sociais. Pergunte-se onde você preferiria que as conversas acontecessem.

JOGOS QUE NÃO APOIAM O CRESCIMENTO SOCIAL

Então, você decidiu habilitar grupos, um chat e os outros mecanismos que nós recomendamos. Mas ninguém está falando...

Essa é a forma mais comum de o pertencimento falhar nos processos gamificados – as organizações criam grupos e esperam que os jogadores entrem, comecem a conversar imediatamente e construam uma comunidade como se não tivessem nada melhor para fazer.

O primeiro passo é identificar quem são seus jogadores e os objetivos deles. Depois, você pode segmentá-los em grupos apropriados para garantir que essas comunidades de jogadores estejam focadas em algo que lhes traga valor. Consulte o Capítulo 14 para saber mais sobre identificação e segmentação de jogadores.

O passo seguinte é dar o pontapé inicial nas conversas – pouquíssimas pessoas querem ser as primeiras a falar, e é preciso um certo tipo de indivíduo para começar e desenvolver uma comunidade a partir do zero sem incentivos reais. Com o tempo, você poderá se afastar da comunidade à medida que ela se tornar autossustentável.

É melhor concentrar esforços em iniciar conversas em torno do conteúdo com o qual seus jogadores já se envolveram e começar a identificar os jogadores-chave mais ativos e que apreciem assumir mais responsabilidade pela comunidade.

JOGOS QUE NÃO ABORDAM ELEMENTOS NEGATIVOS

"Não alimente os trolls" é uma frase popular na internet, que significa que você não deve se envolver com elementos tóxicos de uma comunidade; caso contrário, você os tornará mais fortes e lhes dará maior visibilidade. Isso é bom para os jogadores fazerem, mas, na condição de dono de um jogo, como você age quanto a elementos tóxicos que podem estar afugentando os clientes?

Infelizmente, a maioria dos designers os ignora. Isso pode rapidamente levar as pessoas a abandonar o jogo e seu negócio.

A outra ponta do espectro é a proibição de jogadores com comportamentos tóxicos; isso pode ser eficaz ao aplicar uma política de tolerância zero ao troll no seu jogo, mas pode resultar no ressurgimento de elementos tóxicos na gamificação, ou em comunidades de terceiros. Além disso, banir permanentemente um jogador do seu serviço significa perder um cliente, potencialmente para sempre.

No fim, o meio-termo é o que aconselhamos. Alguns exemplos disso têm a ver com capacitar os jogadores para denunciar comportamentos abusivos ou capacitar seus administradores a emitir proibições temporárias ou outras punições (como a remoção de pontos). Permitir que sua base de jogadores se autorregule por meio de normas sociais agrega valor à comunidade e credibilidade em uma situação cuja consequência seria intervir. Certifique-se de monitorar as situações, no entanto, e de estabelecer uma política clara sobre o que exigiria uma intervenção direta da empresa e de que forma essa intervenção se daria.

Um exemplo criativo de como lidar com trolls e comportamentos negativos vem do *Overwatch*, o jogo de tiro em primeira pessoa da Blizzard. Além de capacitar os participantes a denunciar comportamentos abusivos, a Blizzard criou uma ferramenta que converte automaticamente as frases ofensivas mais usadas no jogo em elogios para outros jogadores, ou em mensagens engraçadas e autodepreciativas sobre o indivíduo que tentou ser abusivo.

JOGOS QUE SÃO MUITO CONTROLADOS POR DESENVOLVEDORES NÃO AUTÊNTICOS (QUEBRA DA CONFIANÇA)

O pertencimento é um poderoso motivador para manter uma comunidade engajada com sua marca e com a solução de gamificação que você criou. No entanto, ele também pode ser facilmente um destruidor. Autenticidade e confiança são necessidades em todas as comunicações e intervenções com a comunidade. Se os jogadores suspeitarem de que você está intervindo no grupo por razões comerciais e não para melhorar a experiência, eles irão embora. Ou então você estimulará uma atmosfera de rebeldia ou mesmo de rebelião. Isso pode ter consequências ainda maiores, pois uma comunidade que discorda ativamente de suas escolhas não autênticas talvez possa tomar para si a responsabilidade de arruinar seus negócios. Exemplos disso podem ser encontrados em jogos com um fã-clube forte e, então, a empresa escolhe implementar sistemas de microtransação neles para ganhar mais dinheiro com a comunidade. Esta muitas vezes se arma e garante que o jogo seja visto negativamente em todas as plataformas sociais.

Os eventos podem ser muito prejudiciais ao seu negócio e à solução de gamificação. Não deixe de se perguntar se suas ações estão alinhadas com as expectativas e valores da comunidade.

RESUMO: CAPÍTULO 11

O pertencimento é um forte motivador que reúne os jogadores e constrói uma conexão com o jogo. Quando você fundamenta as comunidades em torno dos objetivos delas, tem a possibilidade de identificar rapidamente vários grupos de jogadores que pode construir e dos quais pode participar. Incentivar a comunicação entre seus jogadores e capacitar os mais dedicados garantirá rapidamente que suas comunidades trabalhem e se tornem autossuficientes.

Esperamos que você possa imaginar como isso se relaciona com o marketing de afiliados.

PRÓXIMOS PASSOS:

- Quais os objetivos dos clientes ao utilizar seus produtos e serviços? Existem grandes temas ou metas compartilhados por muitos jogadores?
- Seus clientes atualmente falam uns com os outros sobre você ou seus concorrentes? Onde eles conversam? Sobre o que conversam?
- É provável que exista algum elemento negativo/tóxico em uma comunidade que você construiu? Como você responderia a ele? Imagine alguns cenários pessimistas e as respostas corretas.

Capítulo 12
Construindo sua torre - Os parapeitos de segurança e as necessidades fisiológicas

VALOR VERSUS RISCO: A FACA DE DOIS GUMES DA SEGURANÇA NA GAMIFICAÇÃO

Em nossa metáfora da torre, as necessidades fisiológicas e de segurança são simbolizadas por parapeitos, e, como em qualquer boa torre, os parapeitos oferecem defesa contra forças externas que poderiam ameaçar a nossa segurança e as nossas necessidades. Essas defesas podem cumprir a função de evitar perdas ou, inversamente, conferir valor a algo que vale a pena defender.

Para ilustrar essa dupla natureza entre valor e risco, basta olhar para o mecanismo das caixas de saque dentro de muitos jogos comerciais. Para os que não estão familiarizados com o conceito de caixas de saque, elas são uma versão baseada em jogos de caça-níqueis que você pode encontrar em qualquer cassino. As caixas de saque e os caça-níqueis têm até mesmo algumas semelhanças visuais: animações giratórias, luzes e símbolos piscantes.

As caixas de saque são uma adição divertida aos jogos, em que o jogador recebe um bônus aleatório após "girar a roda". Entretanto, dependendo do jogo, a caixa de saque pode ser um compensador bônus grátis por jogar (recebendo um giro grátis a cada poucos níveis), ou pode ser um bônus que tem um custo (como os tradicionais caça-níqueis *pay-to-play*). De qualquer forma, assim como os caça-níqueis, ela ainda afeta a nossa curiosidade fundamental para ver o que acontece.

Isso porque o nosso cérebro está sintonizado com o desejo e a busca (aleatória) de surpresas, e é por isso que gostamos de caixas de saque e de caça-níqueis (e podemos ficar obcecados por eles). O segredo por trás do sucesso das caixas de saque, porém, está no fato de elas distorcerem o nosso senso de segurança e as nossas necessidades fisiológicas.

O que estamos tratando aqui é a probabilidade estatística (e um sentido de pensamento mágico). Em outras palavras, se tivéssemos mais caixas de saque, a suposta probabilidade estatística de conseguirmos aquele item que ajuda a aumentar nossa jogabilidade seria aumentada.

Podemos supor que o jogador médio quer maximizar seus ganhos e minimizar suas perdas, e que ele usará qualquer método para alcançar isso. Dentro da gamificação, a alavanca motivadora da segurança e das necessidades fisiológicas se move quando o usuário maximiza seu valor a partir de sua experiência e evita qualquer prejuízo significativo de se engajar nela.

A armadilha que um sistema como as caixas de saque cria está no fato de que, quando elas recebem um valor monetário (pagar para jogar), a necessidade de maximizar o valor da experiência dentro do jogo é, então, inadequadamente compensada pela perda financeira que o jogador terá ao adquirir caixas de saque adicionais.

Em alguns casos, o saque dessas caixas é puramente cosmético, mas elas ainda têm um custo. Nesse exemplo, comprar ou não a caixa é uma escolha individual do jogador, pois o único impacto é se ele gosta do visual da experiência. Em geral, esse é um uso razoavelmente inofensivo do mecanismo. Muitas vezes a caixa de saque que tem um custo é complementada por uma gratuita concedida para usar no jogo.

O verdadeiro problema com as caixas de saque surge quando elas se tornam apenas itens pagos que influenciam a gamificação de forma negativa, não apenas para alguns indivíduos, mas indiretamente, para toda a comunidade. Além disso, como muitas das recompensas dentro delas são inteiramente aleatórias e desconhecidas, acrescentar um valor monetário só agrava seus complicadores inerentes.

No todo, é provável que as pessoas assumam um risco se souberem qual é o valor esperado e quais serão a perda projetada e a consequência. Um exemplo simples disso é tentar pular sobre um rio sabendo que o valor esperado consiste em chegar ao outro lado e continuar sua jornada. A consequência conhecida é errar e cair no rio, e a perda conhecida é, portanto, não ter mais roupas secas. Para muitos, esse é um risco aceitável; é provável que você chegue ao outro lado, mas possivelmente não chegará seco. No entanto, a excitação e o mistério quanto a saber se você consegue atravessar a seco ainda estão presentes. Então, você correria o risco (provavelmente).

O nível de risco versus recompensa depende do jogador individual. Alguns provavelmente vão ler essa parábola e dizer: "Vou gastar o tempo extra e encontrar uma ponte", caso em que a aversão a perdas/risco é maior que a daquela pessoa que daria o salto e veria o que acontece. Nenhum dos dois está errado e nenhum dos dois está certo. O que essa mecânica aleatória faz em nós, porém, é alterar a percepção dos nossos próprios valores pessoais de aversão ao risco/perda. Dependendo do ambiente e da situação, muitos seriam influenciados a assumir riscos mais altos que o necessário. Depende da recompensa imaginada e do quanto queremos/precisamos dela.

No entanto, o benefício de adicionar um mecanismo do tipo caixas de saque em relação à variante das máquinas de caça-níqueis é que com as primeiras há sempre uma recompensa garantida. Pode nem sempre ser uma recompensa que o jogador queira, mas pelo menos ele recebe algo. Com um caça-níquel, gastará 99% do seu tempo/dinheiro e não receberá nada de volta (os números reais são diferentes, mas por facilidade e simplicidade ficaremos com eles). Saber que sempre se receberá algo de uma caixa de saque é a razão pela qual esse mecanismo é tão útil para empurrar os jogadores para fora de suas zonas naturais de segurança.

Para fortalecer ainda mais esse mecanismo, você, como designer, pode revesti-lo com dispositivos complementares, como a ferramenta "Fear Of Missing Out", ou FOMO – o medo de estar perdendo alguma coisa.

Para quem não sabe, essa é essencialmente a sensação de que, a menos que o indivíduo participe, ele perderá em conhecimento ou deixará de vivenciar alguma experiência desconhecida, mas essencial. A consciência de não participar cria um sentimento motivador de controle no jogador para fazê-lo participar da experiência. Tudo isso é baseado em um valor percebido que ele atribuiu pessoalmente à experiência, orientado pelo nível da perda percebida que ele pode experimentar caso não participe.

VALOR PERCEBIDO

O valor percebido é um aspecto importante da alavanca motivacional de segurança e de necessidades. Embora seja o indivíduo que coloca o valor percebido em algo, a percepção é informada e afetada pelo conhecimento que adquiriu a partir de informações externas, como as que vêm de uma comunidade. E a forma como uma comunidade estabelece o valor de algo também é determinada por alguns poucos métodos.

Um desses métodos é o uso da escassez. Esta geralmente não é vista como positiva, uma vez que, quase sempre, conduz a comportamentos indesejados e emoções negativas. Entretanto, se usada corretamente, a escassez pode fortalecer um desejo/necessidade saudável e pode atribuir um valor percebido que está acima do valor real de um objeto ou experiência. Se tomarmos o exemplo das caixas de saque, por um lado a escassez de um item pode criar uma obsessão doentia pelo jogo; por outro, a escassez de um item para desbloquear algo pode criar uma forte lealdade ao jogo. Dependendo de seus objetivos finais, se for para ajudar e melhorar a experiência de um indivíduo, usar a escassez pode realmente ser benéfico tanto para você como para o usuário.

O efeito psicológico de tal método é o conceito de "dilema de custo irrecuperável". Por ele, o jogador valoriza muito mais o que tem ou já experimentou em virtude do tempo e do esforço que investiu na atividade de aquisição do item ou do conhecimento. Isso cria uma zona de segurança que o jogador deseja defender e evitar perder. Como diz Yu-Kai Chou: *"[...] A perda e a evasão às vezes se manifestam por meio da nossa recusa em desistir e admitir que tudo o que fizemos até este ponto se tornou inútil."*[55]

Esse sentimento é ecoado por Daniel Kahneman em seu conceito dos "dois sistemas em nossa psique". Isso explica uma situação em que o sistema ativo atual, Sistema 1, trava uma batalha contra o sistema de backup, Sistema 2, que recusa e evita aceitar uma mudança na experiência histórica, por exemplo, uma mudança de valor que não se encaixa no paradigma atual da mente do jogador.[56] Isso poderia assumir a forma de recusa em aceitar que gastar dinheiro em um (mau) sistema de caixas de saque é realmente prejudicial, porque as horas gastas para acumular as caixas de saque precisam ter algum valor. Caso contrário, a perda se torna muito prejudicial do ponto de vista emocional.

ALEATORIEDADE E TRANSPARÊNCIA

É a aleatoriedade das caixas de saque que leva ao comportamento obsessivo (como você pode ver no jogo de apostas). A chance de uma vitória ou de uma derrota é o que agarra a todos. E, sim, nós nos referimos a todos.

Ninguém está imune a isso; somente a profundidade da obsessão varia entre as pessoas. Nós, como designers, devemos estar sempre atentos a esse efeito ao criarmos experiências gamificadas. Como o mecanismo da surpresa aleatória de ganhar ou perder é extremamente atraente, ele só deve, portanto, ajudar, de preferência em curto prazo, a fortalecer o compromisso com a ação desejada, e não se tornar a razão da ação propriamente dita. Caso contrário, criamos outra máquina de caça-níqueis da qual as pessoas não podem escapar, e que não é sustentável para o jogador, nem para o designer, em longo prazo.

Para nos apoiarmos como projetistas a evitar tal resultado, devemos nos lembrar de permanecer transparentes, falando aqui especificamente da transparência de possíveis resultados em termos de perda ou ganho. Emoções e reações negativas ocorrerão para o jogador quando uma perda for experimentada por um motivo desconhecido ou inesperado. Se não houver transparência no raciocínio ou nos possíveis resultados, os jogadores sentirão falta de fazer escolhas, e perceberão isso como algo que lhes retira o controle, por acreditar que não há como alterar o resultado negativo nem existe alternativa.

ABUNDÂNCIA E ESCASSEZ DE ESCOLHAS

Quando lidamos com uma sensação de segurança, com necessidades e com escolhas, precisamos considerar a delicada interação entre a abundância e a escassez das escolhas que oferecemos aos jogadores. Os jogadores devem, ao mesmo tempo, estar conscientes de que têm escolhas, mas também de desconhecer o que essas escolhas implicam.

O conceito de Peter Schwartz de "complexidade emergente" é uma metodologia de comportamento na qual quantidades ótimas de escolha podem ser adicionadas a uma experiência para que o jogador seja continuamente desafiado.[57]

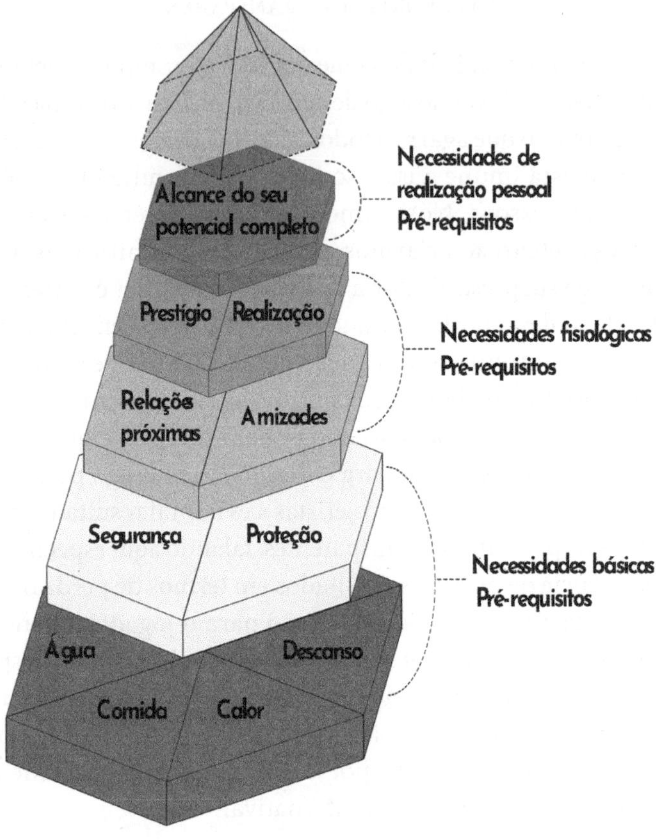

Figura 4.

Por exemplo, quando damos uma olhada na hierarquia de necessidades de Maslow, cada etapa tem pré-requisitos (Figura 4). Ao completarmos os desafios em cada fase, nos são oferecidas novas escolhas e desafios na fase seguinte; e cada uma delas compreende suas próprias responsabilidades e consequências. Elas também são, nesse momento, transparentes para nós. A complexidade emergente é só isso, cada passo dado se baseia na experiência anterior e aumenta o desafio no seguinte. Oferecer muitas escolhas de uma só vez pode paralisar o jogador. Uma progressão lenta de escolhas e desafios gradualmente crescentes é o que, de fato, capacita os jogadores.

O oposto, então, é a demasiada escassez de escolhas. Oferecer poucas escolhas aos jogadores os desresponsabiliza, o que os deixa sem alternativa se a dificuldade dos desafios for muito alta, diminuindo, assim, seu senso de segurança e de conforto na atividade de que estão participando. O equilíbrio deve ser encontrado para que o nível de escassez seja suficiente para desafiar os jogadores. O grau de dificuldade deve ser o certo para aumentar o engajamento deles com a experiência e também lhes oferecer uma vontade maior de jogar mais vezes. Isso porque muitos desejarão tentar uma tarefa difícil repetidamente a fim de refinar suas habilidades e capacidades o tempo todo.

Se atingir esse equilíbrio, você terá encontrado o que Lev Vygotsky chamou de *zona de desenvolvimento proximal*[58] (Figura 5), e dentro dela seus jogadores encontrarão o que Mihaly Csikszentmihalyi chamou de *fluxo*[59] - o momento em que a habilidade do jogador quase se iguala ao nível de desafio que lhe é apresentado, e ele o supera, passando para o desafio seguinte. A essência do motivador por trás da segurança e das necessidades fisiológicas é reunir todas elas, para que a segurança e as necessidades do jogador sejam desafiadas e perturbadas o suficiente. Ele, então, se sente à altura do desafio e amplia a capacidade de se reenquadrar e expandir o que antes ele teria considerado sua zona de conforto.

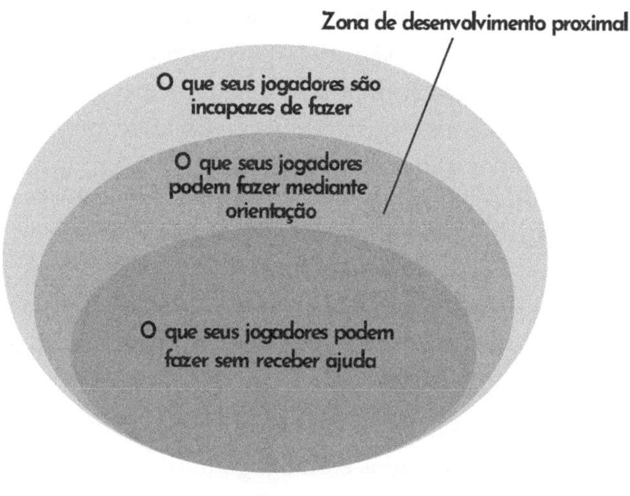

Figura 5.

Se essas necessidades são tão poderosas, que mecanismos podemos usar para efetivamente (e da forma correta) acionar as alavancas motivacionais da segurança e das necessidades dos nossos jogadores? Vamos mergulhar um pouco mais no assunto e ver quais opções estão disponíveis para você.

RECOMPENSAS DEPENDENTES DO TEMPO

As recompensas, oportunidades e consequências dependentes do tempo são um mecanismo comum e de fácil implementação.

Elas aparecem como temporizadores de contagem regressiva para os jogadores praticarem uma ação específica, por exemplo, obter um desconto ou um prêmio maior do que o que normalmente receberiam por completar uma ação. Com isso, o jogador se sente obrigado a participar de algo, pois o tempo está se esgotando.

As recompensas dependentes do tempo funcionam bem com o conceito FOMO, pois, quando o cronômetro zera, a recompensa desaparece. Sistemas de leilão, como o eBay, utilizam temporizadores de contagem regressiva como esse, o que às vezes provoca uma guerra frenética de lances perto do fim do prazo. Isso é parte da diversão do eBay.

As contagens também são úteis para aumentar o valor percebido de um item e para aumentar o engajamento dos interessados nele. Continuando com o nosso exemplo do eBay, muitos itens são vendidos por preços maiores quando oferecidos em um leilão, em comparação com o valor que receberiam em uma venda com preço determinado.

De todo modo, use esse mecanismo com critério; se empregado de forma frívola ou rigorosa demais, se tornará uma obsessão ou uma fonte de esgotamento para os jogadores. Esse é o caso quando eles veem muitas recompensas dependentes do tempo, mas não podem acioná-las por estarem com pressa, ou, ao contrário, passam horas perseguindo essas ações e ficam entediados com o jogo muito rapidamente.

Um exemplo que usa recompensas dependentes do tempo, mas como evento repetitivo, é qualquer loteria nacional, pois o jogador tem uma nova chance toda semana de comprar o bilhete antes que o tempo se esgote para receber o prêmio. É um sistema eficaz porque geralmente tem baixo custo e demanda pouca ação. Não demora muito para participar, só alguns minutos, e as apostas são baratas. Com essas facilidades de participação, as pessoas voltam a jogar repetidamente. Se as facilidades fossem menores, a dependência em relação ao tempo acabaria por afastar as pessoas dela.

RECOMPENSAS ALEATÓRIAS, PUNIÇÕES E EVENTOS

A aleatoriedade como mecanismo pode afetar diretamente a sensação de segurança e de necessidade dos jogadores. Nada é mais excitante e indutor de ansiedade do que algo aleatório e incontrolável. Entretanto, com recompensas aleatórias precisamos também considerar consequências, punições e eventos – todos aleatórios.

Quando usar consequências ou punições, não se desvie tanto para a área de motivação negativa a fim de que o jogador não se afaste da sua experiência. Use as punições como um recurso final e somente em uma área onde seus jogadores sejam suficientemente resistentes; que o ato de punir seja esparso. As consequências, por outro lado, são muito úteis, pois podem ser bastante motivadoras quando usadas corretamente. Elas estão em toda parte: o mecanismo dependente do tempo tem consequências embutidas, e o FOMO é uma delas. Uma consequência é, nesse caso, um resultado mais severo que tenha peso emocional suficiente para empurrar e motivar um jogador a se engajar da maneira que você deseja.

Como antes, porém, tente empregá-los com moderação, pois uma experiência com muitos resultados pseudonegativos acabará afetando seus jogadores e efetivamente os afastando daquilo em que você deseja que eles se envolvam.

Estudo de caso de segurança e necessidades: *LootCrate*[60]

Um exemplo de produto/serviço que utiliza puro mistério, curiosidade e descoberta é a empresa LootCrate – serviço por assinatura no qual uma vez por mês o assinante recebe uma caixa de itens, geralmente qualquer parafernália associada à cultura geek ou ao universo pop. O gancho desse serviço é que o conteúdo é completamente desconhecido: o assinante nunca sabe o que vai receber.

Um potencial cliente pode navegar no site e ver quais são os gêneros ou o que os meses anteriores continham e indicar o que é do seu interesse, mas isso só lhe dá uma visão geral das possibilidades.

Graças à subcultura de "vídeos de unboxing" em plataformas como o YouTube, a LootCrate ocupa um segmento ainda maior e atrai um interesse mais abrangente em seu modelo. Usando as próprias imagens e sua comunidade mais ampla para criar marketing visual, a empresa tem despertado a curiosidade de muita gente. As pessoas precisam saber "o que" vai estar na próxima caixa, e a única forma de fazê-lo é pagando a assinatura mensal.

Todos os conteúdos são, em sua maioria, coisas que elas querem, até certo ponto, por isso não há uma sensação real de perda ou alienação naqueles que recebem os itens. Geralmente eles ficam satisfeitos com o que lhes foi enviado. Apesar de ser uma surpresa, a maioria geralmente tem uma ideia sobre o que esperar.

BOTES SALVA-VIDAS LIMITADOS

Os botes salva-vidas são uma ferramenta que permite aos jogadores continuar ou sobreviver a um desafio que, de outra forma, os venceria. São pequenos cartões "passe livre" que ajudam os jogadores na hora da necessidade.

Todos nós já vimos botes salva-vidas em programas de TV como *Quem Quer Ser um Milionário?* ou o americano *Deal or No Deal*. Os game shows fornecem os botes salva-vidas para ajudar os jogadores em situações em que suas habilidades não são suficientes para que eles perseverem, mas esses programas limitam a quantidade ou a eficácia desses recursos de alguma forma a fim de manter o jogador (e o público) engajado.

Um bom exemplo acontece no *Quem Quer Ser um Milionário?*, que fornece a cada jogador três botes salva-vidas: "pergunte ao público"; "telefone para um amigo"; ou "50/50". Cada um deles pode facilitar a resposta à questão apresentada, mas ainda pode se mostrar ineficaz se o público se enganar, ou se o amigo para quem o jogador telefonar não tiver a menor ideia do que responder.

Quando o bote salva-vidas é usado, muitos jogos o impedem de ser usado novamente – seja até o fim do jogo, seja por um tempo, seja até o jogador fazer algo para recuperar o bote.

Lembre-se, os botes salva-vidas são destinados a ajudar um jogador em um momento de necessidade, e não a lhes dar um passe livre. Os passes livres tendem a quebrar o compromisso com o jogo, pois os jogadores deixam de crescer em domínio e perdem a estima com o passar do tempo, por contar sempre com o bote salva-vidas.

Uma maneira mais aterrorizante é usar os botes salva-vidas como ferramenta para se situar no jogo. O jogador, em certos momentos da experiência, é propositalmente bloqueado por uma força externa, e a única maneira de seguir em frente é usando o bote salva-vidas. Esse item passa a ser, então, obrigatório, não mais opcional como no caso anterior. O jogador se sente obrigado a usá-lo, pois quer continuar. E nesse caso acabará se aborrecendo com o mecanismo, principalmente quando isso custa dinheiro.

Muitos jogos "grátis" para celular usam esse método. Depois de passar por diversos níveis, o jogador acaba se deparando com um que não consegue superar (um nível manipulado). Ele imagina, então, que a única maneira real de continuar é usando um bote salva-vidas (muitas vezes pago); depois disso, os níveis ficam mais fáceis novamente até o próximo nível manipulado.

EASTER EGGS

Os Easter eggs (ovos de Páscoa em tradução literal, ou itens escondidos em linguagem gamer) têm o nome autoexplicativo, mas, para quem não está familiarizado, trata-se de uma surpresa desconhecida, aleatória, mas bem-vinda para um jogador. De forma semelhante ao que os pais fazem quando escondem os ovos de Páscoa para que as crianças os encontrem, você não sabe onde eles estão (se é que há algum), mas, se os encontrar, ficará feliz por ter conseguido.

Muitos jogos e experiências gamificadas os utilizam. Os Easter eggs geralmente são os segredos do jogo, informações extras, desafios escondidos ou recompensas – e são difíceis de encontrar.

O melhor exemplo de uso de Easter eggs está na prática do gênero Jogo de Realidade Alternativa (ARG na sigla em inglês), que se estende pela área entre um jogo e uma experiência gamificada. Os ARG são geralmente um quebra-cabeça imersivo que oscila entre o mundo real e o digital, em que os jogadores resolvem desafios para progredir.

Um exemplo de ARG é o *HiddenCity*,[61] um jogo de solução de enigmas cujos participantes usam pistas que recebem por mensagens no celular; eles só podem resolver os desafios explorando monumentos famosos em sua cidade. Cada pista faz o jogador viajar para uma nova área e explorá-la em busca dos Easter eggs a fim de resolver o quebra-cabeça. Quando o fazem, são levados ao desafio seguinte.

Outros jogos e experiências gamificadas usam Easter eggs como bônus para os jogadores que vão mais fundo no jogo. Por exemplo, em um jogo de exploração, se uma pessoa sair propositalmente do caminho regulamentar e conseguir um tempo extra para perseguir o objetivo principal, você pode recompensá-la com uma surpresa que contenha um bônus de exploração.

Os Easter eggs são eficazes, pois surpreendem os jogadores e os recompensam por explorar e investir tempo e energia no jogo. Os jogadores se sentem reconhecidos por suas ações e se tornam mais motivados para continuar.

ONDE A MECÂNICA DE SEGURANÇA & NECESSIDADES PODE FALHAR?

A principal falha no uso desse mecanismo é a possibilidade de criar uma experiência "viciante" ou totalmente absorvente.

Alguns podem acreditar que esse seria o resultado desejado, porque absorção total significa total engajamento com a experiência (o jogador ficará totalmente obcecado pelo seu produto ou serviço), e, sim, em curto prazo isso pode ser útil/lucrativo. No entanto, em longo prazo isso levará à exaustão e se mostrará efetivamente um fracasso para o cliente. O que você criou, portanto, se tornará uma experiência que deixa o jogador esgotado, uma casca vazia, essencialmente prejudicial com o passar do tempo – você vai terminar perdendo seus clientes e ganhando uma reputação negativa.

Uma enorme quantidade de "jogos grátis" para celular são grandes exemplos disso. Eles apresentam ganhos rápidos, fáceis e sem valor intrínseco. Eles acabam com a base de clientes com os mecanismos de jogo "viciantes" até que, ao final, ficam sem clientes e passam para a próxima coisa. Outros exemplos são aqueles que têm a ver com jogos de azar e suas propriedades totalmente absorventes.

O jogo de azar leva ao próximo fracasso no uso, que é ter experiências nas quais o risco é muito alto, e os resultados ou consequências são intencionalmente (ou não) negativos.

Esteja ciente de que isso é diferente de uma consequência ponderada, como discutimos antes. Neste caso, se o risco for muito alto, o resultado pode ter efeitos adversos duradouros na vida de um indivíduo. No exemplo do jogo de azar, é alguém que entra em uma partida de pôquer de alto risco sem entender os riscos e as consequências associadas a ele. Isso naturalmente nos remete à importância de educar seus jogadores e de ser transparente com eles sobre os resultados.

Nossa última palavra de alerta ao utilizar um mecanismo baseado em segurança e necessidades se refere ao emprego de ferramentas que acentuam a raridade, a escassez e a exclusividade. A maioria dos conteúdos e experiências de final de jogo tem como base esses três conceitos, pois você quer que apenas os mais leais dentre os jogadores consigam alcançá-los.

Se todos obtivessem o conteúdo exclusivo, isso enfraqueceria o sentido de uma jornada, embora você deva se certificar de que a exclusividade, a raridade e a escassez não sejam tão aleatórias ou de obtenção tão difícil a ponto de afastar seus jogadores, como nos exemplos da caixa de saque ou do conteúdo que requer um comportamento ultrarrepetitivo para que a taxa de queda de 0,01% ocorra. É o que acontece com muitos RPG on-line ou com os MMORPG (jogos de interpretação de personagens, como o popular *World of Warcraft*).

A JetBlue[62] é um bom exemplo de estudo de caso em que ambos os lados da moeda estão presentes; essa companhia aérea criou um programa de fidelidade para passageiros frequentes muito útil e que garantia recompensas exclusivas para seus clientes mais fiéis. Infelizmente, a descoberta e a fase de ambientação exigiram muito esforço e muita informação privada, baixando, assim, sua base de assinaturas, e algumas das recompensas no final do jogo foram exclusivas para os poucos selecionados que chegaram a elas primeiro. Tudo isso lamentavelmente levou a uma queda na fidelidade dos clientes, apesar de, no início, algumas mecânicas terem sido eficazes.

RESUMO: CAPÍTULO 12

Usar o nível motivacional de segurança e necessidades é um delicado ato de equilíbrio em que o jogador pondera os possíveis valores, riscos, consequências e resultados das ações que precisa praticar dentro da sua experiência. Dar a ele escolhas limitadas como mecanismos alavanca, por exemplo, FOMO, botes salva-vidas e Easter eggs, pode aumentar a motivação e o senso de controle, mas também pode deixá-lo obcecado por tentar ganhar mais ou, ainda, afastá-lo completamente da experiência.

PRÓXIMOS PASSOS:

- Considere quais mecanismos funcionam bem com os valores e objetivos do seu negócio. Avalie se eles criam um compromisso saudável com o jogador ou se provocam uma obsessão negativa.
- Qual mecanismo funciona melhor para sua campanha e quanta transparência você é capaz de proporcionar sem abrir mão do elemento-surpresa?

Seção 3
Ações

Agora que você reuniu todas as peças e recursos para ter sua própria torre, vamos à etapa seguinte da construção de uma torre de gamificação.

Esta seção é um guia prático, passo a passo, para construir a própria torre de gamificação efetiva.

Nos próximos capítulos você vai aprender a determinar quem é sua base de usuários e seu público-alvo, a identificar os problemas que podem surgir, a medir sua campanha de gamificação e a construir a torre gamificada "ideal".

Mas não se preocupe: não vamos apenas dizer o que fazer e pronto. A forma como o guiaremos ao longo da estrutura da torre de gamificação é usando um negócio fictício como estudo de caso, assim você terá um exemplo que poderá comparar com o que aparece a cada capítulo.

ACADEMIA THUNDER – UM EXEMPLO DE TORRE DE GAMIFICAÇÃO

A *Academia Thunder* é uma organização imaginária que vamos usar a cada capítulo para que você possa entender como se constrói do zero uma torre de gamificação. No entanto, vamos utilizar outros estudos de caso e exemplos ao longo do processo a fim de fazê-lo visualizar a aplicação do aprendizado ao seu próprio negócio.

São duas as razões para usarmos o exemplo da academia. Em primeiro lugar, todos entendem o que é uma academia de ginástica, então deve haver pouca confusão quanto ao assunto sobre o qual estamos falando. Em segundo, embora o marketing de gamificação possa ser aplicado a qualquer organização, ele é bastante eficaz em uma academia, um tipo de negócio do ramo de serviços, em que o envolvimento do cliente é uma das maiores prioridades para os profissionais de marketing.

O estudo de caso da *Academia Thunder* será o fio condutor desta seção, unindo os vários conceitos e teorias em uma narrativa linear coerente. Vamos assumir o ponto de vista de um novo executivo de marketing dentro da academia, tomando todas as decisões relevantes.

AOS ANSIOSOS

Para aqueles que estão ansiosos para começar a construir sua própria experiência de jogo, vamos apresentar um rápido resumo de como melhor usar esta seção em conjunto com o restante do livro – serve também para a hipótese de alguns de vocês terem pulado direto para este ponto logo após ler a introdução.

Nós projetamos esta seção para construir o conhecimento na forma de um roteiro passo a passo. O Capítulo 16 é o verdadeiro guia de como construir sua torre – as várias etapas necessárias para ter uma experiência gamificada eficaz. Ele vai contemplar os vários andares e alavancas motivacionais que você aprendeu na seção anterior.

Os outros capítulos levam ao Capítulo 16, ajudando-o a descobrir e aprender sobre quem você é e o que deseja transmitir ao jogador. Você vai saber quais são os problemas que está tentando resolver quando oferece a experiência gamificada aos seus jogadores; quem são seus jogadores; como identificá-los e oferecer a eles a experiência correta; quais são as armadilhas e problemas que podem ocorrer após a construção de sua torre; e, finalmente, como medir os resultados dessa experiência.

Vamos nos abster de dizer como medir o sucesso e o fracasso porque é provável que você falhe, muito, no início – o que é bom. Desde que nada se quebre, você pode aprender com as falhas, repetir processos e melhorar seus projetos. Nós o levaremos a esse ponto até o capítulo final, e cada pedaço de informação vai aproximar você e seus jogadores de uma experiência memorável e significativa. Então, aproveite e divirta-se!

Capítulo 13
Quem é você?

Bem-vindo à *Academia Thunder*!

Nesta seção do livro, vamos fingir que você é o novo executivo de marketing dessa academia fictícia. Você foi contratado para cuidar do marketing da empresa como um todo, mas seu foco específico é a aquisição de novos clientes e a melhoria do engajamento dos clientes atuais.

Seu novo chefe (o proprietário) ouviu falar um pouco sobre gamificação e quer que você projete uma solução de gamificação para a academia e depois apresente sua ideia para a empresa, mas não sabe por onde começar. Ele não está muito interessado em se aprofundar no assunto e pede a você para apresentar alguma sugestão.

Por sorte, você tem este livro para guiá-lo. Mas por onde começar?

Uma nota rápida antes de começarmos:

Ao passar por este processo, você deve ter em mente uma consideração importante: saber se a liderança e os principais acionistas internos da empresa estão interessados na gamificação. Isso porque, antes mesmo de vender sua nova experiência aos consumidores, você precisa vender o projeto internamente para os proprietários e os grupos de interesse. Sem o apoio deles, não será apenas uma tarefa monumental a ser criada, mas também pode acabar sendo um esforço inútil. Vamos falar disso mais tarde, mas esteja atento nesta fase inicial..

A EMPRESA

Como novo profissional do marketing, seu primeiro passo deve ser explorar e analisar "quem você é" como organização. Isso está muitas vezes ligado ao motivo pelo qual a organização existe, para começo de conversa, qual é sua história e sua situação atual.

Logo de início, você deve entrevistar as pessoas relevantes na empresa e descobrir o seguinte:

- História da empresa
- Produtos e serviços oferecidos
- Estrutura e recursos da equipe

HISTÓRIA DA EMPRESA

Você precisa saber por que a empresa foi criada – que problemas ela resolve e para quem? Isso o levará de volta à fundação da empresa, e será preciso estudar o caminho que ela percorreu para entender bem onde ela está agora e as decisões que a trouxeram até esse ponto. É importante, também, se informar sobre os planos para o futuro.

Sobre a *Academia Thunder*, após um resumo do proprietário, o que você entendeu até agora é que ela foi fundada para proporcionar uma experiência de atividade física acessível para pessoas comuns, que ficam muito desconfortáveis com a ideia de frequentar academias com gente de corpo perfeito e preços altos. A maioria dos alunos da *Academia Thunder* vem de áreas próximas, e ela ainda não tem o objetivo de se tornar uma franquia global. Mas isso não significa que se trate de um pequeno empreendimento; é uma academia capaz de atender algumas centenas de pessoas todos os dias. Seu principal problema é que ainda não está explorando toda a sua capacidade e tem encontrado dificuldade para buscar novos clientes na região.

Até aqui, estabelecemos alguns pontos de partida para a academia, como a capacidade atual e os objetivos imediatos. Isso é importante porque você quer ter certeza de estar criando objetivos de marketing alinhados com o negócio em geral. Não faria sentido criar um plano que visasse tornar a *Academia Thunder* um fenômeno mundial se os donos não quiserem atender esse tipo de cliente ou ter uma estratégia como essa.

PRODUTOS E SERVIÇOS OFERECIDOS

Em seguida, relacione todos os produtos e serviços que a empresa oferece e, para cada produto/serviço, identifique o seguinte:

- Qual é a dificuldade que faz o cliente se lembrar dessa academia? Que tipo de problema ela resolve?
- Como a empresa percebe internamente a resposta que dá a esse problema? É um bom produto?
- Onde esse produto se situa no seu ciclo de vida? Ele acabou de ser lançado ou está em declínio?
- O que pode ser feito para melhorar o produto? A gamificação pode ser aplicada a ele?
- Por que a empresa oferece esse produto/serviço?
- Como são entregues os produtos/serviços? São produtos digitais ou serviços presenciais?
- Qual é a experiência total de utilização de cada produto/serviço do início ao fim?

Você também deve avaliar como cada produto/serviço se encaixa no portfólio geral da empresa. Uma ferramenta útil para responder a esses vários pontos é a matriz do Boston Consulting Group, que pode ser aplicada para identificar quais produtos e capacidades são fundamentais para sua empresa e quais requerem melhorias ou mudanças.[63] Essa ferramenta simples vai ajudá-lo a identificar rapidamente em quais produtos/serviços focar, traçando sua posição em um gráfico de participação relativa de mercado em comparação com a taxa de crescimento deste.

ESTRUTURA E RECURSOS HUMANOS

Uma vez estabelecidos o histórico geral, os objetivos da empresa e os produtos/serviços que ela oferece, o próximo passo é olhar para os recursos à sua disposição. Eles incluem as pessoas a que você tem acesso e as habilidades delas, mas também o orçamento com o qual você conta para executar um projeto de gamificação.

Você deve considerar o seguinte:

- Existe um orçamento para o projeto de gamificação? Isso vale tanto para o planejamento de tempo como para o financeiro.
- Você tem acesso a profissionais especializados, como programadores, designers, testadores UX etc.?
- Alguém da equipe tem alguma experiência com gamificação?
- Qual é a atitude da equipe mais ampla em relação a esse tipo de projeto – de apoio, apreensiva, hostil?
- Quais são as expectativas mais amplas da equipe quanto aos resultados desse projeto? Considere as expectativas não apenas de resultados, mas em relação ao que é realizável (a equipe está esperando por um aplicativo quando você entregar um esquema físico baseado em um cartão de fidelidade?)

Dependendo dessas capacidades, a rota que você toma com sua solução gamificada pode variar consideravelmente. Por exemplo, a empresa tem programadores para uma solução baseada em aplicativos ou é mais presencial, com interação direta e coaching? Você só pode entregar dentro do escopo dos recursos de que dispõe, então mantenha suas aspirações fundamentadas nessa realidade.

ONDE A EMPRESA SE ENCAIXA?

Depois que conseguiu um sólido entendimento sobre sua empresa e seus produtos, você precisa identificar onde ela se encaixa no respectivo ramo de atividade e no mundo. Não entender isso causará problemas mais tarde, pois você pode criar algo que já existe, que já falhou antes ou que simplesmente não vai "funcionar".

Para entender onde a empresa se encaixa, você precisa considerar o que sabe sobre ela no momento em relação ao setor e aos concorrentes diretos. A fim de atingir esse objetivo, recomendamos que você use conceitos e modelos como:

- **As cinco forças de Porter:**[64] Uma ferramenta interessante para entender o equilíbrio de poder em um setor da economia, olhando especificamente para os poderes do consumidor, do fornecedor e do concorrente em relação ao seu próprio poder. Isso é especialmente útil quando se pensa em gamificação, pois você pode identificar onde suas ideias podem ser facilmente copiadas, substituídas ou ignoradas.
- **Análise SWOT:**[65] A análise das forças/fraquezas internas da sua organização e das oportunidades/ameaças externas o ajudará a contextualizar onde você se encaixa no setor como um todo. Deve também ajudá-lo a identificar algumas áreas onde a gamificação pode ter um impacto positivo, transformando uma ameaça/fraqueza/oportunidade em força, ou alavancando ainda mais uma força já existente.
- **Análise PESTLE:**[66] Uma análise que ajudará você a pensar em todos os fatores externos que estão impactando o setor e a empresa. Ela deve também destacar alguns riscos potenciais que podem surgir ao implementar uma solução de gamificação (por exemplo, se há falta de confiança no setor).

Não use essas ferramentas simplesmente como elas são; recomendamos que sua análise contemple estes vários aspectos do seu setor:

- **O mercado como um todo:** Para nosso exemplo da *Academia Thunder*, isso significaria olhar não apenas para academias no mundo todo, mas para todos os produtos/serviços que tratam dos mesmos assuntos de que sua organização trata. Para as academias, você poderia pensar em produtos para perda de peso, exercícios para fazer em casa e até mesmo em cirurgia estética!
- **O mercado em seu setor:** Este item seria voltado especificamente para outras empresas com ofertas semelhantes às da sua. Essa análise, e o estudo de todo o mercado, pode ajudá-lo a pensar fora da caixa quando se trata de soluções de gamificação, já que outras áreas podem estar tentando e tendo sucesso em segmentos nos quais seus concorrentes diretos ainda nem sequer pensaram.

- **Seus concorrentes diretos:** São as empresas com as quais você está competindo diretamente pelos clientes, uma situação "você contra eles". Essa é a faceta mais importante da análise quando se trata de marketing, pois você precisa entender como sua solução se situa em relação a uma oferta rival.

Não se esqueça de considerar a gamificação ao cumprir cada fase da análise descrita. Como seus concorrentes e o setor em geral utilizam a gamificação ou elementos de jogo em seus produtos e serviços? Essas táticas são bem-sucedidas? De que maneira você pode aprimorá-las ou fazer algo diferente?

Você também deve determinar os vários métodos de marketing usados para comercializar cada produto na indústria; isso será útil na próxima seção, assim como determinar posteriormente quais desses canais e serviços são mais adequados para a gamificação.

ANÁLISE DA CONCORRÊNCIA

Agora que você fez o trabalho inicial de determinar seus produtos e os de seus concorrentes, quais são seus pontos fortes e fracos e como isso se insere no setor como um todo, é hora de usar essas informações para avaliar como o marketing do seu negócio se posiciona em relação à concorrência. Qual o foco do marketing dos concorrentes? São as redes sociais, o mailing, a publicidade local, a publicidade na internet? Descobrir essas respostas o informará sobre onde estão os espaços competitivos e onde o setor em geral está investindo tempo e dinheiro. O próximo passo é saber se você quer investir tempo e dinheiro em canais similares ou inexplorados.

Dê uma olhada em alguns possíveis concorrentes para seu negócio. Vamos usar nossa análise de competidores para ver quais são as questões e objetivos comuns que eles possam ter em relação à *Academia Thunder.*

A metodologia para a análise da concorrência deve utilizar as ferramentas que citamos, mas, se possível, tente entrevistar clientes que tenham experimentado algum dos produtos que seus concorrentes oferecem. Um método ainda melhor é assinar e experimentar os serviços por si mesmo. Use os sites deles, leia os materiais de marketing e de vendas para formar uma ideia do que oferecem.

Municiado com as informações da sua análise da concorrência, você pode começar a construir uma ideia do que o diferencia do resto. Quanto à *Academia Thunder*, as capacidades que você tem são as aulas que ela oferece em vários regimes de treinamento físico, como artes marciais, ioga, pilates. Isso é útil, pois essas atividades já têm um elemento embutido que pode ser usado com a gamificação, como ofertas e caminhos individuais, e domínio e dificuldade embutidos que permitem ao jogador progredir à medida que continua frequentando a academia. Cada uma das atividades também é uma prática coletiva e, por utilizar os motivadores da autonomia e do domínio, oferece mais do que a aula de aeróbica básica que simplesmente repete exercícios para maximizar a queima de gordura e a resistência física.

Com as poucas pesquisas internas que fizemos até aqui, descobrimos algumas questões e objetivos comuns entre sua academia e um concorrente e que tipo de motivadores a academia tem para criar engajamento com o jogador. O principal objetivo que a academia tem vendido para os alunos é que eles melhorem sua saúde com uma disposição positiva para exercícios relevantes. Esse é um ponto relevante porque o objetivo final é a necessidade do jogador, e não o fluxo de receita da empresa.

Estudo de caso: *Salesforce Trailblazer LMS*[67]

Como mencionamos anteriormente, queremos acrescentar alguns estudos de caso não relacionados à aptidão física, para dar a você uma compreensão interdisciplinar sobre o que estamos falando.

Você provavelmente já ouviu falar da Salesforce. É onipresente na área de relações com clientes, uma plataforma realmente flexível utilizada em empresas de administração hoteleira, escolas de administração, companhias de varejo etc. No entanto, em virtude de sua flexibilidade e adaptabilidade, a Salesforce oferece muitos complementos, padronizados ou feitos sob medida, e isso requer aprendizado.

A Salesforce, portanto, tem seu próprio sistema de gestão de aprendizagem (LMS, na sigla em inglês), chamado "Trailblazer", em que recém-chegados e veteranos podem aprender sobre a plataforma. Mas o que a diferencia dos concorrentes é o fato de que, assim como a Fitocracia,[68] um aplicativo de fitness pessoal on-line, a Salesforce mira a comunidade e o sentimento de pertencimento.

E esse não é o único motivador. Por ser um LMS, e pelo fato de a Salesforce exigir conhecimento e habilidade para ser efetivamente usada, o sistema recorre mais uma vez aos motivadores inerentes de autonomia e domínio – melhorando as habilidades por meio do aprendizado sobre a plataforma e recebendo o reconhecimento de outros usuários, que é onde entra o motivador da estima. Qualquer um que seja um membro de sucesso do LMS é conhecido como um Trailblazer (pioneiro, em tradução literal). Tanto a conquista como um distintivo de reconhecimento são dados a ele. O nome e a conotação de pertencimento por causa da reputação de ser um Trailblazer são uma ferramenta poderosa.

A experiência essencial e o resultado do conceito Salesforce Trailblazer mostra que a empresa vende as capacidades do indivíduo e não o seu próprio produto. Eles efetivamente comercializam a versatilidade de sua plataforma mediante o empoderamento e as competências dos usuários.

COMO OS OUTROS VEEM A SUA EMPRESA?

Gastamos algum tempo definindo quem você é como organização e onde acha que se encaixa no respectivo setor. A próxima pergunta, entretanto, é se seus clientes concordam com você.

Precisamos descobrir quem é sua marca e como os outros a percebem. É importante compreender isso, pois impactará a forma como você vai implementar a gamificação.

Você precisa estar ciente de que uma posição altruísta é mais favorável.

Colocar as necessidades dos jogadores em primeiro lugar ganhará de qualquer outra implementação. Se, na implementação de sua solução de gamificação, você colocar seu negócio em primeiro lugar, provavelmente será visto como não autêntico e não confiável, e isso eventualmente levará os jogadores a rejeitar a marca. Você deve aceitar que está dando suporte para o jogador; você e todos na empresa precisam se lembrar disso. Se há uma coisa de que jogadores de todas as culturas, idades, gêneros e etnias não gostam e de que se afastam é uma empresa mercenária, que busca exclusivamente o lucro.

Portanto, é muito importante que você faça uma pesquisa qualitativa profunda para descobrir as percepções externas quanto a sua marca. Isso pode ser mais bem executado com a coleta de feedbacks e de impressões por meio de pesquisas, questionários e entrevistas presenciais. Assim, você pode descobrir a impressão geral que os clientes têm de você, do que gostam e não gostam etc. Lembre-se de utilizar esses dados para informar também repetições de futuras pesquisas qualitativas.

Um método que pode ser empregado para fazer pesquisa qualitativa é analisar e avaliar as práticas atuais dentro da academia. Quais são os objetivos atuais da *Academia Thunder*? Eles estão alinhados com o que dissemos anteriormente? Esse é um método útil, pois permite que você alcance múltiplos resultados, determinando o que está sendo oferecido atualmente ao cliente, qual a percepção da prática interna e externa. Além disso, você tem o bônus de agora saber e entender como isso pode ser mudado, melhorado e replicado pelo uso da gamificação.

Quando estiver realizando a pesquisa qualitativa externa, lembre-se de não fazer apenas entrevistas individuais, mas também entrevistas em grupo, e também de tentar obter uma mistura de vários grupos demográficos. Algumas boas perguntas orientadoras para começar são:

- Por que você escolheu a *Academia Thunder* em vez das outras?
- Quais aulas o atraíram para esta academia?
- No que as ofertas da *Academia Thunder* são diferentes em relação às do concorrente?

Certifique-se de que sua visão se alinha com a liderança da empresa e a liderança dos acionistas, o que pode ser feito com uma pesquisa qualitativa interna. Isso é necessário para que você não perca tempo desenvolvendo uma experiência gamificada para seus jogadores que não se alinhará com os gestores do negócio e que não será aceita ou implementada.

Como executivo de marketing da *Academia Thunder*, a maneira mais fácil de fazer pesquisas qualitativas internas é muito parecida com a que você faria externamente: perguntando. Discutindo com os chefes de departamento e representantes para determinar a visão geral e o sentimento da empresa e como avançar – usando esse conhecimento para traçar um limite dentro da campanha gamificada para que as expectativas de seus jogadores sejam atendidas e alinhadas com as da empresa como um todo.

Algumas perguntas iniciais para guiá-lo são:

- Você usaria seus próprios serviços?
- Você gosta das ofertas da *Academia Thunder*?
- Que ofertas/serviços você mudaria/melhoraria?

Um exemplo que pode ser usado para saber se a nossa academia traçou os objetivos certos é olhar como o processo de matrícula/renovação funciona para os jogadores. Se a sensação geral é a de que o processo de cadastramento representa o aspecto mais importante da academia e que deve ser gamificado o mais rápido possível, sabemos que o objetivo do negócio se inclina mais para um fluxo de receita do que para o autoaperfeiçoamento focado no jogador. Se a meta é melhorar e aumentar as renovações e impedir ou diminuir as desistências, constatamos que o objetivo do negócio é mais voltado para o jogador. Sabemos disso porque o aumento das renovações e a desaceleração das desistências trabalham em benefício dos frequentadores da academia. Se eles estão motivados a renovar e permanecer na academia, estão se divertindo e ficando mais saudáveis. O benefício adicional é, naturalmente, o fato de a academia manter seu fluxo de receita atual, mas esse não era o principal objetivo.

Por sorte, depois de toda a pesquisa que você fez, a *Academia Thunder* é de fato dirigida por gente de boa índole viciada em fitness. Sua investigação e a análise das práticas mostraram que as expectativas e os valores da liderança, dos acionistas, dos clientes e os seus próprios se alinham uns com os outros. Todos estão de fato desejando começar ou manter um estilo de vida mais saudável, tanto interna como externamente, e espera-se que possa ser melhorado com uma solução gamificada.

Mas e se você não tiver a sorte de conseguir alinhar tudo depois de feita sua pesquisa?

Se esse for o caso, você só tem duas opções: tentar convencer a parte errante sobre sua ideia ou simplesmente aceitar que a gamificação ainda não é o melhor caminho para a empresa. Se for a primeira opção, continue nesta seção, faça mais pesquisas e desenvolva um protótipo da solução de marketing de gamificação que o ajudará a discutir seu ponto de vista e tente convencer aqueles que estão céticos quanto à sua ideia.

Se o seu caso for o último, tente uma abordagem fragmentada em vez de criar um projeto de solução totalmente gamificada do zero; use o conhecimento que adquiriu com este livro para melhorar o engajamento em várias áreas menores dentro da empresa. E talvez em algum ponto do processo a empresa esteja pronta para o projeto de gamificação de marketing.

Estudo de caso: *Boundless Minds*[69]

A Boundless Minds é uma start-up de tecnologia que não está em Silicon Valley, mas sim em Venice Beach, na Califórnia. Seu objetivo é, por meio da tecnologia, mudar a forma como usamos a tecnologia. Em vez de dizer que estamos obcecados com ela e que isso deve acabar, a empresa busca uma forma de usar melhor a tecnologia do smartphone e do tablet para ajudar a melhorar nossas vidas, o que vai além da obsessão com a atualização não lida em nossa página no Facebook ou no Twitter.

Antes de assumir um cliente e/ou de oferecer um serviço a um possível cliente, a empresa aplica um sistema para determinar se os valores do cliente ou do consumidor se alinham aos dela. A essa altura a Boundless Minds já terá cumprido a parte autorreflexiva da pesquisa qualitativa para saber quais são esses valores.

O sistema de valores que ela emprega serve para determinar, então, como eles são percebidos externamente e se a percepção do possível cliente se alinha com a da empresa.

O sistema que a Boundless Minds utiliza faz essencialmente seis perguntas, uma das quais é: As ações que geram valor para a empresa são as mesmas que geram valor para o usuário? O tom dessa pergunta é semelhante ao de todas as outras. A empresa quer determinar principalmente se os valores do usuário são tão altruístas quanto os dela. Se forem, a parceria se efetivará e o eventual produto será, muito provavelmente, recebido com sucesso pelo público e ajudará a melhorar sua vida.

Se os valores não se alinharem, então a parceria simplesmente terminará ali ou não se efetivará. Ser capaz de determinar com rapidez e eficiência algo tão fundamental constitui uma habilidade e um método valiosos quando se quer desenvolver algo e um notável elemento específico quando se cria qualquer experiência gamificada. É importante que você aprenda com isso, tornando-se mais bem equipado para entender sua própria empresa, seus clientes e os valores que cada um pode ter.

RESUMO: CAPÍTULO 13

Antes mesmo de começar com sua solução de marketing de gamificação, você precisa descobrir vários aspectos da empresa:

- Que produtos/serviços você oferece?
- Que tipos de pessoas e de expertise estão disponíveis na empresa?
- O que você é capaz de entregar?
- Qual a aparência do seu mercado? Há muitos ou poucos concorrentes para você? O que eles oferecem?
- Como sua marca é percebida interna e externamente e como você pode usar isso em seu benefício?

PRÓXIMOS PASSOS:

- Crie um documento ou planilha e comece a listar o que você e seus colegas responderam às perguntas apresentadas.
- Sozinho ou com a equipe, percorra as diversas estruturas para descobrir que produtos você é capaz de oferecer, que forças/fraquezas você tem, que ameaças existem à sua ideia e qual é o poder dos clientes em relação às suas ofertas.
- Se necessário, crie um conceito em um protótipo de papel para que sua ideia convença a direção da empresa.

Capítulo 14
Quem são seus jogadores?

Os jogadores serão seus clientes e os usuários finais em seu sistema gamificado. Se você está planejando implementar a gamificação para o endomarketing, os jogadores serão, em vez disso, os funcionários do seu negócio.

Com a *Academia Thunder*, os jogadores são alunos entusiastas da atividade física, e, como tal, veremos como você pode identificá-los e criar personas que se encaixam neles. Essas personas o ajudarão a construir uma solução gamificada eficaz que se alinhe com o estilo de atuação do seu jogador e apele para suas alavancas motivacionais.

O PODER DOS ESTEREÓTIPOS

O que é uma persona? Para os nossos propósitos, são representações semifactuais dos seus clientes. Um estereótipo de que você pode lembrar rapidamente para invocar a imagem de um tipo de cliente.

As personas ajudam a construir estereótipos de grupos típicos de clientes que você pode usar para melhor direcionar campanhas de marketing e mensagens para esses grupos – neste caso, eles o ajudarão a entender melhor quais são suas alavancas motivacionais.

O termo "estereótipo" é, muitas vezes, associado a conotações negativas, pois está ligado a conceitos como estereotipagem racial ou preconceitos tendenciosos. Na verdade, trata-se simplesmente de um atalho mental que tomamos quando pensamos em determinado grupo de pessoas e na maneira como elas se comportam em determinadas situações e ambientes. Com base em sólida pesquisa e empatia, os estereótipos podem ser uma ferramenta positiva para aumentar a compreensão e a eficácia em relação a determinados grupos.

Para ilustrar o uso de estereótipos, pense em três estereótipos diferentes de pessoas que você pode encontrar em um bar. Que tal "a noite das meninas", "o bêbado da cidade" e "o primeiro encontro"? Você pode imaginar imediatamente cada um desses três grupos e apostar que o barman, que tem um estilo de atendimento para cada tipo de cliente, é capaz de identificá-los instantaneamente.

Agora vamos imaginar três estereótipos de frequentadores de academia de ginástica. Podemos dizer com segurança que o primeiro é o "sarado", o próximo é o das "metas de Ano-Novo" que duram apenas um mês e, por último, o "executivo" que quer tonificar a barriga.

Esses estereótipos, ou personas, são uma ferramenta inestimável quando usados como parte de uma estratégia de negócios, pois podem ajudar você e seus colegas a se alinhar rapidamente em diferentes grupos de clientes, deixando pouco espaço para mal-entendidos. Isso acelera as conversas internas entre equipes, aprimora qualquer comunicação externa e ajuda você a tomar melhores decisões focadas no cliente – por exemplo, como uma experiência mental, pergunte a si mesmo se "a noite das meninas" aprovaria se o dono do bar decidisse ter uma área só para homens no estabelecimento.

ARTESANATO DE PERSONAS DO CLIENTE

PASSO 1: EXTRAIA UMA BASE DE DADOS E APURE A ANÁLISE

Colete e compile os dados de seus clientes para que você tenha uma visão única de cada um deles. Esperamos que isso já exista na sua empresa, mas coordenar registros de clientes, informações de vendas, dados de mídia social e de e-mail pode ser um desafio até mesmo para organizações menores.

Nesta fase, tente puxar seus dados abrangentes e amarrá-los como puder – não fique preso tentando mergulhar profundamente na história da rede social de cada cliente, por exemplo; espere até solidificar suas personas.

Mantenha em mente que você nunca terá a combinação perfeita de todos os dados, então basta reunir o suficiente para ser possível começar com os passos seguintes. Caso contrário, você pode acabar gastando muito tempo em análise e hesitar demais para iniciar o projeto real. E nós não queremos isso.

Para obter os dados de seus clientes, comece a procurar nas seguintes áreas:

- **Banco de dados de clientes**: Ele deve conter detalhes de todos os clientes atuais e canais ativos, juntamente com qualquer informação relevante para o negócio. Isso varia de empresa para empresa – um consultor de recrutamento, por exemplo, terá informações muito diferentes daquelas de um varejista e tijolos e cimento. Esse é seu ponto de partida – conecte quaisquer dados adicionais que encontrar a esse sistema, pois ele o ajudará a ter uma visão única do cliente, mas garanta que está agindo segundo a legislação de onde sua empresa está sediada.
- **Dados de vendas**: Estão ligados ao banco de dados de clientes da empresa, mas, caso não estejam, você precisa ter os dados sobre como seus clientes estão gastando dinheiro e tempo. Não se esqueça de falar com seu pessoal de vendas também. Ele terá informações pessoais e anedotas que você pode usar para construir personas.
- **E-mail marketing**: Importante para entender como os clientes estão se envolvendo com você, especificamente que tipo de e-mails eles leem e aos quais reagem, mas também se são assinantes de suas newsletters ou apenas de e-mails transacionais como recibos e lembretes.
- **Redes sociais**: Embora esses dados sejam de difícil obtenção, é importante entender se um cliente o acompanha nas redes sociais para medir os níveis de envolvimento dele com sua marca. Ainda mais importante é o nível de atividade que ele mantém com seus posts e quais outros relatos costuma seguir e com os quais interage.
- **E-mail/calendários**: Se possível, tente extrair dados dos e-mails e aplicativos de calendário dos funcionários – isso pode ser importante para entender a frequência com que você se encontra ou

fala com clientes específicos. É improvável que isso seja possível para empresas B2C, mas será útil para B2B.

- **Web analytics**: Embora você provavelmente não consiga vincular a atividade do site a clientes específicos, é importante entender como os clientes interagem com seu site – páginas que visitam, quanto tempo permanecem nelas, onde estão, que dispositivos usam etc.

Se o seu negócio é novo, esta etapa pode ser um desafio, pois não haverá dados anteriores para trabalhar. Sugerimos que você retome aspectos do Passo 1, tais como redes sociais ou análise de tendências, e pesquise o que puder sobre dados de mercado e dados de vendas da concorrência. Inicialmente, você se guiará sobretudo pelo necessário instinto visceral, mas terá um ponto de partida aproximado que lhe permitirá retornar a esta etapa e refiná-la à medida que sua base de clientes se consolidar.

Lembre-se, não fique muito preso a dados. É bem fácil, com a tecnologia atual, se perder em dados nesta etapa. Priorize e procure grupos de pessoas que agem da mesma forma. Isso tornará o resto do processo muito mais simples.

Você também pode achar que ajuda ter alguns grupos iniciais mapeados na cabeça com base em seu próprio conhecimento dos clientes de sua empresa, mas tenha cuidado ao fazer isso, pois é fácil encontrar apenas o que você procura (e perder o resto).

PASSO 2: COMO SEUS CLIENTES AGEM?

Agora que você tem os dados coletados, o próximo desafio é procurar padrões nesses dados e selecionar as pessoas que você pode usar.

Para isso, você precisa identificar como os clientes estão interagindo com você.

É importante que você cumpra o passo "como" primeiro, antes do passo demográfico "quem", porque você verá que sua base de clientes pode ser dividida muito mais efetivamente e em grupos maiores e mais gerenciáveis pelo "como" em vez de pelo "quem".

O "como" será diferente para cada negócio e setor. Por exemplo, você pode medir o tempo e a frequência das vendas on-line, o número de solicitações ao helpdesk, quais produtos são comprados, em que ordem e onde; on-line ou off-line etc. Para a *Academia Thunder*, você pode medir a frequência com que o equipamento de musculação é utilizado em comparação com o aeróbico, ou a frequência com que a sauna é utilizada e por quanto tempo.

Para outros tipos de organizações, alguns "como" podem ser divididos por:

- Quais produtos/serviços são comprados? Em que quantidades?
- Com que frequência eles são comprados? Em que horários/em que dias?
- Quais combinações de produtos/serviços são utilizadas? Há algum que não seja utilizado?
- Existe um tipo de pedido por meio do qual os produtos/serviços são comprados e quando? Como são comprados? Presencialmente, pelo site, nas redes sociais, por afiliados?

Poderíamos listar todas as formas de dividir seus "como", mas você deve saber intuitivamente a forma correta de fazer isso para seu negócio. Uma verificação de bom senso é perguntar às suas equipes de vendas, de suporte e de gerência com que tipos de clientes elas lidam regularmente – você receberá uma lista de estereótipos que deve lhe dar algumas dicas e ideias. Lembre-se, porém, de consolidar esses estereótipos com dados; se não conseguir provar o estereótipo, não o use.

Para a *Academia Thunder*, depois de ter extraído todas as informações possíveis do banco de dados de membros da academia, você descobriu que existem na verdade três grupos principais de usuários: clientes que só usam a academia no fim de semana, clientes que usam a academia diariamente e clientes que só frequentam as aulas especializadas. Isso lhe dá sua primeira segmentação de trabalho, o "como".

PASSO 3: QUEM SÃO SEUS CLIENTES?

Até agora, você já deve ter alguns grupos de clientes divididos pela *forma como* usam seu negócio e como interagem com ele. O próximo passo é ir além e dividir esses grupos onde for "apropriado", com subgrupos baseados em quaisquer tendências óbvias ou distintas em sua demografia. Esses dados demográficos podem ser idade, sexo, localização, etnia, cultura, emprego, entre outros, dos clientes.

Mas lembre-se da palavra "apropriado". Existe alguma razão para você estar criando um subgrupo baseado na etnia ou na origem dos clientes? Você acha que esse é realmente o motivo pelo qual eles se comportam da maneira como se comportam? Faça essa pergunta para cada subgrupo – você não quer ter duzentas pessoas que não estão em sintonia com seus colegas ou que não façam sentido para o negócio como um todo.

Se você identificar subgrupos, deve repetir o Passo 2 para cada um deles com o objetivo de entender como esses subgrupos usam seu serviço – pode haver discrepâncias. Para a *Academia Thunder*, aprofundando o grupo de membros que treinam diariamente, você verá que existem dois subgrupos distintos: os maiores de sessenta anos (ambos os sexos); e os homens de vinte a quarenta anos. Nesta etapa, você decide revisitar o Passo 2 para ambos os subgrupos e descobre que os maiores de sessenta só frequentam a academia depois do meio-dia, enquanto os homens dos vinte aos quarenta só a usam antes das oito horas e depois das dezoito.

PASSO 4: DÊ UM NOME À SUA PERSONA

Agora que você tem vários grupos e subgrupos, dê a eles nomes apropriados. Escolha um nome imediatamente reconhecível e descritivo do tipo de cliente que ele representa – para a *Academia Thunder*, poderia ser "o guerreiro de fim de semana", "o geração da melhor idade" e "o Thunder bro".

Verifique neste ponto se seus colegas podem reconhecer os agrupamentos que você fez. Estão alinhados com os estereótipos que o pessoal da sua empresa comenta no almoço? Os nomes repercutem na equipe? Se as pessoas não são reconhecíveis, então faça algumas verificações e repetições e garanta que todos estejam alinhados com o conceito dos nomes utilizados. Tente evitar a decisão tomada em reuniões da diretoria; lembre-se de que este passo foi concebido para aumentar a velocidade e a eficiência.

Quando estiver satisfeito com os nomes, distribua seus clientes entre os grupos. Isso nem sempre será uma tarefa simples ou fácil, pois alguns deles se encaixarão perfeitamente em um grupo, enquanto outros podem se inserir em vários e alguns podem não se encaixar em nenhum.

Um bom exercício consiste em criar diagramas Venn dos vários subgrupos de clientes que você encontrou e observar onde ocorre a sobreposição entre os vários subgrupos. Isso lhe dará uma ideia se algum deles precisa se tornar um supergrupo devido às suas semelhanças ou se uma subdivisão adicional é mais útil. Você poderia naturalmente contar todos como personas, ou apenas a maioria de um, desde que seja consistente. É importante entender a proporção de tipos de persona entre a população geral de clientes ao planejar sua solução de gamificação.

O subgrupo não precisa ser perfeito; o mais importante é identificar os poucos clientes que são a combinação perfeita para cada grupo e que você possa avançar para o Passo 5.

PASSO 5: TORNE-SE PESSOAL, PERGUNTE POR QUÊ

Escolha de um a três clientes "perfeitos" para cada grupo e subgrupo e marque entrevistas com eles. Pessoalmente é melhor, mas pelo telefone ou pela webcam é suficiente. Recomendamos métodos mais diretos do que e-mails ou pesquisas, pois qualquer um desses tende a tornar as pessoas preguiçosas e elas fatalmente vão escolher as respostas mais fáceis e rápidas.

O objetivo de uma entrevista presencial é entender o "por que" de cada cliente – especificamente; por que age da maneira como age? Isso lhe dará insights definitivos sobre o que motiva o cliente e o ajudará a entender o que tem mais apelo para ele e como melhor se envolver com ele por meio do marketing.

Essas questões variam de acordo com o setor e a empresa, mas tente descobrir:

- Por que eles escolheram sua empresa? No começo e agora.

- Por que não usam os serviços dos concorrentes? Ou por que frequentam a *Academia Thunder* e a concorrente ao mesmo tempo?
- Como se sentem em relação ao seu negócio e ao setor como um todo?
- Quais são os objetivos deles ao utilizar sua empresa/produto?
- O que os impede de alcançar os objetivos que buscam?
- Por que eles usam seu negócio/produto do jeito que usam?

O mais importante para entender sobre cada grupo é seu "por que" – qual é seu objetivo, seu propósito? Lembre-se de que o propósito é uma das principais alavancas da gamificação, e a compreensão deste será um conceito central da sua torre de gamificação.

A pergunta de abertura deve lhe dar uma resposta apressada sobre os vários grupos. A resposta deve refletir suas expectativas para esse grupo, com base na pesquisa que você fez até o momento. O truque, então, está no acompanhamento. Você precisará perguntar "por que" novamente diante das respostas que recebeu. Você está, portanto, perguntando mais a fundo por que eles deram essa resposta, o que valorizam e por que certas escolhas são feitas. Esse é um fator fundamental para fazer da sua solução de marketing de gamificação um sucesso.

Se você obtiver respostas conflitantes para suas perguntas, continue perguntando a mais e mais clientes até que comece a reconhecer um padrão consistente. Não imponha um padrão de resposta se a resposta não aparecer imediatamente. Se por algum motivo você realmente não conseguir encontrar nenhuma consistência, então seus grupos podem estar incorretos – volte ao Passo 2 e tente novamente.

Para a *Academia Thunder*, se nós nos concentrarmos nos "guerreiros do fim de semana", após várias entrevistas você descobre que são em sua maioria profissionais ocupados que trabalham duro e se divertem durante a semana e reservam o fim de semana para descansar – eles usam a academia para equilibrar seu estilo de vida. Esse é seu "por que": eles usam a *Academia Thunder* para se manter em forma e compensar a agitação da semana.

REFINANDO AINDA MAIS AS PESSOAS

Uma vez que esteja satisfeito com seus grupos e tenha tido uma rodada de entrevistas bem-sucedida para entender o "por que" de cada grupo, você pode agora querer ir mais longe nos perfis sociais de alguns de seus clientes em cada grupo. Procure dez a vinte clientes diferentes e tente descobrir quaisquer pistas de como usam a tecnologia e as redes sociais, se têm algum interesse em comum e se você perdeu algum outro fator associativo significativo. Isso deve acrescentar outro nível de compreensão e complexidade às suas personas.

A profundidade e a riqueza sobre cada pessoa são importantes, mas você precisa ter certeza de não exagerar. É difícil recomendar o número de pessoas de que você precisará, pois ele varia de negócio para negócio e de setor para setor. Você precisará aplicar seu próprio julgamento aqui, com base na pesquisa que fez, e parar de criar grupos quando acrescentar não agregar mais valor, ou quando superar os recursos de marketing da companhia.

A chave para o número certo de grupos e personas é o equilíbrio – você deve parar quando começar a repetir temas-chave "por que" e "como" e quando sua pesquisa não estiver mais descobrindo nada útil ou novo.

Por exemplo, você pode ter descoberto com a *Academia Thunder* que existiam dois grupos que se enquadravam no grupo da persona "geração da melhor idade". O raciocínio para a divisão inicial foi que um estava usando a área da piscina para hidropilates, enquanto o outro estava usando as áreas do andar aberto para a dança aeróbica. O raciocínio preliminar era que cada um teria desejos e necessidades diferentes em razão desses lugares diferentes. No entanto, depois de mais algumas pesquisas e de fazer as perguntas certas, você descobriu que as necessidades, valores e escolhas de ambos se resumiam à mesma coisa: permanecer em forma e preservar a mobilidade durante seus últimos anos. Portanto, você pode oferecer a eles produtos/serviços mais orientados pela expansão de escolhas que se encaixam nessas necessidades de saúde, em vez de criar escolhas supérfluas para o que era originalmente visto como necessidades com base na localização.

O último elemento a considerar quando criar personas é se você quer criar *personas negativas*.

Personas negativas são aquelas que categorizam um tipo específico de cliente com o qual você não quer fazer negócios ou atingir. Esses maus clientes (por exemplo, aqueles que pagam com atraso, que reclamam desnecessariamente, que são rudes com os funcionários ou com outros clientes) encontraram você de alguma forma no passado e podem compartilhar características que você pode agrupar.

Ao criar essas personas e compreendê-las melhor, você pode adotar medidas para evitar focá-las no futuro ou usar os conhecimentos adquiridos para se comunicar melhor com elas e, com alguma esperança, torná-las clientes melhores. Além disso, se você estiver tendo dificuldades com os passos anteriores, poderá usar esse ângulo como um exercício de engenharia reversa para descobrir qual cliente deseja atingir. Isso pode ser útil se o seu negócio for recente e não tiver uma base atual de clientes.

Os supermercados fazem um trabalho enorme na criação e aperfeiçoamento de personas de clientes. Eles coletam dados pelo uso de esquemas de fidelidade e registros de compras on-line e têm enormes bancos de dados com informações de compras dos clientes. Eles usam esses dados exatamente como nós já descrevemos, encontrando padrões e criando personas em torno do "por que" do comportamento desses consumidores – então, usam esses dados para descobrir o que certas lojas devem estocar, quando esperar os compradores de modo que os funcionários trabalhem corretamente e onde os gestores devem abrir mais lojas.

APLICANDO O ESPECTRO DO JOGADOR

Supondo que tudo tenha corrido bem nas etapas anteriores, agora você deve ter uma lista de personas de marketing que pode utilizar ao longo de seus próprios planos de marketing, campanhas e comunicações – esse conhecimento e as ferramentas utilizadas o ajudarão a entender melhor e a conversar com os clientes.

Agora vamos adicionar um aspecto de gamificação.

Primeiro, devemos entender o quanto nossos clientes estão familiarizados com jogos. Eles jogam no computador ou praticam as versões mais tradicionais e esportivas? Eles se consideram jogadores? Já foram expostos à gamificação antes, no setor de atuação da sua empresa ou em outros?

Isso pode ser de difícil verificação – recomendamos fazer essas perguntas durante suas entrevistas no Passo 5 ao construir as personas, mas você pode obter falso-positivos e falso-negativos se a amostra estiver tendenciosa. Por exemplo, é muito fácil descartar um grupo como não jogadores porque seu questionamento foi baseado no PlayStation/Xbox, que os integrantes do grupo não jogam, mas na realidade todo o grupo é fã de games de celular e não os vê como jogo no sentido tradicional.

Outras perguntas sobre redes sociais podem ajudar, pois você deve entender melhor se suas personas estão interessadas em esportes, se usam marcas como PlayStation/Xbox/Nintendo ou se são ativas em aplicativos de jogos sociais como *Candy Crush*.

Não é o fim do mundo se você se enganar nesta etapa, mas isso o ajudará a entender o quanto de orientação seus clientes precisarão quando você os expuser pela primeira vez à sua experiência de jogo.

Segundo, tenha em mente que as pessoas não estão divididas entre "gamers" e "não gamers"; a maioria se situa entre os dois blocos, e você deve tentar entender onde, nesse espectro, os indivíduos se encaixam em relação a um e ao outro. Por exemplo, com a *Academia Thunder*, nem os "guerreiros de fim de semana" ou os "geração da melhor idade" são gamers, mas os primeiros são muito mais experientes em tecnologia e interessados tanto no esporte como na cultura do jogo – o que significa que precisarão de menos apoio e explicação quando você lançar sua primeira solução gamificada.

No entanto, para o propósito de criar alguma supervisão e um espectro base para trabalhar, examinaremos certas generalizações e estereótipos reconhecíveis que temos encontrado entre jogadores e não jogadores:

TENDÊNCIAS E COMPORTAMENTOS DOS GAMERS

- Eles são mais críticos da gamificação em virtude do seu conhecimento prévio de jogos e de sistemas semelhantes a jogos – isso pode torná-los mais propensos a abandonar as soluções de gamificação se detectarem quaisquer áreas problemáticas.
- Eles não precisam de tanta orientação com sistemas gamificados quanto deveriam instintivamente reconhecer e se envolver com a mecânica do jogo.
- Eles tendem a ser mais vocais quando ocorrem mudanças ou problemas com um sistema gamificado; expressarão publicamente seu descontentamento e rapidamente descartarão soluções de gamificação.
- Eles provavelmente permanecerão mais leais se puderem ver que um produto e um sistema gamificado que usam oferecem valor para eles ou para sua comunidade.

TENDÊNCIAS E COMPORTAMENTOS DE NÃO GAMERS

- Não gamers tendem a ser mais felizes com experiências casuais de jogo e podem encontrar mais prazer no seu sistema de jogo do que os gamers.
- Eles podem ser menos vocais tanto nos elogios quanto nas reclamações, pois seu interesse é meramente casual, mas provavelmente serão mais influenciados por opiniões de uma minoria mais barulhenta ou da maioria.
- Os não jogadores provavelmente exigirão ganchos regulares de valor para manter sua lealdade em longo prazo; no entanto, uma vez alcançada essa lealdade, é improvável que eles saiam, já que se sentirão numa zona de conforto reconhecível, o que também é conhecido como o "efeito de conforto".

QUE TIPO DE JOGADORES SÃO SEUS CLIENTES?

Finalmente, e importante para a implementação de gamificação, precisamos entender quais fatores motivacionais são potenciais impulsionadores da sua persona como cliente. Cada uma das personas deve ter pelo menos um motivador principal que você acha que as impulsiona a agir de certa maneira para alcançar seus objetivos.

Esses motivadores não só influenciam como agem na vida real, mas também influenciarão como agem no seu jogo e o que os motivará a continuar jogando.

A seguir, listamos vários tipos de jogadores de modelos criados e ampliados por Richard Bartle e Andrzej Marczewski.[70] Esses tipos de jogadores são descritores do comportamento dos jogadores ligados às alavancas motivacionais que delineamos na Seção 2. Leia cada um deles e tente atribuir pelo menos um à sua persona.

- **Conquistadores:** Ligados à alavanca motivacional do domínio. Os conquistadores estão procurando aprender coisas novas e melhorar a si mesmos, mas o mais importante é que querem saber se estão melhorando por mecanismos de feedback implícito e explícito. São competitivos por natureza, mas estão mais focados em vencer a si mesmos e ao jogo do que em vencer os outros. Mecanismos eficazes são chefões, missões, desafios e conquistas; entretanto, certifique-se de que esses mecanismos sejam difíceis o bastante para alcançá-los, caso contrário eles vão parecer sem sentido para um conquistador.
- **Espíritos livres:** Ligados à alavanca motivacional da autonomia. Os espíritos livres querem criar e explorar o ambiente dos jogos. Isso pode ser feito por meio da descoberta de novos segredos ou mesmo criando novos conteúdos para outros jogadores; tudo depende do tipo de jogo que estão praticando. Esse tipo de jogador é criativo e curioso por natureza e não gosta de restrições desnecessárias. O mecanismo de jogo eficaz para eles inclui permitir ao indivíduo a capacidade de personalizar suas experiências e tomar decisões sobre como interagir com o jogo.
- **Socializadores:** Ligados à alavanca motivacional do pertencimento. Os socializadores querem interagir com os outros e criar conexões sociais quando jogam. Estão mais interessados na natureza conectada de um jogo ou da comunidade ao redor do que em jogar propriamente. Geralmente são os fãs mais barulhentos e críticos de um jogo ou de uma empresa e podem ser vitais no recrutamento

de outros jogadores por meios como as redes sociais, onde são frequentemente predominantes. O mecanismo eficaz do jogo inclui a comunicação, os canais entre os participantes dentro do jogo, permitindo que formem seus próprios grupos, votem ou classifiquem o conteúdo.

- **Filantropos:** Ligados à alavanca motivacional do propósito. Os filantropos são altruístas, desejando doar a outras pessoas e enriquecer suas vidas de alguma forma, sem expectativa de recompensa. Nos jogos eles frequentemente atuam como mentores de participantes mais novos e podem ser vitais para tentar construir comunidades dentro do jogo. Os filantropos exigem um mecanismo de jogo baseado no pertencimento para funcionar bem (características de chat, equipes etc.), mas o mais importante é que precisam de uma narrativa – os filantropos precisam se sentir envolvidos com um jogo, seus personagens e o propósito deles antes de estarem dispostos a se comprometer com os outros. Certifique-se de que o raciocínio do seu jogo ressoe com o raciocínio desse grupo para ganhar tração com eles.
- **Jogadores:** Ligados à alavanca motivacional da estima. Os jogadores farão o que for necessário para coletar recompensas de um sistema. Assim como os conquistadores, eles são naturalmente competitivos, mas tendem a estar mais focados em se comparar com os outros. Os jogadores podem ser motivados usando mecanismos de jogo como pontos e rankings de classificação para encorajá-los a maximizar sua pontuação contra os outros. Trabalham bem uns contra os outros e podem formar um ciclo virtuoso na busca de superação, o que é ótimo para seu negócio se as ações deles forem benéficas para você.
- **Disruptivos:** Este é um grupo interessante, pois incorpora a alavanca motivacional da segurança. Os disruptivos buscam mudanças em um jogo (tanto positivas quanto negativas) e tentarão, direta ou indiretamente, mudar seu sistema gamificado, se puderem, para melhor atender às suas próprias necessidades e desejos. É difícil identificá-los, mas muito provavelmente constituirão a maioria dos antipersonas que você identificou. A melhor maneira de se envolver com os disruptivos é diretamente – dê-lhes uma saída direta para a empresa e procure fazê-los se sentir como um

agente de mudança. Cuidado, no entanto: se considerarem que você está sendo inautêntico em suas relações com eles, os disruptivos podem se tornar os críticos mais barulhentos.

Você deve estar ciente de que os clientes frequentemente exibirão múltiplas características desses tipos e resistirão a ser categorizados em tipos ou em personas singulares. Como comentou Jon Radoff, os jogadores evoluirão à medida que passarem pela sua experiência de jogo, as necessidades deles mudarão à medida que crescer a experiência que tiverem.[71] É importante que você crie uma experiência que agrade a cada tipo de jogador, mas você deve priorizar aquelas alavancas motivacionais que mais ressoam para seus clientes.

Lembre-se de que esse é apenas um quadro teórico, talvez útil, e você não deve desanimar se ele não se encaixar completamente na sua situação. Em vez disso, use o bom senso para identificar as prováveis alavancas motivacionais para cada grupo de clientes e avance a partir daí.

Para a *Academia Thunder*, você identificou que a maioria dos seus clientes está firmemente no tipo "conquistador", o que não é surpreendente, dada a natureza do negócio. Você também descobriu que uma proporção significativa de alguns dos grupos de clientes também está no tipo "socializador". Por isso, deve considerar vigorosamente voltar sua solução de gamificação para as alavancas motivacionais do domínio e do pertencimento e seu mecanismo de jogo associado, como chefões e missões. Isso poderia lhe dar vantagem sobre os concorrentes, que estão enfocando inteiramente a estima dos clientes.

RESUMO: CAPÍTULO 14

É importante entender quem são seus clientes se você quer construir uma solução eficaz de gamificação de marketing. Se você entender errado, os clientes não se engajarão e o projeto falhará. Estabelecemos alguns passos realizáveis para construir personas de clientes e como usá-las para entender em que mecânica de jogo você deve se concentrar.

PRÓXIMOS PASSOS:

- Garimpe sua base de dados para conseguir informações sobre os clientes.
- Usando esses dados, agrupe os clientes pelo modo como agem, depois por quem são.
- Dê um nome à sua persona e verifique com a equipe se ela faz sentido.
- Entreviste os clientes pensando na persona, descubra por que eles agem da forma que agem com você.
- Identifique onde cada persona se situa no espectro do jogador e quais são seus principais motivadores.
- Cruze suas hipóteses/deduções com os tipos de jogadores de Bartle/Marczewski.

Capítulo 15
Quais são os problemas que você está tentando resolver?

Pode ser que você já tenha em mente um problema específico que planeja resolver com a gamificação, então recomendamos que não pule este capítulo. Escolher o problema certo ou errado para resolver faz a diferença entre implementar com sucesso ou não uma solução de gamificação de marketing.

Neste capítulo, vamos mostrar a você como mapear seus problemas relevantes de negócios e de marketing e esclarecer o que sua implementação de gamificação deve priorizar. Depois veremos como você pode estabelecer metas e métricas e como construir um caso de negócio que envolva tudo isso junto.

IDENTIFIQUE SEUS STAKEHOLDERS

Liste os stakeholders relevantes do negócio que você provavelmente vai impactar. O trabalho necessário para isso provavelmente já terá sido feito se você tiver passado pelos requisitos dos capítulos anteriores.

No mínimo, você deve ter o seguinte:

- **O negócio em si:** Geralmente o proprietário ou os gestores.
- **A equipe de marketing:** Pode ser só você, mas deve incluir o profissional mais experiente e relevante.
- **Os jogadores-alvo:** Podem ser clientes ou funcionários, se sua solução de gamificação puder impactar ambos os grupos. No entanto,

nós nos referiremos a esse grupo apenas como o dos jogadores (stakeholder); o grupo de personas que você identificou no capítulo anterior.

Esses são os três principais grupos de interesse que abordaremos, pois são os mais relevantes na identificação de objetivos e de seus problemas/bloqueadores associados. Mas não pense que você precisa parar por aí. Pense em seu próprio negócio e em quem mais deve ser incluído aqui; os candidatos prováveis podem ser: equipes de atendimento ao cliente, órgãos reguladores, equipes de vendas, TI interna, equipe de operações, parceiros externos e agências de marketing/design e assim por diante.

A partir daí, faça uma lista detalhada de quem são os stakeholders para seu negócio e marketing; esses grupos devem estar informados sobre o progresso do trabalho e envolvidos no processo de planejamento, quando apropriado.

Para a *Academia Thunder*, os stakeholders do negócio incluem o proprietário e o gerente geral da empresa. Por ser o único profissional de marketing da empresa, você é "stakeholder" do marketing. Os da academia são os grupos que representam principalmente as pessoas em quem você decidiu se concentrar: aquelas que trabalham nos finais de semana, os jovens profissionais em ascensão (homens/mulheres de 25 a 40 anos) e a população mais velha que deseja manter-se em forma, ativa e saudável em seus últimos anos de vida.

QUAIS SÃO OS OBJETIVOS DO NEGÓCIO?

Comece pelo nível superior do seu negócio e identifique os objetivos gerais. É por isso que recomendamos escolher o proprietário da empresa ou os gestores como o principal stakeholder deste grupo, pois seus objetivos devem estar alinhados e impulsionar os objetivos do negócio.

Você deve ser capaz de encontrar esses objetivos nos registros de estratégia geral da empresa, mas sugerimos uma reunião com os stakeholders do negócio para repassar essas metas e, mais importante, para priorizá-las. Obter a adesão do alto escalão é crucial neste estágio inicial, portanto reserve um tempo para se envolver com eles agora e realmente entender o que valorizam – isso facilitará seu caminho a partir de agora.

A expectativa é que os objetivos do negócio estejam intimamente ligados às métricas e metas financeiras. A maioria dos objetivos comerciais do negócio geralmente está vinculada de alguma forma às receitas, aos custos e, em última instância, aos lucros.

Reúna-se também com quaisquer outros grupos de interesse que você identificou nesta fase (além dos stakeholders do negócio, do marketing e dos grupos de clientes), e identifique seus objetivos. Por enquanto, liste os objetivos de forma aleatória e não tente conectá-los ou ligá-los ainda. Você provavelmente receberá muitas informações duplicadas dos outros grupos de stakeholders; não se preocupe, isso só significa que seu negócio está alinhado.

Lembre-se, nem todos esses objetivos estarão sob seu controle ou mesmo em sua área de influência. Entretanto, é importante entender o que cada parte interessada valoriza, pois ela julgará a solução com base nisso.

Finalmente, tente certificar-se de que qualquer meta que você estabelecer também contará com uma métrica e um alvo. Por exemplo, um empresário pode afirmar que sua meta é estancar a redução de assinantes do seu serviço para, em última análise, manter a receita. Uma meta melhor seria manter 90% de novas assinaturas de clientes atuais a cada ano comercial, com um aumento de 5% nas taxas de assinatura em todo o negócio. Para saber mais sobre métricas e as práticas específicas para quando elas são utilizadas, consulte o Capítulo 18.

Você se reuniu com o dono e o gerente geral da *Academia Thunder* e soube por eles e pelo plano de negócios que têm os seguintes objetivos nos quais desejam que você se concentre:

- Aumentar a receita ano a ano em 8%.
- Aumentar em 15% as matrículas de novos membros da *Academia Thunder.*
- Aumentar a taxa média de renovação anual para 80%.
- Aumentar a capacidade média da academia para vinte clientes por aula.

Além disso, você programou reuniões quinzenais com eles para discutir o projeto de gamificação, e uma reunião maior para apresentar e discutir o plano de gamificação depois de concluído e obter a aprovação da liderança. Propomos que você faça isso o mais rápido possível, pois manterá todas as partes informadas sobre qualquer progresso que aconteça ou qualquer processo parado. Assegurar uma comunicação constante e atualizações aliviará a ansiedade e manterá o apoio dos diversos grupos de stakeholders.

QUAIS SÃO SEUS OBJETIVOS DE MARKETING?

A seguir, a estratégia de marketing. Se você não tem uma, entre em contato conosco e poderemos ajudá-lo a montar a sua. A estratégia de marketing deve se alimentar dos principais objetivos do negócio, mas estar mais focada em métricas e atividades nas quais o marketing pode ter impacto.

Se você está trabalhando como parte de uma equipe de marketing mais ampla, deve identificar outras pessoas nesta fase que provavelmente estarão envolvidas no projeto e também procurar um patrocinador de marketing sênior que possa orientá-lo e atuar junto à liderança sênior em seu nome, se necessário.

Assim como os stakeholders do negócio, você precisa envolver essas pessoas logo no início e estabelecer uma comunicação regular com elas a fim de garantir sua adesão à solução que você propõe. Assim que tiver analisado os planos de marketing do seu negócio, reúna-se com os stakeholders que você identificou neste setor, fale da sua estratégia, entenda quais são os objetivos deles e, novamente, de que forma os priorizam.

Com uma lista de todos os seus objetivos de marketing, comece a pensar em como se conectam com os objetivos de negócios mais amplos que você identificou anteriormente. Eles se alimentam uns aos outros? Como? Por quê? Você pode, se quiser, listar as atividades de marketing que alimentam esses objetivos, pois isso o ajudará a entender de que maneira você está se envolvendo atualmente com os clientes e o impacto que suas ações têm sobre o negócio.

Desenhe isso fisicamente para visualizar quantos objetivos no seu negócio se inter-relacionam – e, depois, avalie se as prioridades de sua equipe de marketing realmente combinam com as da empresa. Por incrível que pareça, acontece muito de não combinarem...

Para a *Academia Thunder*, você é o único profissional de marketing, então precisa confiar em seu próprio plano de marketing. Suas principais atividades se concentram em envolver os clientes por meio das redes sociais (medidas pelos fãs, gostos e comentários) e das newsletters semanais (medidas pelas taxas de abertura e cliques); da otimização do site da academia (medida pelos visitantes e taxas de conversão); e da publicidade nos mecanismos de busca e de redes sociais (medida pelas taxas de cliques e de retorno sobre o investimento).

Você pode ver que todas as suas atividades e seus objetivos se ligam de alguma forma aos objetivos comerciais de aumentar a receita e à ideia de melhorar a taxa de matrícula e as renovações de membros. No entanto, nenhuma dessas atividades está ligada ao aumento das turmas da academia, portanto isso exigirá, em seguida, sua atenção se você quiser aumentar a receita geral.

CONECTANDO-SE AOS OBJETIVOS DE SEUS CLIENTES

Nossos stakeholders mais importantes estão no grupo de clientes. No capítulo anterior você deve ter tido muito trabalho identificando seus diferentes grupos de clientes, criando personas e detectando as principais alavancas motivacionais delas. Se ainda não o fez, então volte e faça isso agora.

Para continuar, você deve ter um "por que" para cada um de seus diferentes grupos de clientes – esse é(são) o(s) objetivo(s) desse grupo de clientes.

Agora que você tem todos os seus grupos de stakeholders e confirmou os objetivos deles, o próximo passo é olhar para cada um deles e descobrir como se relacionam. Essas metas devem fluir do cliente para o profissional de marketing e para o dono do negócio. Tente amarrá-los como você puder – note que múltiplos objetivos podem se conectar várias vezes.

Na *Academia Thunder*, o principal objetivo dos clientes é perder peso e manter-se saudável, com alguns grupos tendo o objetivo adicional de aprender uma nova habilidade e fazer novos amigos. Se enfatizarmos o objetivo mais amplo de "perda de peso", no entanto, a que objetivos de marketing e negócios podemos conectá-lo? Não é fácil, mas você deve ser capaz de conectá-lo aos objetivos comerciais de aumentar a receita e as taxas de renovação.

Mas existe alguma meta de marketing a que esse objetivo de "perda de peso" do cliente se conecta? Como nesse exemplo, você deve tentar identificar em que aspecto algumas dessas metas não estão sendo atingidas, ou em que aspecto você gostaria que elas tivessem um desempenho ainda melhor. As metas ausentes ou de baixo desempenho são o ponto em que você deve concentrar seus esforços ao aplicar uma solução gamificada. Quanto mais foco houver em problemas e objetivos na perspectiva do cliente, melhor.

No caso da *Academia Thunder*, a criação de uma solução de gamificação de marketing que ajude os alunos a perder peso terá impacto direto nos objetivos de negócios da academia.

Para seu próprio trabalho, você deve escolher um ou dois objetivos principais, que serão os alvos do jogo. Estes devem estar focados em ajudar os clientes a atingir os próprios objetivos, mas também devem estar diretamente ligados aos seus planos de marketing e/ou de negócios, se você quiser incorporá-los no seu caso de gamificação.

Vale ressaltar que a gamificação é melhor para incrementar as metas de longo prazo ligadas à lealdade e ao engajamento, e, embora possam exercer um impacto positivo em metas de curto prazo como receita, esteja ciente de que a maioria das soluções de gamificação falha quando o foco é apenas a solução de problemas de curto prazo.

A chave para qualquer solução de gamificação são o EQUILÍBRIO e a AUTENTICIDADE – você precisa encontrar um ponto ideal entre os objetivos do cliente e os do negócio/marketing e precisa ser autêntico ao lidar com clientes se quiser merecer a confiança deles.

RESUMO: CAPÍTULO 15

Ao tentar resolver os problemas do seu negócio, o primeiro passo a ser dado é identificar os vários grupos de stakeholders dentro dele. A seguir, determine os objetivos de cada um desses grupos. Tente vinculá-los a metas e métricas dentro do seu negócio, permitindo que você tenha uma condição de ganho/perda visível para esses grupos.

Assim que descobrir os objetivos do negócio, crie e/ou alinhe os objetivos da sua estratégia de marketing com eles. Considere a maneira como se conectam e como se alimentam uns aos outros. Desenhe um mapa para facilitar a visualização dessas conexões.

Finalmente, conecte todos esses vários objetivos com os do cliente. Você está criando uma interseção equilibrada em que os objetivos do negócio e os do cliente se alinham. Essa intersecção é, então, o ponto que determina exatamente qual problema você está tentando resolver.

PRÓXIMOS PASSOS:

- Faça uma planilha com todos os vários grupos de interesse identificados interna e externamente.
- Vincule questões, problemas, objetivos e metas a cada um dos grupos da planilha. Faça uma referência cruzada deles para ver se algum é similar. Esses serão os pontos de partida de suas conexões e alinhamentos.
- Uma vez feitas as conexões e traçado um mapa, anote os problemas/objetivos para que toda a equipe veja. Volte a eles regularmente a fim de determinar se sua jogada de marketing ainda está no caminho certo e na direção certa.

Capítulo 16

Construindo sua torre ideal

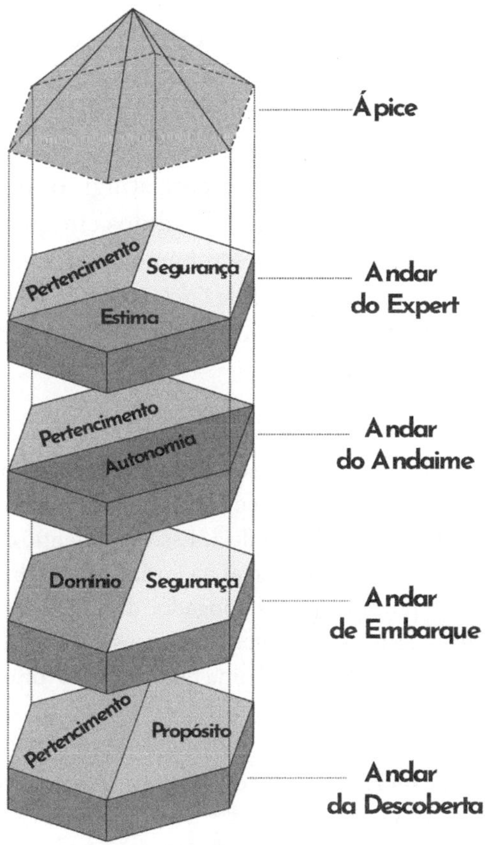

Figura 6.

Até aqui, você já terá descoberto e analisado o que deseja oferecer, o que pode oferecer, quais problemas está tentando resolver e de que tipo de pessoa são seus jogadores. O passo seguinte é avançar e construir os vários andares que, no fim de tudo, vão se tornar sua solução de gamificação de marketing para que você possa fazer um protótipo e testar o jogo.

A analogia visual e conceitual que escolhemos para essa estrutura de gamificação é uma torre. Se você deseja imaginá-la em termos de um jogo, pense na fortaleza do Drácula em *Castlevania*, ou em outra mais tradicional, qualquer uma das que aparecem nos contos de fadas dos irmãos Grimm, ou nas torres de Sauron em *O Senhor dos Anéis*, de J. R. R. Tolkien. A torre, em todos eles, é dividida em diferentes níveis ou andares que o(s) herói(s) deve(m) escalar a cada fase, superando dificuldades crescentes para finalmente vencer o derradeiro desafio no ápice e salvar o mundo no processo. Os clientes, ou jogadores, também escalarão sua "torre" gamificada para atingir os objetivos deles.

Os vários andares da torre estão divididos em quatro níveis. As convenções de nomenclatura que escolhemos para eles são retiradas dos modelos mais comuns, como as de *Ciclo/jornada de experiência do cliente* e de *A Jornada do Herói*, de Joseph Campbell[72], para citar dois.

Os quatro andares da torre são:

1) **O Andar da Descoberta**

   Aqui é onde inicialmente seus jogadores tomarão conhecimento ou entrarão em contato com sua solução gamificada. Eles ainda não estão participando dela. Essencialmente, este é o aspecto principal do marketing inicial na jornada. É também uma das fases mais importantes, pois o jogador decidirá aqui se vai ou não se envolver com a experiência. É como se costuma dizer: você só tem uma chance de causar uma boa primeira impressão.

2) **O Andar de Embarque**

   Este nível é onde os jogadores se engajam com sua solução gamificada. Aqui você deve manter a atenção deles e retê-los na experiência. Do ponto de vista do jogo, você pode ver isso como o nível tutorial, em que você introduz todos os aspectos do jogo pela primeira vez, tais como o conhecimento/habilidades inerentes à experiência e o mecanismo que você empregou.

3) **O Andar do Andaime**

   Este andar se estende sobre o anterior, onde você cimenta o interesse e o engajamento do jogador e racionaliza as escolhas que ele fez para atingir este nível. Em termos de jogo, este é o estágio de busca, onde seus jogadores utilizam as informações obtidas nos tutoriais e as aplicam a desafios e tarefas cada vez mais difíceis.

4) **O Andar do Expert**

   Esta é a "fase final" da experiência gamificada. Outros nomes para este nível que você pode ter encontrado são "O Estágio de Domínio" ou "O Fim do Jogo". Entretanto, nós, você e seus jogadores não desejamos necessariamente que sua gamificação termine. Portanto, vamos chamar de "Andar do Expert", referindo-nos a um jogador que adquiriu experiência suficiente para prosseguir com competência e confiança.

Queremos que o último andar da torre seja como o elevador de vidro do Willy Wonka, uma continuação quase interminável da jornada do jogador.

Conforme avançamos pelos andares da torre, recomendaremos um mínimo de duas alavancas motivacionais e mecanismos da Seção 2 que melhor se encaixem nesses andares específicos. Essas alavancas e mecanismos não são exclusivos desses andares e podem ser utilizados em qualquer um deles. À medida que você se torna mais "versado" e experiente na criação de torres de jogo, pode se sentir confiante para misturá-los e combiná-los como julgar melhor.

Para oferecer um ponto de vista contextual eficaz enquanto exploramos os vários andares da jornada do seu jogador, contaremos com a personagem "Jennifer" na *Academia Thunder*, usando a perspectiva dela para descobrir e analisar o que cada andar oferece, como funciona e o que você pode fazer com cada um deles. E, assim como a analogia da torre de fantasia, Jennifer também terá um objetivo no ápice do andar superior que deseja alcançar: manter-se em forma e saudável enquanto aprende uma nova habilidade – por exemplo, uma arte marcial, como o kung fu.

Como referência para a solução gamificada que desenharemos aqui, a persona de Jennifer cai em algum lugar entre o "Thunder bro" e o "guerreiro de fim de semana" que descobrimos no Capítulo 14. Aluna da *Academia Thunder*, ela é uma jovem profissional que deseja permanecer em forma e saudável, fazendo treinos curtos e diários após o trabalho, mas possivelmente aulas de condicionamento físico mais longas durante o fim de semana. Então, como conseguir sua atenção e persuadi-la a considerar a solução gamificada de fitness da *Academia Thunder*?

O ANDAR DA DESCOBERTA

O andar da descoberta é onde e como os jogadores entrarão em contato com sua solução gamificada e a conhecerão. Isso é verdade para alunos atuais e recém-chegados, tanto para seu negócio como para a experiência de gamificação.

Imagine o seguinte: a porta da frente e o andar térreo da sua torre são os pontos a partir dos quais os jogadores descobrirão e aprenderão sobre o que você está oferecendo. Usando o conhecimento que reuniu nos capítulos anteriores, você vai criar uma mensagem forte e direcionada que causará impacto e atrairá as personas de jogador que você deseja engajar com sua experiência, ao mesmo tempo desencorajando aqueles que oferecem pouco benefício a você e aos seus novos jogadores engajados.

Essas impressões iniciais serão a base para o que os jogadores esperam encontrar no andar de embarque, que é o posterior. Essas expectativas devem entusiasmá-los e também devem ser satisfeitas, portanto não prometa nada que não possa cumprir. Esteja seguro de saber o que deseja oferecer, o que pode oferecer e, o mais importante, o que seus jogadores querem e esperam. Se ainda estiver inseguro sobre as respostas a esses pontos, revisite os Capítulos 13, 14 e 15.

Então, como os jogadores vão descobrir sua experiência e se conectar com ela?

INCORPORAR A "DESCOBERTA" COMO PARTE PRINCIPAL DO SEU MARKETING

Antes de começar a anunciar ao mundo sua nova solução gamificada, é preciso incorporá-la às plataformas e ao marketing já existentes. Deve acontecer um encaixe natural em sua marca atual, e tanto os alunos novos como os já existentes devem se deparar organicamente com ela à medida que interagem com a empresa.

A seguir, citamos apenas três ideias para incorporar sua solução à marca:

- Mostruário de venda: Se você tem um espaço físico como uma vitrine, considere como é possível promover a gamificação lá. Você terá folhetos junto ao caixa, banners nas vitrines e adesivos nos produtos? O mesmo vale para o seu site: você terá páginas dedicadas explicando a nova solução? Haverá um banner na página inicial ou vários blogs anunciando?
- Treinamento de pessoal: Este item tem conexão com o anterior. Se você tem funcionários que interagem com os alunos, precisará garantir que sejam treinados e conheçam sua nova solução de gamificação. Será que eles serão informados sobre quando e como falar sobre isso? Saberão quando um cliente tem um problema?
- Afiliados: Outras organizações vendem e promovem seus produtos e serviços? Se a resposta for sim, considere como elas também podem promover sua gamificação. Isso pode ser tão simples quanto incluir banners nos sites, tão integrado quanto treinar os funcionários e oferecer incentivos adicionais para que se inscrevam.

TENHA COMO ALVO OS CLIENTES ATUAIS E OS POTENCIAIS

Em seguida, você deve começar a aproveitar sua base de dados dos clientes e canais existentes, enviando um e-mail ou mala-direta para os alunos atuais com um convite direcionado. Estes são clientes e prospectados já comprometidos com sua marca de alguma forma, portanto são os mais propensos a aderir.

Certifique-se de segmentar a mensagem para que ela se adapte às necessidades deles. Não faria sentido convidar um "guerreiro de fim de semana" para fazer aulas na *Academia Thunder* durante a semana.

É importante não fazer isso primeiro, pois, se você não tiver incorporado o andar da descoberta em suas outras plataformas de marketing como descrevemos, é provável que confunda os clientes que recebem suas mensagens. Um bom exemplo disso seria um cliente receber um e-mail convidando-o a participar dessa nova iniciativa, apenas para ir ao site e não encontrar nenhuma menção a ela em nenhum lugar (isso acontece mais vezes do que você imagina).

PROMOVA ATIVAMENTE A SOLUÇÃO GAMIFICADA QUE CRIOU

Agora que você anunciou sua jogada ao público, pode começar a promovê-la mais amplamente e usá-la para se envolver com potenciais novos alunos da mesma maneira que faria nos seus esforços tradicionais de marketing.

Não entraremos numa lista completa de todas essas coisas (este livro não é sobre marketing), mas descobrimos por experiência própria que as três táticas a seguir funcionam especialmente bem na promoção da gamificação:

- Redes sociais: As marcas podem realmente se destacar nas redes sociais quando o assunto é gamificação. A chave é mostrar os aspectos divertidos da solução e destacar como os clientes podem usá-la para atingir seus objetivos. Isso deve incluir uma combinação de histórias reais de clientes, bem como posts divertidos que ressaltem o que você está tentando alcançar.
- Assessoria de imprensa/influenciadores: A não ser que isso já tenha sido muito discutido no seu setor, é provável que você esteja tentando algo novo com a gamificação, e esta é uma notícia nova e interessante (provavelmente em contraste com todos os releases e os pedidos para contribuir em blogs que você já tenha enviado antes sobre sua empresa). Como nas redes sociais, concentre-se no fato de se tratar de algo bom para os clientes e conte histórias reais sobre como isso tem ajudado as pessoas a alcançar os objetivos.
- Remarketing: A maioria das organizações usa o remarketing para empurrar a mesma mensagem repetidamente para os clientes,

na esperança de forçá-los a clicar e aderir. Em vez disso, use-o para promover uma solução de gamificação que o destaque da concorrência.

Essas táticas e ferramentas de marketing são coisas que você provavelmente já conhece e usa com frequência para divulgar sua organização, então por que seria diferente com a gamificação? Que vantagem a gamificação pode trazer?

Uma das principais ferramentas da gamificação, que se retira diretamente do storytelling e dos videogames, é o gancho da aventura. Trata-se da busca inicial ou de um conjunto de circunstâncias com as quais um jogador se identifica e que deseja explorar. Esta é uma ferramenta usada para puxar alguém para um jogo, inicialmente conectando-o com seu senso de propósito e de pertencimento.

O principal objetivo do andar da descoberta é usar ambas as alavancas e um mecanismo específico para capacitar as ferramentas de marketing que listamos. Com um gancho de aventura embutido em seu marketing, você pode atrair com sucesso jogadores engajados para sua solução de gamificação.

Como se constrói um gancho de aventura? Vejamos com mais detalhes o propósito e as alavancas de pertencimento.

ALAVANCA MOTIVACIONAL – PROPÓSITO

O objetivo é proporcionar autoridade e significado na sua experiência gamificada.

No andar da descoberta da *Academia Thunder*, você criará uma história de descobertas que atrairá o interesse e capturará a imaginação de jogadores como Jennifer. Essa história servirá para mostrar o que pode ser esperado da experiência. O objetivo da nossa jogadora Jennifer é permanecer em forma e alcançar isso por meio do aprendizado de uma nova habilidade, o kung fu. A história de Jennifer pode e também será usada posteriormente como uma história de descoberta para atrair outros jogadores iguais a ela.

O propósito é uma alavanca motivacional de longo prazo, portanto você deve usá-la como tal.

Se Jennifer for sua primeira jogadora, a experiência em si dará a ela sentido e oportunidade para realizar os objetivos dela. Uma vez que você tenha a história de descoberta e de sucessos de Jennifer, pode usá-la para atrair outros jogadores.

Esses jogadores verão que ela parece estar com boa saúde e com o físico tonificado graças às muitas horas que passa na academia. Sua história de sucesso é uma maneira eficaz de promover a experiência gamificada. Assim que as pessoas descobrirem a história de Jennifer e seu sucesso na saúde e na forma física, ficarão intrigadas com a maneira como ela foi capaz de obtê-los.

O objetivo em sua essência é criar um sentido que exista fora dos jogadores, com o qual possam se conectar intrinsecamente, e, portanto, oferecer a eles um senso de atitude para atingir esse objetivo.

MECANISMO – NARRATIVA

A narrativa da *Academia Thunder* colocará a mensagem central do negócio no ar para ser descoberta. Essa mensagem central, que transmite aos jogadores a capacidade de viver mais, ser mais confiante, mais dinâmico e mais saudável, é o fio condutor que percorre sua solução de gamificação de fitness. Essencialmente, esse é o foco do gancho da aventura.

A mensagem naturalmente se alinhará com os jogadores que vão à academia para conseguir isso. Para Jennifer, a narrativa para seu objetivo é o tema do caminho que melhor se encaixa no andar da descoberta. Sua solução gamificada traça um tema claro de programas de exercícios rápidos e eficazes após o expediente diário, de preparação tanto física como mental para enfrentar o estresse da rotina de Jennifer. Mas eles também a fortalecerão para que ela possa assumir o propósito maior de aprender uma arte marcial como o kung fu. No gancho da aventura, então, está o tema narrativo dos Monges Shaolin Antigos que praticavam o kung fu e o dominavam.

Conectar esse tema narrativo global, ligando-o aos objetivos imediatos e de longo prazo de Jennifer, é o que vai capturar a atenção dela, engajar nossa personagem na experiência e lançar as bases para o próximo andar.

Estudo de caso de propósito épico e descoberta: *Beaconing*[73]

O propósito e o significado épico às vezes podem ser de fixação muito difícil quando se pensa no andar da descoberta. O que você coloca lá que vai chamar a atenção das pessoas? Muitas vezes é o lema ou a declaração institucional da empresa. Em essência, o significado épico da sua campanha de gamificação já deve estar no DNA da empresa.

Tomemos o exemplo do Beaconing, um projeto educacional cofinanciado pelo Programa Quadro Horizon 2020, da União Europeia. Conforme anuncia o site deles, em tradução livre: "***BEACONING significa 'Quebrando Barreiras Educativas com Aprendizagem Contextualizada, Disseminada e Lúdica' e terá foco na aprendizagem 'a qualquer hora e em qualquer lugar', explorando técnicas e tecnologias difundidas, contextualizadas e gamificadas, enquadradas sob a abordagem da Aprendizagem Baseada em Problemas.***"

Não é o mais empolgante dos lemas, mas contém o tipo certo de informação que prende sua atenção. O Beaconing está quebrando barreiras educacionais ao usar técnicas de aprendizado lúdico. Você ficou instantaneamente interessado e é provável que continue lendo. Mais adiante, você saberá que o Beaconing envolve comunidades, incluindo aquelas formadas por pessoas com deficiência, para criar práticas de aprendizagem mais inclusivas e conectadas. Temos instantaneamente um propósito épico altruísta do qual qualquer pessoa no setor de aprendizagem provavelmente gostaria de fazer parte.

Naturalmente, ter um lema mais acessível é desejável, mas mesmo um que combine as palavras e frases certas ainda pode ajudar a alcançar o sentido correto de autoridade e significado em seus objetivos e chamar a atenção para o significado mais grandioso com o qual você pode ou quer se conectar.

ALAVANCA DE MOTIVAÇÃO – PERTENCIMENTO

A alavanca motivacional de pertencimento visa à necessidade de que todos, mais ou menos, queiram fazer parte de algo maior do que eles mesmos. É por isso que funciona bem com o propósito. No caso do andar da descoberta, o pertencimento oferece uma maneira de se conectar com os outros por meio de comunidades de apoio de metas compartilhadas.

Na oferta inicial para Jennifer, o pertencimento se projeta na promessa de fazer parte de um grupo local de indivíduos que compartilham objetivos semelhantes aos dela, além de fazer parte de um seleto grupo de pessoas que também desejam praticar kung fu no fim de semana. Essa narrativa inicial de pertencimento é o que seduzirá os recém-chegados, mas, uma vez formadas as comunidades, elas podem ser usadas em longo prazo para permitir que os membros tragam outros recém-chegados, por exemplo, oferecendo descontos para indicações de amigos.

Vale a pena ter em mente, então, a Curva de Adoção de Inovação de Rogers[74] (Figura 7) e saber onde seus jogadores se situam nessa curva. A curva é um exemplo de como o risco e a tolerância à mudança de um indivíduo afetam sua decisão de adotar novas tendências, mas são também uma demonstração da força das comunidades, e de como elas podem reduzir os riscos para novos membros – conforme demonstrado pelo aumento de novos membros mais avessos ao risco depois que o indivíduo tolerante ao risco estabelece uma comunidade e um lugar seguros.

As empresas usarão diferentes táticas de marketing para atrair diferentes tipos de clientes a cada etapa da curva, com muitas inflando seus números de usuários para parecer que já têm uma comunidade saudável a fim de atrair a maioria mais avessa ao risco para se juntar a suas fileiras.

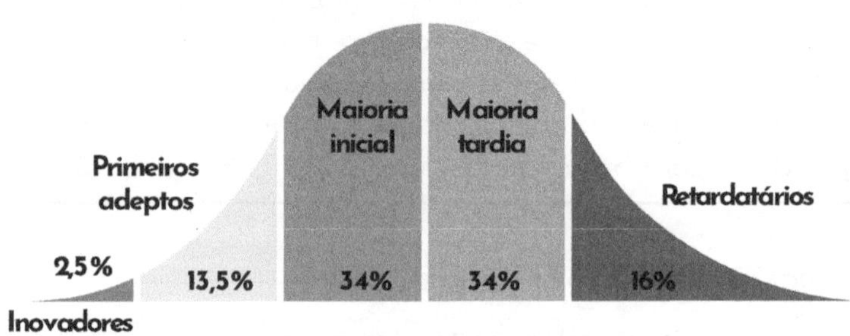

Figura 7.

Ao criar experiências de gamificação, você precisa entender o poder das comunidades e saber como a curva de inovação deve impactar seus esforços de marketing e de embarque na experiência proposta. Não só isso: você também deve considerar como vai demonstrar aos usuários que sua solução gamificada (a) compreende uma comunidade forte que eles desejam integrar ou (b) fornecerá valor à comunidade estabelecida.

Muitas empresas estão utilizando "provas sociais" em seu marketing para evidenciar as comunidades fortes por trás de suas marcas e produtos. No setor B2B, estudos de caso são exibidos o máximo possível para atestar que empresas de sucesso estão usando seus produtos para se tornar ainda mais bem-sucedidas. Os estudos de caso podem ser muito eficazes se a empresa apresentada for muito conhecida ou relevante para o leitor, mas muitas vezes o efeito é inútil, uma vez que as empresas B2B tendem a divulgar estudos de caso sem nenhuma relevância para as necessidades ou comunidade dos leitores.

Outro exemplo é o das comunidades on-line e das redes sociais novatas, que repetidamente explodem seu engajamento e número de usuários na esperança de que possam afastar os clientes das alternativas predominantes que estão tentando substituir. Essas técnicas podem ser muito eficazes para atrair clientes, mas, se as reclamações forem desonestas, os clientes rapidamente se voltarão contra a empresa e destruirão a comunidade.

Esses dois exemplos são importantes para lembrar de que, quando se discute o conceito de comunidade em marketing, a base para isso são a RELEVÂNCIA e a CONFIANÇA. Se você não as tem ou se as quebras, a comunidade vai embora e se instala em outro lugar.

O estágio mais importante para você considerar na curva, portanto, é saber se a comunidade existente é boa o bastante para os inovadores e se você pode recrutá-los e engajá-los com sucesso. As outras fases terão bastante interesse gerado por meio das histórias de descoberta dos inovadores e, em seguida, dos primeiros adeptos para funcionar bem.

É importante, então, garantir que inovadores como Jennifer se sintam suficientemente conectados com o negócio, até que a própria comunidade se torne autossuficiente para assumir o controle.

Da perspectiva de Jennifer, o que a atrai para a experiência gamificada é o material promocional destacando pessoas que se divertem, conversam e se conectam umas com as outras enquanto fazem aulas especializadas. As imagens mostram um ambiente divertido e caloroso, cujo mote é que a experiência seria parecida com um jogo e algo que pode ser desfrutado com novos e velhos amigos, foi o que a levou a escolher esse caminho específico.

Como Jennifer faz parte dos primeiros adeptos, a comunidade ainda não teve chance de crescer, mas você terá criado um conceito de equipe ou grupo com o qual os vários jogadores podem se sentir conectados. Criar equipes é um mecanismo muito eficaz, que também lhe oferece a capacidade de separar suas várias personas em grupos que naturalmente se conectarão melhor uns com os outros. Desde que mantenha uma natureza amigável entre as várias equipes, e talvez fomente uma leve atmosfera competitiva, elas evoluirão naturalmente para comunidades autossustentáveis.

Mecanismos adicionais inerentes a equipes e comunidades são os recursos de comunicação e os rankings. Esses mecanismos são imprescindíveis para garantir a sobrevivência das comunidades. Recursos promissores e de implementação, tais como grupos no Facebook e rankings locais baseados na votação dos jogadores, vão cimentar a conexão entre eles. Isso também alimenta a história da descoberta em longo prazo; à medida que usam mais plataformas visuais, os jogadores naturalmente atrairão novos adeptos para suas comunidades, presumindo que a experiência realmente pareça divertida.

Estudo de caso: Pertencendo e descobrindo: *tecnologia de aprendizagem ativa Top Hat*[75]

A beleza de uma academia de ginástica é o fato de ela ser, por sua própria natureza, um ambiente social, de experiência presencial. Ela já conta com uma qualidade promocional essencial de pertencimento. No entanto, se seu negócio específico não mostra claramente esse aspecto comunitário, então talvez um olhar sobre um negócio de jogos on-line o ajude a ter algumas ideias ao pensar em alavancas para o andar da descoberta.

Encontramos um exemplo de pertencimento e de acréscimo de uma tonalidade competitiva a uma experiência comunitária na Escola de Negócios e Economia da Universidade Wilfrid Laurier, que emprega a tecnologia de aprendizagem da Top Hat*. Os professores e educadores usam uma mecânica de torneio para testar a leitura designada aos alunos. O uso desse mecanismo impulsionou o moral e a energia dos estudantes e fez com que os indivíduos mais introvertidos também demonstrassem seus conhecimentos, tudo dentro de um espírito de competição amigável.

A ideia de competição pode ser ampliada ao permitir que esses alunos formem equipes para demonstrar seus conhecimentos, como um decatlo acadêmico, alavancando mecanismos adicionais como pontos e rankings de classificação.

O ANDAR DE EMBARQUE

Agora que seus jogadores, a exemplo de Jennifer, descobriram sua experiência de jogo e estão dando os primeiros passos, você deve se engajar e ensinar a eles tudo de que precisam saber para terem sucesso nisso.

O nível de descoberta depende muito das tendências atuais em comunicação e marketing. Conhecer e antecipar essas tendências significa que seu andar da descoberta é mais bem-sucedido que o dos concorrentes. O andar de embarque, portanto, é por onde penetramos nos fundamentos do que torna sua solução gamificada única, tanto interna como externamente.

Este é um espaço em que você envolve seus jogadores por intermédio de interações baseadas em tutoriais. Queremos aguçar o apetite deles e motivá-los com o que é oferecido, ensinando-os e treinando-os no que eles precisam saber e fazer para ter sucesso em longo prazo. É também um lugar no qual você pode treinar jogadores que não estão familiarizados com o que está sendo oferecido com base em certos aspectos de sua

* Segundo o site oficial da empresa, Top Hat é uma plataforma de aprendizado canadense que visa empoderar educadores e engajar estudantes para libertar todo o seu potencial (https://tophat.com/company/top-hat-story/) [N. E.].

experiência, tais como possíveis características tecnológicas, ou determinadas técnicas, como seria o caso de um programa de exercício específico.

Quanto a Jennifer, sabemos pelo seu perfil pessoal que ela é uma jogadora orientada a metas. Portanto, neste nível, precisamos nos certificar de que ela receba as informações objetivas corretas para o caminho que escolheu dentro da experiência gamificada, a fim de que ela possa obter valor a partir dele imediatamente. É por isso que usamos o termo "tutorial", pois é preciso acontecer uma rápida transferência de conhecimento para que os jogadores recebam feedback e valor imediato.

Um aspecto a ter em mente ao criar tutoriais dentro do seu andar de embarque é lembrar de garantir que esses ensinamentos permaneçam totalmente integrados à experiência geral. O embarque muitas vezes falho quando a transferência de conhecimento dos tutoriais precisa acontecer fora da experiência, por exemplo, se Jennifer fosse obrigada a ir a um especialista externo em ioga, não filiado à *Academia Thunder*, para se preparar para participar da seção de fitness da sua solução de exercícios gamificados. Isso a afastaria física e mentalmente da experiência.

Estudo de caso sobre tutoriais: *Jogo do BBVA*[76]

O BBVA é um grande banco espanhol. Ele gamificou seu site para ajudar a mostrar aos clientes que usar o banco on-line era tão seguro quanto fazê-lo presencialmente.

A forma como a empresa conseguiu capacitar e seduzir os clientes a aprender a usar seu sistema bancário virtual foi a criação de missões e desafios, oferecendo a eles a oportunidade de ganhar pontos.

Essas missões poderiam ser ações como abrir uma conta, pagar boletos ou realizar quaisquer transações. Os clientes, então, ganhariam pontos para completá-las, que poderiam ser usados para comprar músicas, ingressos de cinema ou entradas para jogos de futebol na Espanha e assim por diante.

O jogo conseguiu atrair 100 mil novos usuários no espaço de seis meses.

Uma das razões para esse sucesso é o fato de que todo o conhecimento e habilidades necessários para completar os desafios eram inerentes à experiência proporcionada. Os clientes não precisavam sair dela para aprender a usá-la; tudo foi incorporado, desde a tela inicial até a tela da transação final.

Uma questão que pode surgir, no entanto, é que o sistema de recompensa por pontos pode ser absorvente, e os clientes mencionaram que "adoraram o fato de o jogo ser tão viciante". Este pode ser um ponto problemático, pois a busca por ganhar pontos negociáveis por itens externos ofusca a experiência tutorial inicialmente pretendida.

Na *Academia Thunder*, um bom sistema tutorial está lá para construir e depois designar os jogadores para aulas especializadas destinadas a ensinar a eles as técnicas necessárias para sua experiência gamificada. Jennifer poderia contar com um personal trainer para garantir uma experiência ainda mais direcionada e imersiva no caminho que escolheu com seu treinamento de kung fu.

Da mesma forma, você poderia simular isso com o envio de uma série de e-mails, em períodos definidos, a novos participantes para lhes ensinar os diferentes aspectos do sistema e fazê-los embarcar no jogo.

Você pode até mesmo usar ferramentas de automação de marketing para sincronizar com seu site e e-mails a fim de que certas mensagens sejam enviadas quando suas ferramentas detectarem jogadores atingindo determinados estágios. Um exemplo disso seria um e-mail de embarque para Jennifer quando ela se inscreve na primeira aula de kung fu por meio do site, depois outro se ela se inscreve para as aulas avançadas mais tarde por intermédio do tutor (que armazena essas informações no seu sistema de CRM/reserva).

As implementações avançadas desse tipo de automação podem estar ligadas a vários mecanismos de pontuação. Assim como na automação de marketing, você pode associar pontos a atividades e, depois, transformá-los em níveis. Você, então, envia diferentes comunicações e segmenta seu público com base nesses níveis, de maneira semelhante ao que acontece em segmentos mais tradicionais como localização ou interesses de produtos.

ENSINANDO A JOGAR

Como é um tutorial? Utilizando sua pesquisa dos Capítulos 14 e 15, você conceitualizará um modelo de treinamento que se concentre nas pessoas específicas que identificou; seus objetivos, interesses e valores. Em paralelo, você desenhará o modelo com referência aos objetivos do seu negócio e aos seus planos de marketing.

Como sabemos, Jennifer é do tipo "Thunder bro" e "guerreiro de fim de semana", cujos objetivos de permanecer em forma e saudável, ao mesmo tempo que expande seus conhecimentos sobre fitness, se alinham bem com o objetivo da empresa de promover a saúde, o condicionamento físico e o bem-estar dos clientes. No entanto, como sabemos pela persona "guerreiro de fim de semana", estes são jogadores que geralmente só vão à academia nos fins de semana se valer a pena. E os "Thunder bro" buscam reconhecimento social, por isso virão durante a semana, mas apenas para pequenas aparições, já que com sua rotina diária de trabalho não há tempo para treinos mais longos.

Portanto, para jogadores como Jennifer, os tutoriais no andar de embarque precisam atingir certos aspectos:

- Breves e de fácil compreensão
- Flexibilidade em termos de disponibilidade e de conteúdo
- Ambiente social
- Especialidade exclusiva e direcionada

Esses pontos são conclusões dos capítulos de persona e de resolução de problemas, baseadas nos hábitos que observamos em nossos jogadores, bem como no que somos capazes de oferecer. Um exemplo, então, de como o tutorial pode estar presente na experiência gamificada é haver várias "sessões de degustação" disponíveis para Jennifer durante a semana, nas quais ela pode experimentar os exercícios diários de aeróbica e ioga, sozinha ou em grupo; para depois ter uma sessão inicial de kung fu com um mestre e vários outros iniciantes no fim de semana.

Para adicionar um incentivo, podem ser usados mecanismos simples como um reconhecimento visual, como um distintivo por ter participado de uma sessão de degustação por cinco dias seguidos e talvez um certificado por participar de uma sessão matinal de kung fu. Naturalmente, deve ficar claro para Jennifer que esses mecanismos visuais de pontos, recompensas e rankings de classificação são os primeiros passos no caminho que ela escolheu. Se ela continuar depois da fase tutorial, conseguirá ainda mais, o que estaria ligado a outras recompensas e oportunidades.

Além disso, várias sessões para iniciantes devem terminar com uma valiosa "recompensa", como um rápido exercício de 5 a 10 minutos de ioga que ela pode fazer todas as manhãs para melhorar a flexibilidade, e/ou um movimento defensivo de kung fu. Esses extras devem ser uma surpresa divertida que agregue valor à atividade principal.

A maneira de garantir o envolvimento no seu andar de embarque é aumentar os tutoriais com as seguintes alavancas motivacionais e mecanismos:

- Domínio
- Pertencimento

ALAVANCA MOTIVACIONAL – DOMÍNIO

O domínio no andar de embarque consiste em dar aos jogadores um primeiro sentimento de realização e conquista. Ao pensar e desenhar sua experiência, tenha um roteiro de como você vê os jogadores avançando pelos vários marcos em direção aos objetivos (finais) deles. Considere em quais pontos eles terão realizado certos aspectos que provam que um aspecto específico foi dominado.

Divida essas realizações e suas recompensas em três camadas, que estarão associadas aos seguintes andares, nesta ordem:

1) Realizações e objetivos de curto prazo – andar de embarque
2) Realizações e objetivos de médio prazo – andar do andaime
3) Realizações e objetivos de longo prazo – andar do expert

Cada andar e seus marcos de metas inerentes possibilitam ao jogador uma sensação de progresso e refletem o aumento da dificuldade à medida que elas avançam e que se distanciam ainda mais umas das outras.

MECANISMO – SISTEMA DE PROGRESSO

Já mencionamos os mecanismos de pontos, recompensas e rankings de classificação em relação à estima, e essas mecânicas funcionam bem quando estão ligadas a um sistema de progresso. Elas adquirem significado por meio do aumento gradual da dificuldade de cada desafio que oferece essas recompensas.

Um sistema de progresso é o roteiro do seu jogador, com o qual ele pode ver o próximo objetivo que deve cumprir; o desafio seguinte que precisa ser superado para ele dominar esse nível e seguir em frente. Com Jennifer, você teria o benefício do sistema de progresso de faixas de cores já existente no kung fu. Não seria necessário conceber um novo, mas este é um exemplo útil de sistema de progressão que tem valor e reconhecimento inerentes.

Como já mencionamos na Seção 2, recompensas e pontos-distintivos-rankings são ferramentas, não alavancas motivacionais em si mesmas. Elas são nada mais do que símbolos de uma conquista. Assim como as faixas do kung fu, significam que aquele indivíduo alcançou aquele grau de domínio naquela arte marcial. Também oferecem um incentivo visual pelo qual as pessoas se esforçam, pois os níveis superiores têm outras faixas de outras cores. Jennifer muito provavelmente será motivada a continuar progredindo para, ao final, trocar a faixa verde por uma marrom, e esta por uma preta. Avalie como você prefere representar visualmente seu sistema de progresso.

Quando determinar a dificuldade gradativa do seu sistema de progresso, certifique-se de que os jogadores sejam sempre mantidos na "zona de desenvolvimento proximal", aquela em que alguém é capaz apenas de alcançar o próximo nível acima, como um teste em que um novo aluno deve lutar contra outro mais experiente em kung fu para ascender da faixa amarela para a verde. No entanto, muitas das informações e métricas associadas a isso para refinar os pontos de dificuldade crescente só estarão disponíveis para você depois de testado o jogo e após haver estatísticas da sua implementação real.

Por enquanto, durante a fase de desenvolvimento, utilize a fórmula de aumentar os pontos aproximadamente 20% além do marco de dificuldade anterior, efetivamente alcançando uma sequência de progressão como esta:

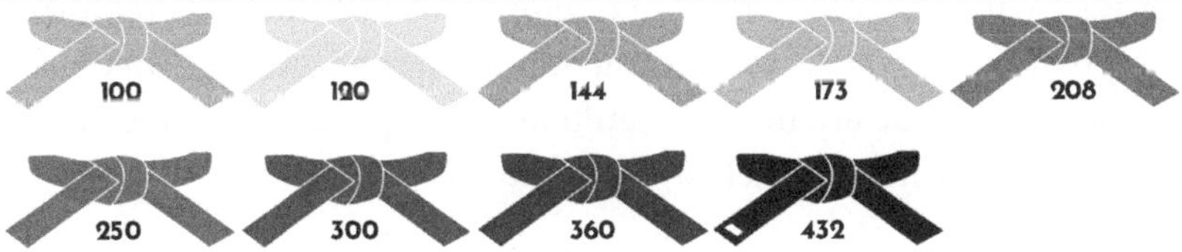

Figura 8.

ALAVANCA MOTIVACIONAL – SEGURANÇA & NECESSIDADES

Mencionamos em uma das discussões anteriores que ter flexibilidade e permitir a autonomia de seus jogadores são características que você deve buscar. Mas há um ponto em que não é possível atender às preferências e exigências de cada um. Neste momento, você pode ver isso como um obstáculo negativo ou inevitável, mas também pode considerá-lo um obstáculo positivo, que joga com o sentido de FOMO (medo de estar perdendo alguma coisa), e que recorre ao mecanismo da escassez.

MECANISMO – ESCASSEZ

A escassez é na verdade a implementação prática do FOMO. Enquanto estiver criando o roteiro de soluções gamificadas, considere seus pontos de dor. Considere onde você quer oferecer uma solução para um problema, mas está bloqueado por um obstáculo, como o tempo ou a localização. Como esse obstáculo pode ser usado para criar escassez para sua solução de tal modo que os jogadores sintam que é uma oportunidade exclusiva que devem priorizar e na qual devem se engajar?

Com a *Academia Thunder*, isso poderia tomar a forma do número de vagas disponíveis nas aulas de kung fu de Jennifer. Há um número limitado de vagas nesse curso, e, quanto mais rápido o candidato aproveitar a oportunidade para se inscrever, mais provável que ele possa participar. O horário da aula, às dez da manhã de sábado, pode não ser o ideal para a maioria dos "guerreiros de fim de semana", pois muitos deles têm filhos que também praticam esportes. No entanto, como Jennifer está agora emocionalmente engajada na ideia de aprender essa arte marcial, ela tentará organizar os horários dela tal forma que possa fazer aquela aula no sábado de manhã. Assim, você usou com sucesso o que era um obstáculo negativo para criar o que parece ser uma oportunidade exclusiva ou escassa.

Estudo de caso de segurança e escassez: *a loja coreana - eSmart*[77]

Existe uma loja em Seul, na Coreia do Sul, que tem uma forma única de chamar a atenção das pessoas.

É uma loja local, portanto seu conforto e segurança inerentes já são bastante elevados com a comunidade da vizinhança. As pessoas de lá a conhecem e sabem a qualidade que ela oferece. Isso é ao mesmo tempo uma vantagem e uma desvantagem. As pessoas podem se sentir confortáveis com ela, mas a loja não é nova, portanto pode parecer ultrapassada.

O método que a empresa inventou para atrair o interesse das pessoas por suas ofertas foi bastante engenhoso.

Ela fez ofertas e descontos limitados em horários muito específicos do dia, e as pessoas precisariam ir até a loja naquele horário para obter o código de desconto e usá-lo naquele momento.

O método utilizado estabelecia que, uma vez que por volta da hora do almoço o sol atingiria uma determinada parte da calçada do lado de fora de sua loja, isso revelaria um QR code de desconto. Os consumidores precisariam estar lá para ver o código e usá-lo quando o sol tivesse passado por aquele ponto. O QR code só seria válido para aquele dia.

Muitos dos executivos locais saíam correndo na hora do almoço para obter e usar esse código, e então a hora do almoço tornou-se o ponto alto do dia, pois as pessoas se reuniam lá para obter o código mais recente e se beneficiar das ofertas na loja.

Foi por meio do uso inteligente da popularidade, compreensão e escassez que a loja coreana pôde aumentar o volume de clientes e o reconhecimento da marca por meio da capacidade de apresentar uma novidade.

O ANDAR DO ANDAIME

Se o andar do andaime ofereceu os fundamentos da sua experiência, é nesse andar que a maior parte dela será encontrada. Aqui você colocará os métodos e as escolhas que irão fortalecer o engajamento de seu jogador.

As sementes e as expectativas que foram plantadas no andar de embarque para seus jogadores, com alavancas motivacionais como propósito, devem agora ser cuidadosamente cultivadas. Quando falamos em metas de médio e longo prazos, é aqui que o jogador estará procurando iniciá-las, e talvez atingir alguns objetivos prioritários em médio prazo.

O andar do andaime é onde você reforça e garante que os jogadores mantenham o engajamento em sua solução de gamificação. O que você precisa fazer neste andar é se concentrar em:

- Manter as expectativas altas
- Satisfazer os atuais apetites dos jogadores por metas
- Oferecer conteúdo adicional/diferente
- Implementar o inesperado para os jogadores

O andar do andaime é particularmente importante do ponto de vista do marketing, pois é nele que o jogador começa a fazer o trabalho para você. No andar da descoberta, você investe enormes esforços iniciais para adquirir novos jogadores, depois gasta ainda mais energia no andar de embarque ensinando-os a jogar e a dar os primeiros passos. É no andar do andaime que eles soltam sua mão e começam a correr por conta própria (até certo ponto, você ainda precisa guiá-los de alguma forma).

Mas como você leva seus jogadores até essa fase?

O método para garantir que esses passos sejam dados nesse andar é dar aos jogadores a primeira (e épica) vitória/recompensa. Ao desenhar o roteiro para sua experiência gamificada, certifique-se de colocar um marco significativo no cronograma de curto em médio prazo para seus jogadores, em que eles assumam o primeiro grande desafio e alcançam a primeira grande vitória. Isso precisa ser marcadamente diferente e mais intenso que as pequenas conquistas alcançadas até agora – por exemplo, a conquista de Jennifer por participar de aulas regulares para iniciantes não conta como uma grande vitória.

O que contaria como uma conquista importante para Jennifer na experiência gamificada de fitness da *Academia Thunder* seria superar um grande desafio, uma "luta de chefões" se você preferir. No kung fu você precisará fazer uma prova para passar para a próxima cor de faixa, e ela pode ser usada para criar a primeira "luta de chefões" em sua jornada para melhorar a forma física e tornar-se um mestre da arte marcial. Derrotar seu oponente e alcançar a próxima faixa é, portanto, a grande vitória e uma recompensa épica, respectivamente.

A realização de um dos objetivos dos jogadores nesta fase é o que os fará investir emocionalmente mais na experiência. Isso aumentará todas as alavancas motivacionais que você estiver empregando até este ponto, como estima, pertencimento, domínio ou segurança e necessidades. E, para jogadores como Jennifer, acrescenta um investimento adicional em que o treinamento e o esforço valeram a pena e ela agora pode anunciar à família e aos amigos "*Eu sei lutar kung fu*".

Mas e se seus jogadores não atingirem o primeiro objetivo/vitória? Isso pode acontecer de verdade, e não queremos que eles desistam da experiência por causa de um fracasso precoce. Para evitar a frustração, você precisará projetar uma rede (oculta) de segurança ou um apoio para seus jogadores que funcione como uma estrutura de suporte adequada que estará pronta para pegá-los e colocá-los "de volta no jogo".

Ao criar a rede de segurança, certifique-se de que o jogador:

- Receba feedback imediato (construtivo)
- Possa encontrar uma orientação útil, ou que esta lhe seja dada
- Possa tentar novamente sem problemas
- Não se isole nem seja ridicularizado em razão do fracasso

Lembre-se de que um fracasso deve ser tão agradável quanto uma vitória, e mais educativo do que ela. O fracasso deve ser enquadrado como uma experiência de aprendizado e mais um passo na jornada do jogador. Nunca o encare como um retrocesso. Toda a experiência deve ser concebida para restaurar e aumentar a confiança do jogador em si mesmo e na sua prática de jogo.

Recomendamos, portanto, que você utilize estas alavancas motivacionais para aumentar seu andar do andaime:

- Autonomia
- Pertencimento

ALAVANCA MOTIVACIONAL – AUTONOMIA

A autonomia pode ser o princípio fundamental de um andaime e fica mais eficaz se combinada com várias estruturas projetadas para oferecer orientação aos seus jogadores. Assim como a rede de segurança, ter um sistema para orientá-los lhes dará maior sensação de autonomia, pois isso permitirá que sejam capazes de fazer suas próprias escolhas embasadas sobre o que gostariam de fazer a seguir. Em essência, você está construindo um andaime literal em torno da experiência deles.

A razão para utilizar a autonomia e o respectivo mecanismo no andaime, portanto, é que você possa projetar uma experiência, como uma "luta de chefões", que permita aos jogadores a oportunidade de tomar a decisão de se apropriar de sua jornada e responsabilizar-se por ela. Como os jogadores receberam as ferramentas e habilidades iniciais, eles podem agora usá-las para atingir seus objetivos. Ao projetar este andar, é importante lembrar-se de lançar a semente para esse tipo de pensamento, pois ele será útil quando os jogadores entrarem no andar dos experts. À medida que ganham confiança na evolução da experiência gamificada, espera-se que comecem a ser criativos e a pensar em como podem personalizar ainda mais a própria experiência. Com alguma sorte, isso levará ao tão cobiçado estado da *mecânica perene* de que Yu-Kai Chou[78] fala.

MECANISMO – TOMADA DE DECISÃO E PERSONALIZAÇÃO

O mecanismo de tomada de decisão e de personalização neste andar consiste em dar opções aos seus jogadores. Quando projetar sua experiência, certifique-se de criar estruturas que ofereçam ao jogador opções quanto a:

- Novas situações
- Novos problemas
- Novos desafios

Todos esses elementos devem ajudá-lo a desenvolver *padrões e generalizações* úteis para quando atividades ou situações mais complexas surgirem em sua experiência gamificada.[79] Você pode pensar nisso de forma a criar uma estrutura de orientação que ofereça ao jogador tarefas intermediárias, destinadas a expandir seu conjunto de conhecimentos e habilidades a fim de que ele possa alcançar uma grande vitória por seu próprio mérito.

Com Jennifer, este seria o aprendizado de que ela precisaria para alcançar a primeira faixa no kung fu, a amarela, e também cada faixa subsequente. Quando ela embarca em cada novo nível em direção ao seu objetivo da faixa seguinte, a experiência muda ligeiramente, ganhando em complexidade, de modo a denotar que Jennifer vai adquirindo habilidades cada vez maiores.

Com o aumento da complexidade vem a expansão daquilo sobre o que tomar decisões e onde personalizar sua experiência. Isso pode ser feito, no caso de Jennifer, oferecendo aulas mais especializadas, como autodefesa ou orientação espiritual, o que pode ser visualmente representado por uma árvore de habilidades como a da Figura 9, por exemplo:

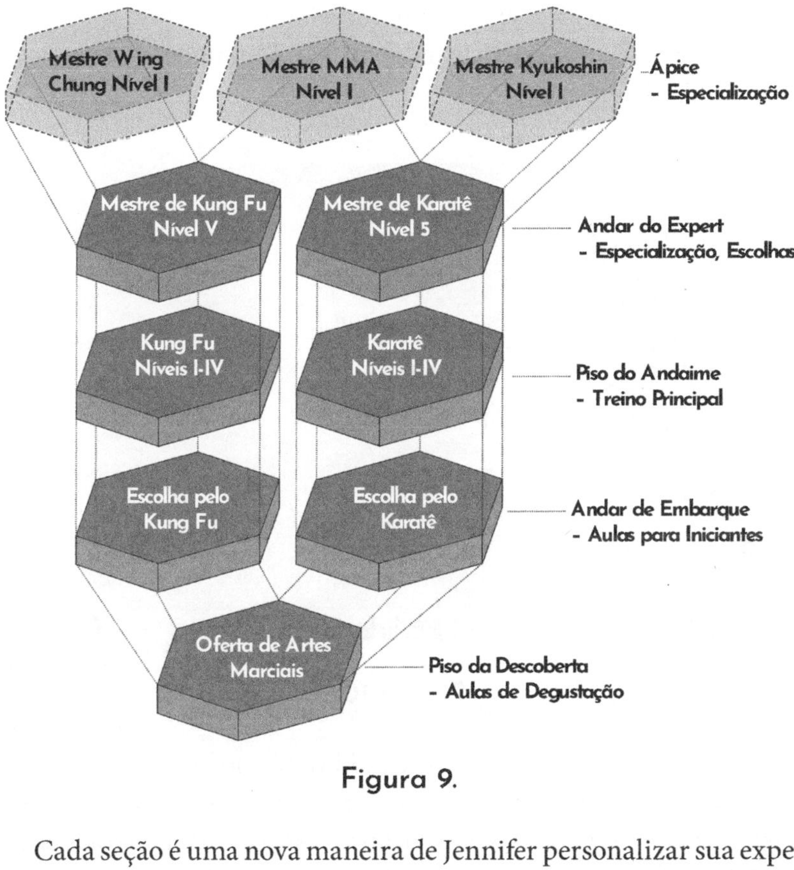

Figura 9.

Cada seção é uma nova maneira de Jennifer personalizar sua experiência, e o fato de ela poder decidir e escolher esses caminhos reforça seu senso de autonomia. Pense em escolhas divergentes para o jogador quando desenhar sua experiência gamificada. Mas lembre-se de não sobrecarregar a si mesmo e aos jogadores com o número de escolhas que oferecer. Elas ainda devem permanecer no espectro do que sua pesquisa apresentou no Capítulo 15.

Certifique-se de manter o nível de complexidade do que você vai oferecer aos seus jogadores; é sábio garantir que ele permaneça circunscrito à zona do que eles são capazes de fazer. A região entre algo que é muito complexo e algo que é muito simples é conhecida como "Flow" (Figura 10). Flow, como indicado por Mihaly Csikszentmihalyi,[80] é o proverbial ponto ideal em que um indivíduo se encontra absorto na atividade da qual está participando. O eixo X representa a complexidade e o Y, a habilidade.

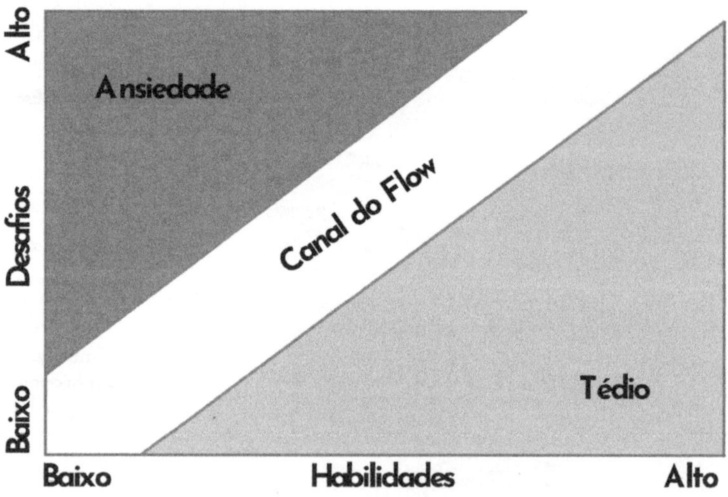

Figura 10.

Veja que você estará sempre se equilibrando no limite entre o tédio e a ansiedade dos seus jogadores. Apesar de outros livros ou indivíduos afirmarem que as vias reais para alcançar esse equilíbrio são a prática, o feedback, a pesquisa e as métricas, o estado de Flow só é realmente alcançado quando o jogador está completamente engajado e investido na atividade em questão. E isso só pode ser realmente criado depois que você conhecer e compreender seus jogadores.

ALAVANCA MOTIVACIONAL – PERTENCIMENTO

Pertencimento é o fio condutor que passa por todo o design da sua experiência gamificada. É algo que vamos repetir em certos andares, e você deve continuar pensando sobre. Quando os jogadores iniciais chegarem ao andar do andaime, você terá novos participantes entrando nos andares de descoberta e de embarque. Portanto, esteja atento quando utilizar técnicas e mecanismos pertencentes ao seu andar de andaime para garantir que eles permitam flexibilidade e interação suficientes entre os jogadores atuais e os novos.

O outro aspecto de pertencimento é que ele se duplica como uma rede de segurança para os jogadores à medida que você aumenta a dificuldade e a complexidade da experiência. Certifique-se de que seu mecanismo comunitário seja suficientemente robusto para que as pessoas sejam capazes de encontrar a ajuda de que precisam com os colegas, e permita que seus jogadores assumam o papel de mentores.

MECANISMO – COMUNICAÇÃO E ASSISTÊNCIA

Trata-se tanto de um mecanismo de jogo como de uma adição a considerar quando projetar sua experiência gamificada. Do mesmo modo que você planejou a formação da comunidade nos andares anteriores, como times e casas, considere também a ideia de permitir que haja líderes de equipe, treinadores de equipe e mentores de especialização; eles são essencialmente jogadores entusiastas de sua experiência gamificada e desejam compartilhar seus conhecimentos com os participantes mais novos.

No caso de Jennifer na *Academia Thunder*, seria neste ponto que a estrutura que você criou daria a ela a oportunidade de ajudar o instrutor de kung fu em determinados dias, quando a aula é para os praticantes das faixas brancas ou amarelas; ou de receber conselhos de jogadores mais experientes do que ela. Ter jogadores realmente participativos ajudando uns aos outros reforça o senso de comunidade e, além disso, traz o benefício de aumentar a lealdade a essa comunidade.

A CALMA ENTRE OS ANDARES

Vale ressaltar neste ponto que, ao projetar uma solução gamificada dentro do seu negócio, é importante estar ciente de que haverá momentos de calma e silêncio ao longo da experiência dos jogadores. Você não precisa desenhá-los; eles simplesmente acontecerão.

O comportamento em camadas e o engajamento terão tréguas à medida que passarem pelos vários andares da sua experiência, e você não deve se preocupar muito com isso. Você provavelmente os verá enquanto testa seu protótipo de experiência e, se usar as métricas descritas no Capítulo 18, provavelmente será capaz de determinar por que ocorrem.

O perigo de passar por momentos de calma é que, se a experiência for mal concebida, se o mecanismo não for eficaz e se a métrica não for bem implementada, é comum haver uma reação apressada. Geralmente essa reação vem daqueles que percebem que têm mais a perder; os grupos de interesse, por exemplo.

Portanto, este é um lembrete para sempre verificar tudo e ter certeza de que o jogo está funcionando como planejado, mas também para comunicar efetivamente e conscientizar a todos de que haverá pontos de alta atividade, mas também haverá momentos de baixa atividade. Isso deve prevenir o pânico e evitar que os seus superiores tentem assumir o controle de sua experiência e forçar o lançamento de projetos improvisados e não testados simplesmente para dar o pontapé inicial no engajamento com o jogador.

O ANDAR DO EXPERT

O andar "culminante" em sua experiência gamificada é o do expert. Ser considerado um expert significa que você atingiu um ponto de domínio e/ou realização que é bastante significativo, mas há sempre mais a alcançar. E isso é o que você quer que os jogadores façam: que continuem a escalar cada vez mais alto.

Os jogos mais eficazes na criação desse "nível final infinito", dentro de seus próprios andares para experts, são os MMO, ou Massively Multiplayer Online Games (jogos on-line multijogadores em massa). Um MMO de muito sucesso é o *World of Warcraft*, que prolonga o nível final com cada nova expansão para seu enredo e mundo de fantasia. Ele é extremamente bem-sucedido por causa de sua história envolvente e contínua, e cada parcela de sua trama ininterrupta é, em grande parte, uma nova ascensão pelos vários andares de um projeto de torre gamificada. À medida que os vários participantes se reúnem para uma nova sequência do jogo, eles aprendem novos aspectos do mundo em expansão e habilidades diferentes necessárias para explorar e criar novas histórias uns com os outros. É quase uma torre totalmente nova ramificando-se da original!

Projetar uma experiência com um andar de expert irresistível no seu sistema gamificado é uma das partes mais difíceis de todo o processo, mas é também uma das mais vitais, pois as conquistas e as realizações dos jogadores neste andar serão as histórias que você usará para atrair mais participantes para seu andar da descoberta.

Vamos rapidamente recapitular como cada andar interage até este ponto:

- No **andar da descoberta**, seus novos jogadores entrarão em contato com o que a experiência deles poderia parecer, e poderão conhecer o nível que os jogadores estabelecidos alcançaram no andar expert. Você terá trabalhado muito até este ponto para divulgar a experiência para os novos participantes.
- No **andar de embarque**, os jogadores começarão a aprender as habilidades e os conhecimentos necessários que os ajudarão no caminho para o andar do expert. Seu trabalho nesta fase é treiná-los para a nova experiência e ajudá-los a progredir.

- No **andar do andaime**, os jogadores conhecem o sabor da primeira vitória e formam relacionamentos que os apoiarão até e ao longo do andar superior.
- O **andar do expert** é, portanto, onde os engajados optam por mergulhar e dominar ainda mais para abrir novos conteúdos e novas possibilidades.

Vamos saltar muito à frente com Jennifer na *Academia Thunder*. Ela passou por muitos níveis para atingir o objetivo de se tornar uma mestre de kung fu com faixa preta de primeiro grau. Para ela, isso é chegar ao andar dos experts. No seu projeto, você permitiu que novos caminhos se abrissem para Jennifer – ela agora é capaz de aperfeiçoar suas técnicas, juntar-se a outros mestres, talvez entrar para um clube de kung fu fora da academia ou trabalhar suas habilidades ajudando a ensinar outros dentro desta. Com este último caminho, você efetivamente a está incorporando ao projeto, essencialmente criando um ciclo autossustentável para essa experiência.

Para ajudá-lo a convencer e motivar os jogadores a, em primeiro lugar, buscar o andar do expert e, em segundo lugar, permanecer nele, em benefício deles, da comunidade e do seu próprio benefício, recomendamos que você empregue estas alavancas motivacionais no projeto:

- Estima
- Pertencimento
- Segurança & necessidades

ALAVANCA MOTIVACIONAL – ESTIMA

Quando projetar sua solução gamificada, você deve incorporar mecanismos que fortaleçam aspectos como a autoestima (o valor interno do jogador) e a estima como valor no âmbito externo. A autoestima é útil porque melhora a autoimagem e a confiança. Se os jogadores forem capazes de atribuir essa melhora à sua experiência, eles permanecerão leais. A estima, como valor externo, é um aspecto que tem um efeito complementar como pertencimento e segurança & necessidades.

O reconhecimento e o valor de ter alcançado o andar do expert incentivam os jogadores a permanecerem lá, pela admiração dos outros, e a não perderem o trabalho que "fizeram".

MECANISMO – MARCOS/EVENTOS

A autoestima no andar mais elevado é melhorada pelo uso de eventos particularmente significativos. Você se lembra dos objetivos de longo prazo de que falamos? Aqueles que fariam os jogadores se juntar à sua solução gamificada visando alcançá-los? É aqui que começam a ser realizados. Se os jogadores têm vários grandes objetivos em longo prazo, isso facilita muito o seu trabalho. Se eles têm apenas um, como Jennifer, a nossa mestre de kung fu, você precisará ser criativo em seu projeto.

Uma boa sugestão é pensar em eventos relevantes para a jornada pessoal dos jogadores e, em paralelo, criar eventos no local para o trajeto desenhado de sua experiência gamificada. Ambas as variações de eventos também podem ser divididas em camadas, se necessário. Por exemplo, o objetivo pessoal de Jennifer em longo prazo é atingir o nível de mestre faixa preta. Usando o kung fu como exemplo-base, o marco da faixa preta pode ser dividido em camadas de especialização e refinamento (dentro do kung fu isso é conhecido como um *dan*). Além disso, seu projeto pode incorporar eventos paralelos como o *Mestre de Artes Marciais Nível I*. Talvez se você usar esse evento para promover outras artes marciais que são oferecidas na *Academia Thunder*, se Jennifer continuar e também tiver aulas de caratê, ela poderá, em tese, alcançar o status de *Mestre de Artes Marciais Nível II*.

Esses são, naturalmente, exemplos de incorporação de pontos, recompensas e rankings em seu sistema. A diferença aqui, porém, está no fato de que esses níveis de domínio devem transmitir um significado que reforce a autovalorização do jogador. Por exemplo, você poderia se aproximar dos jogadores e pedir que eles o ajudem a projetar novas repetições de sua experiência gamificada. Atingir um marco como esse teria um valor quase infinito para um jogador verdadeiramente leal.

Estudo de caso: *Beachbody*[81]

Temos mostrado de forma destacada exemplos que discutem negócios fora do setor de fitness. No entanto, como o andar do expert é um lugar tão difícil de quantificar, sentimos que, se falássemos sobre um assunto relacionado ao setor de fitness, isso o ajudaria a entender melhor o que é possível fazer.

É possível que você já tenha ouvido falar da Beachbody, seja em alguma publicidade ou por meio de um amigo viciado em fitness. O que a Beachbody faz melhor do que já vimos em qualquer outro lugar é o mecanismo de marketing, que instantaneamente o envolve em sua necessidade pessoal de propósito – o desejo de ficar em boa forma – e o coloca em uma narrativa comunitária de descoberta. Já que tantas pessoas a usam, eles têm um enorme volume de depoimentos visuais.

O que essa empresa construiu muito bem foi sua estrutura de jogo final. Ela realmente utiliza o conceito de andar do expert, acima do nível mestre ou zonas de jogo final. Em cada um dos regimes de treino da Beachbody, há sempre um próximo passo que você pode dar. É possível intensificar os treinos, seguindo o caminho de uma especialidade qualquer; ou avançar para o próximo conjunto de treinos dessa série. O melhor exemplo disso possivelmente são os dois principais conjuntos de treinos da Beachbody, o ***P90X*** e o ***Insanity.*** Ambos disponibilizam múltiplas versões e camadas para aqueles que querem continuar se esforçando e permanecer na jornada em busca da melhor condição física possível.

Algumas das razões pelas quais esse modelo funciona tão bem talvez sejam a liberdade que a empresa dá aos seus jogadores, a orientação que ela oferece sobre gestão de tempo e dieta e o convite imediato para fazer parte de sua comunidade de apoio. Tudo isso foi pensado para conectar o consumidor à marca.

ALAVANCA MOTIVACIONAL – PERTENCIMENTO

A alavanca motivacional pertencimento no andar do expert pode ser vista como a cola para muitas das alavancas recomendadas. Ela as conecta com a comunidade geral da sua experiência gamificada, transmitindo, assim, um significado para o investimento dos jogadores que existe fora deles mesmos.

Assim como acontece com a estima, o pertencimento enfatiza o valor externo da escolha feita, com o tempo e o investimento pessoal dessa escolha. Ao lado do domínio, é uma conexão que consiste tanto em compartilhar conhecimentos de alto nível como em se envolver em uma competição amigável com seus pares.

Se o seu projeto permitiu estruturas rigorosas que promovem a comunicação entre os jogadores e também entre eles e você, ou entre você e aqueles que o ajudarão a executar a experiência gamificada, então o resultado esperado é que um ciclo autossustentável de compartilhamento de conhecimento cresça organicamente a partir dessa estrutura inicial. A expectativa é que exista um ciclo perpétuo de criação-feedback-repetição-feedback-etc. E o melhor mecanismo para continuar esse tipo de ciclo de crescimento é a mentoria.

MECANISMO – MENTORES

Mencionamos os mentores e os treinadores quando falamos sobre o andar do andaime, mas este mecanismo realmente entra por conta própria no andar do expert. Como seus jogadores dominam aspectos da experiência e alcançam realizações reconhecidas pela comunidade, eles podem ser trazidos para o grupo e ter a oportunidade de ajudar a moldar o futuro da experiência gamificada que você projetou inicialmente.

Permitir momentos em seu projeto em que os jogadores possam se juntar a professores, tutores, mentores e especialistas em aspectos de sua experiência intrinsecamente os conectará com a longevidade de sua solução gamificada. Na *Academia Thunder*, isso poderia ser concretizado perguntando a Jennifer se ela gostaria de participar de um curso preparatório para professores, visto que é uma praticante de kung fu faixa preta dedicada e bem-sucedida agora. Isso lhe proporciona mais um caminho de habilidade e a conecta profundamente com a academia, pois permitiu que Jennifer chegasse até aqui.

Um aspecto a ter em mente se você usar tal mecanismo é garantir que o investimento monetário para seus jogadores seja baixo o suficiente para não se tornar proibitivo para eles, e também garantir que você não fique com um buraco financeiro no seu negócio caso o ofereça como parte da experiência gamificada.

O benefício de incorporar seus jogadores na concepção de novas repetições de sua solução gamificada é que a experiência geral se torna cada vez mais customizada e novos conceitos criativos são adicionados. Em essência, eles serão capazes de desenvolver suas próprias ideias e métodos dentro dos caminhos que escolherem, conseguindo a atitude de "aprendizagem ativa": *"O aprendiz (também) precisa aprender a inovar no domínio – produzindo significados que, embora reconhecíveis por especialistas no domínio, são vistos, de certa maneira, como novos ou imprevisíveis."*[82]

ALAVANCA MOTIVACIONAL – SEGURANÇA & NECESSIDADES

Do ponto de vista da motivação para evitar perda pessoal ou perda de investimento, a alavanca motivacional da segurança e das necessidades, neste andar, exercerá um impacto profundo nos jogadores. As consequências de perder depois de tudo o que investiram na experiência para chegar a este ponto serão dolorosas e negativas para eles. A maioria dos jogadores, portanto, fará de tudo para garantir que o tempo e a energia despendidos para chegar até aqui valham e continuem valendo a pena para eles.

Isso é ao mesmo tempo positivo e negativo para o projeto. O aspecto positivo está no fato de que eles são ferozmente leais a você; em termos negativos, muita coisa continua sobre seus ombros para continuar a entregar conteúdo novo e significativo. Se bem que "negativo", nesse caso, não significa algo indesejável, mas simplesmente um aspecto que exigirá um design forte e muito trabalho, pois não é algo que você não possa entregar.

O melhor modo de garantir que você sempre entregue novos conteúdos é criando recompensas imprevisíveis ou surpreendentes, como Easter eggs em um minijogo, para seus jogadores hardcore.

MECANISMO – RECOMPENSAS IMPREVISÍVEIS

Desenhar e criar conteúdo "oculto" em um cenário de jogo final ou num minijogo que apenas participantes de longo prazo, dedicados e hardcore possam acessar é uma forma de desenvolver uma sensação de escassez, exclusividade, curiosidade e ambição para aqueles que valorizam sua experiência gamificada e desfrutam dela.

Essas recompensas escondidas, ou Easter eggs, podem ser adicionadas de qualquer forma que se enquadre no tema geral e no design da narrativa que você escolheu para sua experiência, bem como se alinhar aos seus objetivos e aos do jogador. Se Jennifer recebesse uma recompensa por ter usado a fonte de água pela milésima vez, isso não teria nada a ver com o treinamento de kung fu e seria uma realização sem sentido, pois, de qualquer maneira, todos precisam beber água durante o treinamento. Se, em vez disso, ela receber a conquista oculta *Sun Wukong*[83] (nome de uma figura mítica famosa) por ter participado de mil aulas de kung fu, isso terá um significado distintamente pessoal, assim como um significado histórico no contexto das artes marciais.

É muito provável que nossos jogadores comecem a catalogar esses tesouros escondidos, então você precisará renová-los e atualizá-los regularmente. Mas esse é um mecanismo de baixo custo para manter os jogadores engajados. O benefício adicional é que esse tipo de prêmio também pode ser usado para promover sua solução gamificada pela indicação de um amigo, ou por códigos de desconto, e assim por diante.

Estudo de caso: Google Maps,[84] *Siri*[85] *e Foursquare*[86]

Os Easter eggs são adições divertidas para os jogadores que aproveitam o tempo para explorar sua experiência ao máximo. Eles se tornam uma surpresa interessante que mostra que os jogadores não perderam tempo e que você valoriza o investimento deles.

Empresas como o Google, a Apple e o Foursquare incorporaram de alguma forma Easter eggs em seus produtos e serviços.

No Google Maps, para promover maior nível de utilização da sua funcionalidade Street View, os jogadores podem descobrir tesouros escondidos, como uma dimensão adicional às caixas azuis da polícia na opção Street View de Londres. Clicando em uma delas, o jogador poderá ver que ela se transforma em uma TARDIS (espécie de nave espacial e máquina do tempo) da série de TV **Doctor Who**.

Outro exemplo é a assistente pessoal da Apple, Siri, que tem uma variedade de respostas divertidas, mas ocultas, para certas falas. Por exemplo, "Hey, Siri, I see a little silhouetto of a man" (Ei, Siri, vejo a silhueta de um homem) resultará em uma resposta longa e brilhante baseada na música "Bohemian Rhapsody", do Queen.

O exemplo final é o Foursquare e seus Easter eggs/recompensas – por exemplo, recebia um distintivo que remetia a Steve Jobs quem fizesse check-in em três lojas diferentes da Apple na época em que ele faleceu. Esse é um Easter egg muito específico e exclusivo (talvez até um pouco mórbido), mas ilustra como o mistério e a escassez combinados podem motivar os jogadores.

NO ÁPICE DA TORRE

Algumas considerações finais sobre o desenho do roteiro para sua torre gamificada.

Em primeiro lugar, durante e no "final" da jornada dos seus jogadores, não deixe de inserir momentos em que você seja capaz de se envolver com eles e de receber um feedback valioso por isso. Certifique-se de que cada passo e cada aspecto tenha uma métrica associada à jornada (veja o Capítulo 18), e seja flexível em ajustar ou alterar esses momentos durante a fase de protótipo e de teste do jogo. Esse feedback e as métricas podem ser usados para seus relatórios internos a fim de mostrar o sucesso de sua solução, mas também de criar casos de estudos e comunicados de imprensa para usar no andar da descoberta. Quanto mais você puder mostrar seu produto funcionando, mais atrairá as pessoas para ele.

Em segundo lugar, seja implacável com o design. Não se apegue a nenhuma característica ou parte – se não funcionar dentro do design, e se não servir ao jogador, exclua. Tentar encaixá-la porque foi algo que você sempre quis experimentar mesmo que não funcione poderá afetar os jogadores e seu negócio. No final de tudo, o objetivo principal são o engajamento e o divertimento do jogador. Esse é um objetivo difícil, porque você terá muitas ideias quanto ao que incluir, então certifique-se de testar cada elemento e apenas manter o que positivamente agrega à torre como um todo.

Em terceiro lugar, podemos estar falando de quatro andares em uma torre, sendo o andar superior o ápice infinito, mas não há razão para não criar mais do que quatro andares. Se seus jogadores precisam de mais desafios, acrescente mais andares de embarques e de andaimes. Se você deseja alongar a experiência do jogo final, adicione vários andares de expert. No caso de Jennifer, poderíamos adicionar vários andares de andaimes, cada um para os vários andaimes que ela é capaz de alcançar no kung fu e mais alguns do nível mais avançado, cada um representando um *dan* diferente no treino para a faixa preta. Isso fica ainda mais complicado quando você considera que provavelmente haverá várias torres em sua solução de gamificação, mas, pensando na *Academia Thunder*, você poderia criar uma torre para cada tipo de academia que está tentando promover, ou uma torre para toda a academia e seu uso geral.

RESUMO: CAPÍTULO 16

Ao projetar uma torre gamificada, tenha em mente os problemas essenciais que você está tentando resolver para os jogadores e como estes se alinham com seu negócio e objetivos de marketing. Ao passar por cada andar da experiência, volte regularmente a esses problemas e objetivos, usando-os como um teste revelador para determinar se o que você está desenvolvendo e vendendo realmente corresponde ao que sua pesquisa produziu.

PRÓXIMOS PASSOS:

- Fixe num painel de avisos algumas anotações como lembretes dos problemas e objetivos que sua pesquisa trouxe nos Capítulos 13, 14 e 15.
- Determine qual das suas ofertas atuais pode ser mais bem transformada em um roteiro e jornada a fim de que os clientes se envolvam para atingir esses objetivos.
- Se não existem ofertas atuais, pegue uma folha de papel grande e faça um brainstorming que resolva os problemas de seus clientes.
- Combine os dois últimos passos, se necessário, e comece a percorrer o contorno da sua torre gamificada.

Capítulo 17
Armadilhas a evitar na construção da sua torre

A construção de uma torre de gamificação, como aconteceria com a de uma torre real, pode ser complicada e muitas vezes perigosa. A maioria das complicações e dos perigos pode ser evitada se você tiver um plano sólido. Ainda assim, há muitos riscos e armadilhas escondidos de que você deve estar ciente.

Discutimos as armadilhas mais relevantes ao longo do livro, mas vale a pena revisitá-las e acrescentar algumas. Vamos analisar as arapucas mais comuns que temos visto na implementação da gamificação de marketing, delineando os perigos, os sinais de alerta e o que você pode fazer diante deles, ou, se necessário, para retificar ou conter os danos.

PERIGOS DURANTE O PLANEJAMENTO

Muitas questões e armadilhas que aparecem na fase de execução podem ser evitadas durante a fase de planejamento. Os problemas a seguir ocorrerão se você não planejar sua torre de gamificação de maneira eficiente – são as questões mais frequentes que vemos ao avaliar a configuração de uma torre de gamificação. Esses problemas resultam em jogadores desistindo em pouco tempo, fazendo coisas erradas ou simplesmente ignorando completamente o jogo.

TRABALHANDO OS COMPORTAMENTOS ERRADOS OU ENFATIZANDO APENAS UMA ALAVANCA MOTIVACIONAL

Os humanos são complicados. Muito raramente somos motivados por apenas uma coisa. No entanto, um dos erros que sempre observamos no fracasso das soluções de gamificação é o fato de os designers esquecerem isso e concentrarem a atenção em uma única alavanca motivacional isolada, como pertencimento ou domínio.

Para evitar esse problema, revisite as personalidades dos seus clientes e reavalie as prováveis alavancas motivacionais de cada persona. Você provavelmente verá que uma persona favorece mais uma alavanca motivacional do que outra e várias delas podem compartilhar a mesma. Haverá também alavancas menores, que impactarão as decisões dessa persona – lembre-se do que são personas: elas representam a média de um grupo de pessoas, são uma visão geral e não uma representação perfeita de todos nesse grupo, portanto haverá diferenças individuais.

Um método sugerido para mapear as várias alavancas de uma persona é criar um tipo de gráfico circular. Identificar quais alavancas se encaixam nessa persona e depois desenhá-las no papel ou usar um programa para ver em qual alavanca a persona está mais e menos investida. A Figura 11 é uma visualização da utilização das seis alavancas motivacionais na estrutura da torre para o gráfico circular.

Pensando em nossos clientes da *Academia Thunder*, você pode muito facilmente encaixar quase todos eles no grupo de motivação de domínio. Seria simples fazer um jogo que apelasse para essa alavanca usando desafios e manutenção de registros (que é o que muitas academias da vida real fazem) – mas essa abordagem acabará se mostrando inútil e não levará ao engajamento em longo prazo que você quer.

Tente, então, explorar as outras alavancas que você determinou, tais como pertencimento e estima. Para a persona do "Thunder bro", o domínio certamente é uma das alavancas mais proeminentes – essa persona escolheu não fazer exercícios em casa, mas sim em uma academia. Portanto, podemos dizer com segurança que o pertencimento é uma alavanca forte e a estima também. Se você vai levantar pesos, pode muito bem fazer isso com outras pessoas e exibir seu físico torneado. As outras alavancas também aparecem, mas são menos significativas do que as três primeiras.

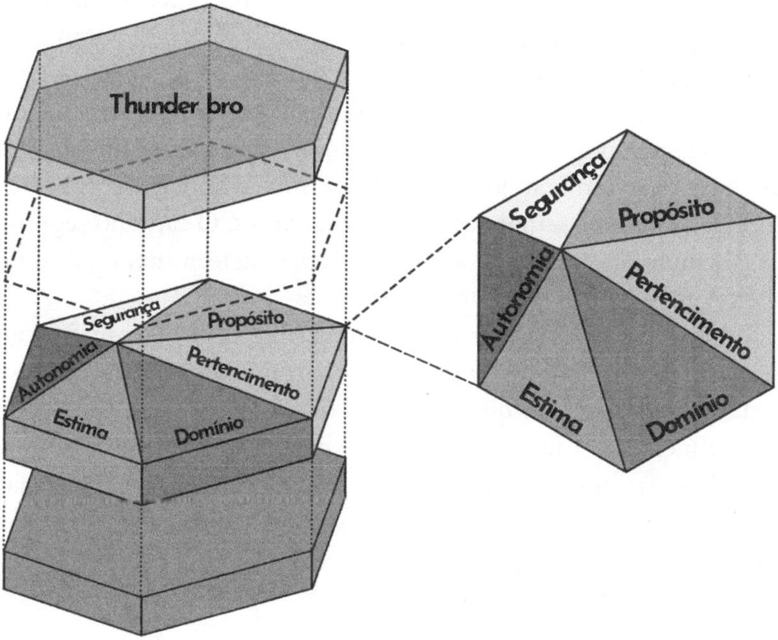

Figura 11.

Agora que já sabe que seus clientes são movidos por domínio, pertencimento e estima, você resolveu o problema de enfatizar apenas um deles isoladamente. A partir deste momento você pode incorporar mecanismos de jogo complementares como equipes, grupos de bate-papo, rankings de classificação e recompensas, o que adicionará dimensões extras à sua gamificação – ampliando seu apelo para mais clientes e criando uma experiência muito mais convincente e envolvente.

Por exemplo, para o grupo da persona "guerreiro de fim de semana" você talvez pudesse adicionar casas no estilo *Harry Potter* para dividi-los em grupos concorrentes. Ao permitir que eles se candidatem para entrar em uma casa, ganhem aceitação e depois avancem em conquistas e atinjam vários patamares, obtém-se maior interação social para os jogadores dentro das próprias casas, assim como entre as casas, dentro e fora da academia.

Esteja atento e verifique se não está se concentrando nas alavancas erradas, porém – se os jogadores não são motivados pela autonomia, por exemplo (ao usar seu produto/serviço pelo menos), então por que você tem um mecanismo de jogo baseado na autonomia? Você incluiu essas alavancas por uma boa razão ou porque você pessoalmente acha que "é isso que um bom jogo faz"? Seja crítico e implacável com suas próprias escolhas e sempre as cheque duas vezes. O capítulo seguinte trata de métricas, e estas podem ser úteis para determinar quais estão funcionando e quais não estão.

É muito fácil complicar demais uma boa torre de gamificação, então use apenas o que for necessário e tome decisões refletidas e fundamentadas sobre o que incluir e excluir. Isso é importante, pois provavelmente você não terá orçamento nem prazo infinitos. Garantir que o planejamento corra bem ajudará a fazer apenas o que é essencialmente necessário para o sucesso, sem adicionar nada que não agregue valor e que prejudique seu ROI.

ESQUECENDO A DIVERSÃO

O seu jogo é divertido? Ou é uma tarefa maçante?

Diversão significa coisas diferentes para pessoas diferentes e em situações diferentes, mas você deve saber com precisão se sua torre é baseada na diversão, se seus clientes a usam de livre e espontânea vontade ou se precisam ser pressionados ou artificialmente incentivados a usá-la.

Isso decorrerá de como você projetou seu jogo e do que ele está tentando fazer. Você pode, por exemplo, executar testes de jogo com pequenos grupos de clientes para ver se eles se envolvem com a proposta – lembre-se, não é preciso construir a solução perfeita para executar esses testes. Com a *Academia Thunder*, você pode usar a persona "guerreiro de fim de semana" como um grupo de teste de jogo para um plano de treinamento de curto prazo, baseado em desafios e competitivo, usando elementos como recompensas e rankings de classificação para acompanhar seu progresso. Desenhe no papel e depois execute – essa é a única maneira de determinar com segurança se os grupos acham o jogo divertido. Depois do teste, converse com eles para ter um feedback.

A ruína de um sistema de gamificação interna normalmente acontece quando o treinamento obrigatório é feito de forma a parecer "divertido", ou seja, quando uma empresa injeta "mecanismos de jogos" em aspectos obrigatórios de seus sistemas na esperança de conseguir mais engajamento. Os projetistas desses artifícios tentarão enaltecê-los dizendo que as pessoas estão mais engajadas neles. Isso é um falso-positivo, pois elas podem estar mais engajadas em curto prazo, mas, ao final, as pessoas só participam porque TÊM QUE PARTICIPAR, independentemente dos penduricalhos adicionados à tarefa. Na realidade, esse tipo de sistema é recebido com desconfiança por aqueles que são obrigados a interagir com ele. Para sistemas que não têm um elemento obrigatório isso não será um problema, pois o cliente ou jogador simplesmente o ignorará se tiver o verniz de "falsa diversão".

CONSTRUIR UM JOGO VERSUS CRIAR UMA EXPERIÊNCIA GAMIFICADA

Um jogo pode ser divertido até demais? Outra armadilha em que as pessoas caem em meio a esse processo é o fato de elas construírem um jogo, e não uma experiência gamificada. A diferença é que um jogo tem o propósito do entretenimento, enquanto sua experiência gamificada deve ter um propósito ligado ao seu negócio e a objetivos de marketing – caso contrário, de que adianta?

As linhas entre os dois podem ser extremamente confusas, sendo necessárias a reflexão e a autoverificação constantes. Você deve consultar a Seção 1 se for necessário relembrar. Mas um teste rápido revelador é verificar se as ações a que você está motivando os jogadores promovem realmente seus objetivos de negócios ou não.

Se você construiu um aplicativo para a *Academia Thunder* que deu aos jogadores um personagem digital que eles poderiam treinar e fortalecer com o tempo clicando repetidamente nos botões do aplicativo, isso é um jogo ou uma experiência gamificada? De que maneira o treinamento do personagem digital ajuda com os objetivos do cliente/marketing/empresa? Se for puramente estético e não influenciar em seus objetivos no mundo real, não ajuda, portanto, é apenas mais um *role-playing game* (RPG, na sigla em inglês).

Em vez disso, uma experiência gamificada envolveria um avatar digital que só é "treinado" quando o cliente realmente visita a academia, participa de uma aula, faz uma atividade física etc. Ele é uma representação do jogador e dá feedback a ele sobre seu progresso: *Uau, meu avatar acabou de ficar mais forte - eu devo ter ficado mais forte também!* Isso, sem dúvida, motiva o jogador a visitar mais a academia – ajudando com os objetivos de todos. E essa é a chave para descobrir se você tem um jogo ou uma solução gamificada: as metas do jogador estão sendo alcançadas por meio do serviço/produto que você está fornecendo com sua solução baseada em jogos, e eles estão alinhados com seus próprios objetivos? Um jogo, em sua maioria, só tem como finalidade alcançar uma vitória, e os objetivos do jogador são ditados por isso. Dentro da experiência gamificada que você desenvolveu com a ajuda deste livro, os participantes devem vir com seus próprios objetivos, e juntos vocês estão alcançando o que é essencialmente um resultado simbiótico.

NÃO FORNECER FEEDBACK AOS JOGADORES

Qual é o significado de um ponto? Por que deixar os jogadores falarem uns com os outros? Que diferença fazem as recompensas? Essas são formas de feedback para os jogadores, e são inestimáveis quando se tenta motivá-los a realizar algum tipo de ação ou informá-los se fizeram algo bom ou ruim.

Muitas torres de gamificação não caem nessa armadilha por causa da obsessão geral com pontos e distintivos na indústria de gamificação, mas o aviso geral é que você deve lembrar o significado de um ponto: é um mecanismo de feedback.

Sem mecanismos de feedback, os jogadores estarão cegos para o que você quer que eles façam ou para como podem progredir em direção aos objetivos deles. Um bom feedback permite que entendam o que os está ajudando a progredir. Por exemplo, se um membro da *Academia Thunder* tem o objetivo pessoal de perder peso e está usando o aplicativo de avatar mencionado para acompanhar seu progresso, quando fizer um treino cardiovascular, como correr cinco quilômetros na esteira, ele receberá um ponto de progresso em sua jornada para a perda de peso. Se também houver informações adicionais sobre a queima calórica esperada, então esse progresso terá valor agregado e significado. Se o aplicativo, portanto, descontar um ponto quando o jogador ganhar 1 kg de peso e der informações sobre os exercícios que poderiam ajudá-lo a retornar à busca do peso-alvo, então ele terá recebido um feedback útil. Esse tipo de mecanismo de retorno ajuda a orientar o jogador para os objetivos dele, fornecendo informações significativas e uma representação conceitual e contextual de seu progresso.

Uma variação na falta de feedback é enfocar apenas o feedback estético.

Em outras palavras, para o próprio bem dos jogadores, não lhes dê pontos e recompensas sem sentido! Tudo o que você faz no jogo deve ser ligado aos objetivos do jogador de alguma forma – se você puder anexar uma narrativa/propósito a essas coisas, melhor ainda. É preciso pensar em como os jogadores podem se avaliar em relação aos objetivos e ao progresso deles e incorporar isso ao seu sistema de feedback.

Na *Academia Thunder*, você poderia dar pontos ao jogador toda vez que ele aparecesse. Se esses pontos estiverem ligados a incentivos, você pode descobrir que eles têm algum efeito motivacional, mas não será grande, e não vai durar muito tempo. Se, no entanto, você amarrar esses pontos à perda de peso ou à relação músculo/gordura do jogador ou mapeá-los em uma linha do tempo ou roteiro em direção à meta dele, terá um motivador de longo prazo muito poderoso.

PERIGOS DURANTE A EXECUÇÃO

É provável que as seguintes armadilhas surjam depois que o jogo estiver pronto e funcionando com participantes em tempo real. Você pode minimizar o efeito de algumas delas fazendo estudos-piloto com grupos menores de jogadores – mas lembre-se de que é preciso continuar monitorando o jogo enquanto ele estiver acontecendo para detectar essas armadilhas antes que elas causem muitos danos.

ERRANDO NO EQUILÍBRIO ENTRE DESAFIO E DIFICULDADE

Os jogadores querem ser desafiados, mas também querem sentir que podem superar desafios se se esforçarem o suficiente. Muitas vezes a gamificação falha porque os designers ou dificultam muito seus jogos ou os facilitam muito, perdendo o ponto "certo".

Facilitar muito é geralmente o principal erro de um sistema de gamificação mal feito. Muitos designers temem que desafiar demais o participante pode criar barreiras ao jogo, mas esses receios, na verdade, terão o efeito oposto. Se um game não apresentar nenhum desafio, o jogador não o verá como uma experiência crescente e o abandonará tão logo sinta que não está progredindo. O contrário também é verdade: se ele for muito difícil ou percebido pelos participantes como injusto em função de dificuldade exagerada, poderá ser abandonado pois, da mesma forma, estará impedindo o jogador de progredir em direção às suas metas.

Na *Academia Thunder*, desafiar os jogadores a levantarem um peso de 1 kg repetidamente sem aumento de dificuldade fará muitos deles abandonarem o jogo logo porque é tedioso, não é particularmente desafiador e não proporciona nenhum progresso. Da mesma forma, dar a um novo jogador o desafio de levantar um peso de 30 kg pode ser demais e também o fará abandonar a experiência por frustração (ou talvez por dor e lesão).

A chave aqui é o equilíbrio. Entenda o nível provável de habilidade do seu jogador em cada fase e certifique-se de que o jogo aumenta progressivamente de dificuldade para igualar o nível de habilidade crescente de cada indivíduo.

Isso só pode ser realmente resolvido fazendo testes com os participantes ao longo do tempo. Entenda quem são seus jogadores e como eles podem desenvolver as próprias habilidades à medida que progridem. Ao monitorar em que momento os jogadores ficam presos ou abandonam o jogo, você deve ser capaz de identificar áreas dolorosas em que a dificuldade está mal definida.

Isso terá mais impacto em alguns negócios do que em outros, e será em grande parte um fator entre seus incentivos e as metas dos jogadores. A manipulação pode ocorrer quando eles estão tentando economizar tempo ou dinheiro – mas pode acontecer também quando alguns buscam maneiras de trapacear ou encontrar brechas no sistema para usar em benefício próprio.

Pode ser difícil identificar, mas você deve estar monitorando os jogadores e como eles interagem com o jogo. Se certos indivíduos começarem a avançar muito mais rápido que o participante padrão, você deve investigá-los. O melhor cenário é aquele em que eles encontraram uma nova abordagem, que você pode incorporar ao jogo e treinar outros para usá-la; o pior cenário é aquele em que eles encontraram uma falha da qual podem se aproveitar. Felizmente, se você a descobrir (rapidamente), poderá fechar essa porta antes que ela cause muitos danos.

Uma quantidade significativa dos aspectos negativos e abusos tanto dos jogos como da gamificação aparece quando eles estão ligados a moedas do mundo real. Você pode eliminar em grande parte esse aspecto negativo do movimento de "manipulação do jogo" desconectando sua torre de gamificação de qualquer moeda do mundo real. As tentativas mais maliciosas de burlar um sistema são, sem surpresa, baseadas em jogadores que buscam formas novas e mais rápidas de ganhar (ou economizar) dinheiro para si mesmos – se você, em vez disso, alinhar sua torre de gamificação com objetivos não financeiros do jogador, ou seja, mais intrínsecos (veja a Seção 2), verá em grande parte essa prática diminuir e, com alguma esperança, desaparecer.

A forma de lidar com esses jogadores é uma decisão sua, mas recomendamos que, antes de puni-los ou exigir de volta o que eventualmente tenham pegado, você tente verificar se as ações deles foram de fato maliciosas.

Na *Academia Thunder*, se você incentivar os jogadores a ganhar pontos e deixá-los transformar esses pontos em sessões gratuitas com um personal trainer (geralmente uma coisa bem cara), verá alguns jogadores procurando maneiras de ganhar pontos de forma rápida e fácil para tirar proveito desse sistema. Se, no entanto, sua torre estiver voltada para objetivos não financeiros como a perda de peso, os jogadores serão menos propensos a ativar o sistema, pois saberão que haverá benefícios extrínsecos reais para eles.

TROLLS E DISRUPTIVOS

Os jogadores do tipo troll e disruptivo muitas vezes tentarão mudar seu sistema ou procurarão ativamente irritar ou intimidar os demais. Eles criarão uma experiência muito negativa para outros jogadores e os farão abandonar o jogo ao longo do tempo. Pior ainda, os trolls tendem a atrair semelhantes, e logo a torre de gamificação poderá ficar infestada deles – rapidamente fazendo desse comportamento negativo a norma dentro de sua experiência.

Na *Academia Thunder*, os trolls podem ser desastrosos. Imagine uma legião de jogadores mal-intencionados que começam a intimidar os outros ativamente em seus fóruns de bate-papo on-line; você pode imaginar que poucas pessoas permaneceriam por muito tempo nesse tipo de ambiente.

O melhor método é capacitar seus jogadores a denunciar comportamentos abusivos e monitorar o comportamento deles em áreas de risco, como os fóruns. Tenha uma política clara e fácil de encontrar quanto ao que exigiria uma intervenção direta de sua empresa e a forma que essa intervenção assumiria. Para o nosso troll da academia, prepare um conjunto objetivo de regras de comportamento, com uma lista de consequências. Se um problema acontecer, certifique-se de que o procedimento para relatá-lo seja rápido e fácil. E, naturalmente, faça-os saber que as consequências são aplicadas e acontecem. Não por meio de uma prática de "denunciar e causar vergonha" – não defendemos isso –, mas talvez por meio de estatísticas de quantos indivíduos foram punidos nos últimos quatro meses, por exemplo.

AS DIVERSAS QUESTÕES LEGAIS

Elas deveriam ser óbvias, mas você ficaria surpreso com a quantidade de empresas que quebram as leis de direitos autorais e de propriedade intelectual quando criam torres de gamificação.

Mais complicados, porém, são os direitos e a privacidade dos seus usuários, portanto certifique-se de coletar apenas os dados necessários para rodar o jogo para eles, e não reutilize ou venda nenhuma informação pessoal, a menos que tenha permissão explícita para fazê-lo.

Nosso principal conselho aqui é assegurar que você entenda os diversos dados e leis de propriedade intelectual existentes nos países em que sua empresa opera, e que os cumpra sempre. Se você não tem certeza do que dizem essas leis ou de seu alcance, consulte um advogado ou um reconhecido especialista na legislação pertinente ao setor e ao país em que você está trabalhando. Finalmente, certifique-se de que qualquer decisão que você tome em relação à sua torre de gamificação passe pelo crivo ético das perguntas "é um direito do cliente?" e "vai prejudicar a nossa confiança e relacionamento com os jogadores?". Responder a essas perguntas no início provavelmente lhe mostrará uma linha de orientação sobre o procedimento correto a seguir e de quais conselhos você pode precisar.

COMPORTAMENTO OBSESSIVO

Finalmente, você deve estar ciente de que seu jogo pode causar comportamentos obsessivos nos clientes. Sabemos o que você provavelmente está pensando nesta fase, mas confie em nós: embora uma plataforma obsessiva possa melhorar o engajamento e ajudar a atingir seus objetivos em curto prazo, ela acabará levando ao esgotamento do jogador e a relações públicas negativas.

Na *Academia Thunder*, criar uma plataforma gamificada que gera níveis obsessivos de frequência à academia pode ajudar seu jogador a atingir o objetivo de se tornar mais saudável, mas terá impactos imprevistos em outras áreas de suas vidas, por exemplo, ele ficar muito obcecado por treinar e negligenciar outros aspectos sociais e monetários que considere importantes. Isso pode até causar lesões. Em última instância, vai gerar impacto em longo prazo na saúde mental e/ou física do jogador, o que pode comprometer sua capacidade de manter esse hábito extremo e acabar por prejudicá-lo.

Lembre-se sempre: cuide primeiro dos seus jogadores.

RESUMO: CAPÍTULO 17

Um planejamento rigoroso e bem pensado desde o início de sua experiência é importante para evitar qualquer uma das maiores armadilhas durante o projeto e implementação. Trabalhar com pesquisas que você faz em seu próprio negócio e com as personas-alvo lhe dará uma ideia e um conceito de trabalho do que é necessário para atrair e engajar clientes. Portanto, selecionar o que é relevante em termos de alavancas motivacionais e de mecanismos o ajudará a entregar a experiência desejada. Mas fique atento e ciente de que mesmo as práticas mais bem projetadas podem encontrar problemas, então esteja pronto e não se preocupe: testar e repetir faz parte do processo.

PRÓXIMOS PASSOS:

- Tenha em mãos as pesquisas que fez sobre seu negócio e sobre os grupos de personas – as alavancas motivacionais e os mecanismos que você selecionou se alinham com elas?
- Crie um protótipo no papel para testar com seus colegas e depois com um grupo de foco composto por estranhos ou clientes.
- Revise com sua equipe quaisquer problemas que tenha detectado, e seja implacável no que for necessário mudar para melhorar o resultado geral.

Capítulo 18
Medindo sua torre de gamificação

Este capítulo final é dedicado a medir seus esforços de gamificação, um assunto que muito frequentemente é ignorado ou encoberto. Em retrospecto, acreditamos que essa seja uma das razões pelas quais a gamificação tem lutado para alcançar a implementação em grande escala nas empresas e nas campanhas de marketing delas.

O marketing, sem dúvida, já passou por uma jornada semelhante – começando como uma "forma de arte" superficial e sem parâmetros antes de se tornar uma ciência de negócios difícil que depende da automação e da análise de dados (dependendo de onde você trabalha, é claro). Ao que tudo indica, o marketing parece ter encontrado atualmente um meio-termo razoável entre a criatividade e os dados.

É com esse equilíbrio que desejamos que a gamificação atue nos negócios, mas isso não será atingido a menos que possamos medir e reportar o impacto da gamificação de modo confiável, da mesma forma que esperamos reportar nas campanhas de marketing.

O GRANDE OBSTÁCULO PARA MEDIR A GAMIFICAÇÃO – ATRIBUIÇÃO

O ROI (retorno sobre o investimento, na sigla em inglês) é a principal medida de desempenho que toda empresa quer utilizar na implementação de um projeto, por exemplo, um projeto que utiliza a gamificação. Para quem não conhece, essa métrica representa a quantidade de tempo e de dinheiro que você investe em algo em comparação com os benefícios que você recebe em retorno ao longo desse tempo.

Os stakeholders das empresas muitas vezes adotarão a receita e o ROI como os principais benefícios para medir o sucesso, mas os jogadores substituirão essas métricas pelos seus próprios objetivos e metas, que quase certamente não estarão ligados à receita do negócio.

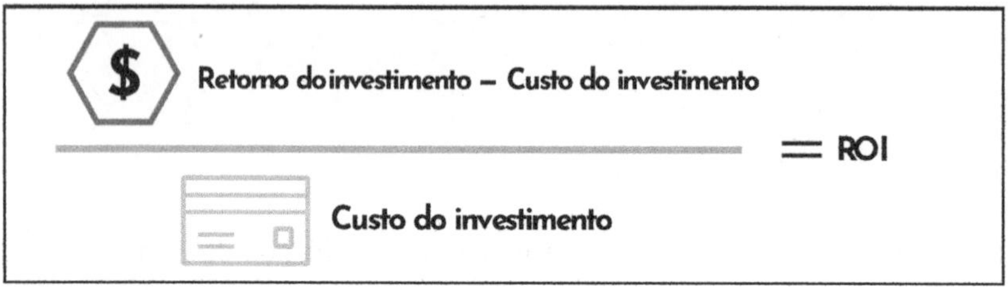

Figura 12.

Então, como equilibrar as necessidades, em geral muito diferentes, do negócio e do cliente?

Esse equilíbrio entre os stakeholders e os jogadores é crucial – você tem de entender que as metas de curto prazo não são eficientes na gamificação, mas as de longo prazo de retenção e engajamento do cliente estão diretamente ligadas ao fato de eles atingirem o ROI pessoal de cada um deles. O que isso significa é que os jogadores, alcançando o próprio ROI em curto prazo, levarão você a alcançar um alto ROI do negócio em longo prazo.

Mas como você mede o ROI de um projeto de gamificação?

Se você não tiver ações em sua solução de gamificação que se liguem diretamente aos objetivos de negócio e de marketing (como inscrever-se para testar um novo serviço, indicar um amigo ou completar uma pesquisa de marketing), será difícil atribuir e medir diretamente o impacto da solução de gamificação sobre esses objetivos.

Se pensarmos na *Academia Thunder*, poderíamos medir o ROI financeiro de uma solução de gamificação se isso levasse os jogadores a se inscrever em mais aulas, mas como saberíamos se esse fator afetaria as taxas de renovação dos frequentadores da academia? Há inúmeros fatores mitigadores que não podemos controlar ou medir, então como podemos acompanhar o impacto da gamificação?

O "truque" aqui é segmentar os dados de seus clientes. Divida-os entre aqueles que estão ativamente envolvidos com sua solução de gamificação e aqueles que não estão. O engajamento ativo é muito importante, portanto, certifique-se de estar atento quando um cliente se torna engajado, ou seja, quando começa a usar a solução de gamificação. E também quando ele se desengaja, ou seja, quando para de usar/se envolver ativamente com qualquer solução e elementos de jogo que você tenha lançado.

Com essa segmentação feita, você será capaz de medir o ROI pelos seguintes métodos:

1) **Implementação "antes versus depois"**: Uma estimativa aproximada pode ser feita se você olhar para a diferença em números após o lançamento de sua solução de gamificação e compará-los com os números equivalentes nos doze meses anteriores. Qualquer diferença nas métricas e sua taxa de crescimento ou declínio pode ser atribuída às mudanças feitas pela sua solução. Entretanto, note que essa é uma atribuição muito confusa, pois é impactada por quaisquer outras atividades que você esteja realizando simultaneamente, bem como por fatores gerais de mercado dos quais você pode ou não estar ciente (preços da concorrência, inflação, novo participante do mercado etc.). Essa análise "antes versus depois" obviamente requer dados de benchmark precisos.
2) **Comportamento do cliente "antes versus depois"**: Uma abordagem um pouco mais apurada consiste em comparar o comportamento de um cliente antes e depois de ele se tornar um usuário ativo da sua solução de gamificação. Essa é uma boa maneira de medir as diferenças no engajamento dos clientes e avaliar como você o impactou com sua solução, mas seu cálculo de ROI ainda será afetado pelos mesmos fatores externos já descritos, e a análise só pode ser realmente feita com clientes atuais, não com novos clientes.
3) **Grupos de controle**: O método mais preciso que podemos recomendar para medir o ROI é lançar sua solução de gamificação como um teste – com um grupo de teste e outro de controle. Escolha uma amostra aleatória dos seus clientes (tente obter a mesma quantidade em cada um dos seus grupos de personas) e atribua-a ao grupo de teste ou ao grupo de controle. Deixe o grupo de controle continuar a agir normalmente, mas lance a solução de gamificação no grupo de teste. Deixe o teste rolar durante o tempo necessário para atingir um nível

de conclusão com os objetivos escolhidos. Compare os dois grupos para verificar a eficácia da sua solução no comportamento do cliente. Se quiser ser mais minucioso, execute vários testes durante alguns meses, utilizando diferentes grupos de controle e de teste.

Esses três métodos são o que recomendamos em ordem de complexidade e de precisão para você avaliar suas métricas, mas que métricas você deve medir? O ROI faz a maioria das pessoas pensar imediatamente na receita, mas esse é o principal objetivo da sua equipe de negócios e marketing?

ALÉM DO ROI: A ESTRUTURA HEART

Uma ferramenta útil que tem sido utilizada na indústria de gamificação e de UX é o framework HEART, do Google Venture.[87] Para os que não estão familiarizados, a estrutura mede cinco aspectos de um projeto. Vamos analisar cada um deles e saber como se encaixam em nosso framework e projeto de gamificação:

- **Happiness (felicidade):** Esta é uma medida qualitativa de quão satisfeitos os jogadores estão com seu projeto gamificado, e pode ser determinada por meio de pesquisas ou do botão "curtir", por exemplo. É uma métrica de vaidade, e é difícil determinar se o jogador está satisfeito porque o projeto é um sucesso ou simplesmente porque é fácil de usar. Mas dá uma noção ampla da disposição do jogador para a experiência.
- **Engajamento:** Esta é a medida mais simples, pois observa diretamente o quanto seus jogadores são ativos por meio de metas alcançadas ou do uso diário, semanal etc. Mas fique ciente de que, como qualquer projeto, haverá períodos alternados de alta atividade e de nulidade.
- **Adoção:** A adoção se destina ao novo jogador e se refere diretamente à utilidade e à eficácia da sua presença no marketing e nas redes sociais. Quantos novos adeptos seu projeto gamificado trouxe?
- **Retenção:** Essencialmente, o reverso da moeda para a métrica de adoção, na medida em que esta ferramenta analisa quantos

jogadores ativos permanecem ao longo do tempo, e qual é sua taxa de renovação.

- **Tarefa bem-sucedida:** Esta é uma medida interna e deve ser usada como tal. Ela mede a eficácia geral dos vários aspectos do seu projeto gamificado – por exemplo, quanto tempo demorou uma inscrição e como pode ser mais eficiente, ou quanto tempo levou para um jogador alcançar um determinado marco e se o caminho usado foi o mais eficaz para ele.

O resultado desses cinco aspectos é, então, distribuído ao longo de um eixo X. Agora, uma característica importante da estrutura é conhecer as divisões desse eixo, pois elas serão o que você poderá adotar e em torno das quais poderá trabalhar para alterar e melhorar seu projeto gamificado:

- **Objetivos**: Recomendamos revisitar o trabalho que você completou anteriormente no livro, olhando para os três tipos de metas que está tentando alcançar: do jogador, de marketing e de negócios. Isso o ajudará a escolher as métricas certas para mensurar seu progresso e eficácia.
- **Sinais**: Os sinais decompõem os objetivos em suas partes inerentes para identificar quais seriam vistos como bem-sucedidos ou fracassados. Um exemplo é a meta de aumentar o engajamento: o sinal é um aumento de 30% em uma ação desejada de um jogador, como suas taxas de cliques.
- **Métricas**: Aqui chegamos aos dados propriamente ditos. Usando seus objetivos e sinais, você deve ser capaz de determinar qual ferramenta de medição é a mais adequada. No caso do exemplo dado, provavelmente seria algo como o Google Analytics, ou outra ferramenta popular, para medir e obter dados sobre engajamento e CTR (taxa de cliques). Também mencionamos pesquisas, outras são métricas de SEO (Search Engine Optimisation), índices de satisfação, NPS (Net Promoter Score) e assim por diante.

Esteja ciente de que nem todos os pontos podem ser relevantes para o projeto, mas vale sempre a pena considerar cada um deles.

	Metas	Sinais	Métricas
Happiness (felicidade)			
Engajamento			
Adoção			
Retenção			
Tarefas bem-sucedidas			

Figura 13.

Reveja as informações consideradas ao fazer o trabalho dos capítulos anteriores para entender como uma estrutura como essa pode ser usada para seu projeto. É claro que existem outros frameworks por aí, mas descobrimos que este é o mais adequado para a gamificação. Vale ressaltar também que essa estrutura está ligada ao Google Design Sprint,[88] que pode ser interessante conhecer se sua ideia for expandir o exercício do protótipo dos "próximos passos" do Capítulo 17.

Saiba, no entanto, que qualquer coisa off-line, em outras palavras, no mundo real, é incrivelmente difícil de medir, enquanto algo on-line é mais facilmente mensurável e deve, portanto, estar ligado por meio da sua escolha aos vários sistemas de e-commerce ou CRM disponíveis.

ESSE JOGO É BOM PARA SEU NEGÓCIO?

Agora que você tem um entendimento básico sobre como medir o ROI e que tipo de ferramenta está disponível para você, a próxima pergunta é se seu jogo ou experiência gamificada é bom para seu negócio.

Para responder efetivamente a essa pergunta, vamos analisar os vários aspectos mensuráveis do ponto de vista da *Academia Thunder*.

Primeiro liste todos os objetivos de negócios, marketing e clientes que você identificou no Capítulo 13 e na estrutura HEART, se você a tiver preenchido.

Usando outro framework para aumentar suas formas de medição, determine ou verifique novamente se são metas SMART (traduzindo a sigla, o significado seria: metas específicas, mensuráveis, atingíveis, relevantes e temporais). Cada meta realmente tem uma métrica clara que pode ser usada para estimá-la? Você estabeleceu um método viável para medir cada objetivo?

Se você respondeu negativamente a qualquer uma dessas perguntas, tente retificar essa situação antes de continuar ou descubra uma razão válida para que a resposta tenha de permanecer negativa.

OBJETIVOS DO NEGÓCIO

As metas de negócios serão a forma como seus stakeholders seniores irão rever e julgar sua solução de gamificação. São essas as pessoas que se preocuparão com a forma como você está medindo o ROI, se a gamificação é uma boa adição ao negócio ou se apenas representa uma despesa extra sem uma prova real de desempenho.

Seus objetivos comerciais serão provavelmente os mais removidos das atividades do jogo, mas você deve verificar se pode atribuir diretamente qualquer elemento do jogo ou atividade do jogador a um objetivo comercial nessa fase. Certifique-se de medir isso especificamente e de informar sobre qualquer diferença que a solução de gamificação faça. Caso contrário, retorne aos nossos métodos de medição do ROI do início.

Para comunicar o progresso, elabore relatórios mensais sobre todas as metas de negócios e suas métricas. Recomendamos medir mês a mês, ano a ano e comparar os últimos doze meses com os doze meses anteriores para obter uma imagem clara do impacto da gamificação em cada parâmetro. Lembre-se também de estabelecer metas para cada métrica relevante que sua solução de gamificação deve afetar; isso deve ser relevante para o tamanho e o escopo da sua solução.

Sugerimos ainda reuniões trimestrais de revisão com esse grupo de stakeholders para analisar o impacto da sua solução de gamificação no negócio, discutir quaisquer mudanças propostas para a solução e rever se a gamificação está ou não cumprindo as metas – e quaisquer ações que devam ser efetivadas para tratar disso.

OBJETIVOS DE MARKETING

Os objetivos de marketing seguirão o mesmo procedimento das metas do negócio, mas com diferentes partes interessadas e métricas. Seus objetivos de marketing provavelmente terão uma conexão direta com os resultados da sua solução de gamificação, no entanto procure encontrar uma relação direta entre os elementos do jogo e as métricas de marketing.

Recomendamos a execução de relatórios de métricas semanais e mensais para metas de marketing. Isso deve ajudá-lo a detectar tendências entre o uso do cliente e os parâmetros de marketing definidos e permitir que você teste e ajuste seu jogo a fim de maximizar esses resultados.

Você deve se reunir pelo menos mensalmente com os stakeholders do marketing para discutir a solução de gamificação, planejar os próximos testes e mudanças e rever o progresso em relação às metas de marketing e de negócios antes das reuniões trimestrais da empresa. Isso o ajuda a antecipar problemas e falhas antes das principais reuniões de acionistas e deve lhe dar tempo para resolver problemas.

OBJETIVOS DO CLIENTE

Os objetivos do cliente podem ser difíceis de medir com base nos produtos e serviços da empresa. Para a *Academia Thunder*, se focarmos no objetivo do aluno de perder peso, só poderemos medir e reportar a respeito se ele estiver registrando ativamente as mudanças de peso com a empresa. Você pode preparar sua solução de gamificação para ajudá-lo com isso, incentivando os clientes a registrar dados relevantes para seu objetivo como um meio de registrar o próprio progresso deles.

Isso é importante. É como se você pudesse mostrar diretamente aos jogadores o quanto a experiência os está ajudando a alcançar seus objetivos, então não só os jogadores vão intensificar o compromisso firmado com sua solução como você pode agora também usar esses dados (quando julgar apropriado) no material de marketing para conseguir que mais jogadores se inscrevam.

Se estabelecer um ROI direto é difícil ou impossível para sua solução, mostrar métricas de progresso do jogador em direção aos seus objetivos pessoais é um bom substituto para um negócio que pensa no futuro. Esses dados são um indicador claro do valor da solução de gamificação para seus clientes e, portanto, para a empresa.

Recomendamos que você crie grupos de foco com clientes reais (lembre-se de obter uma boa amostra de cada uma das personas) anualmente, e sempre que lançar grandes mudanças na forma como o jogo funciona. Esses grupos de foco devem ser usados para verificar como os participantes se sentem em relação ao seu jogo e se acreditam que o sistema os está ajudando a realizar os objetivos deles. Use isso para entender os principais pontos de dor dentro do seu negócio e do seu jogo, mas também para gerar ideias de como você poderia desenvolver ainda mais sua solução gamificada.

O SEU JOGO É BOM PARA OS JOGADORES?

Então, agora você tem uma lista de objetivos de negócios, marketing e clientes e métricas associadas com as quais está medindo sua solução de gamificação. Você também deve ter organizado alguns relatórios regulares e reuniões para discutir o progresso com todos os seus principais grupos de interesse.

Mas o trabalho ainda não terminou. Agora que você projetou e construiu sua experiência gamificada, precisa mantê-la. Contudo, os jogos são como máquinas muito complicadas e cheias de peças móveis quando estão funcionando e sendo usados por jogadores reais – você pode, por assim dizer, se ferir seriamente se não tiver o devido cuidado...

Recomendamos a criação de relatórios para algumas métricas-chave que o ajudarão a entender a saúde do seu jogo e a diagnosticar quaisquer problemas assim que começarem a surgir. Essas métricas são:

- **Total de jogadores**: O número total de participantes e seu crescimento/diminuição ao longo do tempo são uma métrica geral importante para mostrar quantos clientes sua solução está impactando. Você pode complementar isso com o número de jogadores como uma porcentagem do número total da empresa; essa é uma relação muito boa para mostrar aos interessados no negócio.

- **Relação de jogadores ativos**: Seguindo o total de jogadores, você deve ser capaz de medir quantos estão ativamente envolvidos com sua solução em uma base diária/semanal/mensal ao longo de um tempo definido. Essa relação o ajudará a entender se o jogo é eficaz no envolvimento com os clientes ou se é apenas uma novidade. Também deve ajudá-lo a ver as tendências de uso ao longo do tempo, o que é um bom indicador para saber se o jogo precisa de uma atualização (ou relançamento).
- **Utilização**: A quantidade de jogadores que estão usando os diferentes elementos da sua experiência gamificada. Isso obviamente variará entre as soluções, mas pode incluir postagens no fórum, quantas vezes eles fazem login no aplicativo, quantas vezes completam uma ação, quanto acertam ou falham etc. Esses dados ajudam você a entender quais elementos do jogo são mais utilizados e por quais tipos de jogadores; são um bom indicador de se os participantes conhecem ou valorizam os diferentes elementos do seu jogo e podem mostrar onde você precisa desenvolvê-lo melhor com base na atividade e nas preferências de cada um.
- **Progresso do jogador**: Onde os jogadores travam, ou pior, onde eles abandonam o jogo? Dependendo da sua solução, você deve ser capaz de ver onde eles estão (seja em "chefões", níveis, desafios etc.). Trata-se de um bom indicador de que aquela fase é muito difícil, muito chata ou não dá direções claras para os jogadores. É útil monitorar essa métrica ao longo do tempo para ver como os novos jogadores reagem às mudanças que você faz, ou como diferentes tipos de participantes reagem ao mesmo conteúdo e mecanismo do jogo.
- **O número de reclamações e relatórios de bugs**: Este é um indicador muito óbvio do descontentamento do jogador; você deve saber quantas reclamações de clientes e relatórios de bugs relevantes entram para uma área alcançada por sua solução de gamificação. Monitore como esse indicador muda ao longo do tempo e que tipos de jogadores estão enviando esses relatórios – isso o ajudará a lidar melhor com as causas dos problemas.

- **Monitoramento por abuso (do jogo, de outros jogadores)**: Não se trata de uma métrica diretamente relativa ao ROI, mas sua medição permanece relevante. O problema com esse monitoramento é que pode ser de difícil detecção, mas é recomendado que você monitore seus jogadores e a maneira como eles interagem com a experiência gamificada. Por exemplo, se você perceber que um jogador está progredindo mais rapidamente que um jogador médio, é preciso investigar o motivo para isso acontecer. No melhor cenário, você pode incorporar uma nova abordagem que melhore sua experiência; no pior, você agora sabe onde está o problema e pode atacá-lo antes que ele cause mais inconvenientes. Com o abuso de jogador contra jogador, como recomendado no Capítulo 17, ofereça a possiblidade de uns relatarem sobre os outros para que você possa, assim, monitorar e agir sobre esses relatórios à medida que eles surgirem.

Não caia na armadilha de acreditar que o trabalho com a solução de gamificação acaba depois de seu lançamento. Isso derruba muitos designers que se esquecem de monitorar métricas como as que delineamos. Para ficar por dentro do seu jogo, aconselhamos produzir relatórios diários e semanais sobre essas métricas operacionais – elas devem ser um alerta que pode ser acionado rapidamente ou que pede uma ação rápida para impedir que se amplie.

Seja como for, esta é uma abordagem muito reativa para gerenciar sua solução.

Você deve ser capaz de detectar pontos fracos ou áreas de melhoria usando as métricas que delineamos, e deve usá-las para encontrar novos métodos de envolvimento com seus jogadores. Por exemplo, você poderia tentar ajustar a dificuldade dos desafios para melhorar as taxas de desistência ou abandono, introduzir novos elementos de jogo ou renovar o design estético e a funcionalidade do jogo para melhorar seu apelo.

Lembre-se de contrapor suas métricas às comparações históricas para medir o quanto elas mudam ao longo do tempo e para captar as tendências. Isso é importante se você estiver testando novos elementos e funcionalidades do jogo para checar se eles estão tendo o impacto desejado.

Essas métricas o ajudarão a tomar decisões informadas sobre o que mudar no jogo ao longo do tempo e, potencialmente, se ele precisa de um redesenho completo. Esteja ciente de se tratar de um processo de repetição no qual você melhora ao longo do tempo com base no aprendizado; mesmo que sua solução não seja um sucesso no início, mudanças cuidadosas e ponderadas podem rapidamente reverter a situação.

RESUMO: CAPÍTULO 18

A métrica é um dos elementos mais importantes de qualquer solução de agregação de mercado. Você precisa ser capaz de medir a eficácia ou a falta dela na experiência que entregou. Use a fórmula do ROI para determinar o resultado inicial da implementação. Aumente essa medição com a estrutura HEART para observar fatores mais direcionados e mensuráveis dentro de sua solução e faça um cruzamento destes com os diversos objetivos de negócios, de marketing e de clientes que estão com você desde o início desta seção.

O último conselho é não se prender ao conceito – ele vai mudar, e, se você estiver medindo efetivamente, a mudança vai ser para melhor. Qualquer coisa que repita, melhore e evolua será mais adequada à situação e às expectativas de seus clientes.

PRÓXIMOS PASSOS:

- Desenhe sua própria estrutura HEART e preencha-a com os vários objetivos, sinais e métricas que se conectam uns com os outros.
- Reveja suas metas SMART, verifique novamente o trabalho que fez no Capítulo 13 e o incorpore à estrutura geral de medição.
- Teste, repita, teste de novo, repita e assim por diante, até que você fique sem tempo e dinheiro e precise implementar – quanto mais você testar e verificar, melhor!

Conclusão

Aqui estamos nós.

Não no final propriamente dito, pois não existem finais de verdade; estamos em uma bifurcação da estrada. Nós vamos seguir por uma direção e você por outra, usando os conhecimentos e insights deste livro.

Antes de nos separarmos, porém, temos mais algumas reflexões para você considerar ao longo de sua jornada.

Agora que você terminou o livro, nós o convidamos a voltar a algumas de suas premissas iniciais e aos passos que deu no final de cada capítulo. Reflita sobre o que escreveu e o que "aprendeu à medida que progredia". Atualize e/ou mude essas suposições e ideias, pois você provavelmente as expandiu desde os primeiros capítulos.

Isso é especialmente verdade agora que passamos pela Seção 3, pois você terá reunido novos dados e coletado informações sobre seus clientes, seu negócio e seus objetivos. Incorpore-os a suas hipóteses iniciais e reflita sobre eles com o conhecimento que tem agora.

Reúna sua equipe e reflita com ela também, oferecendo feedback e sugestões uns aos outros sobre o processo pelo qual você passou. Se você construiu uma solução de gamificação de marketing completa enquanto trabalhava no livro, então revise o que encontrou. Use a curva de adoção discutida no Capítulo 16 e avalie o que atrai os primeiros adeptos para sua solução. Ignore o resto da curva neste ponto; concentre-se no que atrai esses clientes e refine essa informação.

Use os dados coletados nesse processo para testar mais uma vez algumas das expectativas originais. Existe alinhamento com o que você previu? O que mudou e o que permaneceu? O que foi diferente no resultado em relação à previsão? Continue fazendo mais perguntas, envolva sua equipe nesse processo e, depois, use as respostas para ajustar, refinar e talvez alterar os vários andares da torre para melhor se adaptar a esses novos aprendizados.

GAME OVER? OU CONTINUANDO A EXPERIÊNCIA

Uma pergunta comum a todos nós nesta fase é: como a experiência continua?

Durante as fases iniciais de criação e planejamento da sua solução, considere e projete um roteiro resumido de como a experiência poderia ser, o pós-lançamento. Faça apenas um resumo ou tratamento desse itinerário, pois você ainda nem fez o lançamento. Durante as fases de planejamento e execução, volte a esse resumo e atualize-o.

Se o lançamento foi bem-sucedido, revisite-o e veja o que ainda é verdade, o que mudou e pode ser expandido e o que é novo e precisa ser acrescentado.

Você deve ter uma ideia aproximada com base em seus objetivos de marketing e na narrativa que escolheu sobre como deseja que a solução continue depois do lançamento primário. Se estiver tendo dificuldade com isso, retorne aos clientes e obtenha mais feedback e informações deles. Não tenha medo de determinar quais necessidades não atendidas eles têm e quais expectativas não foram satisfeitas. Sabendo disso, você terá informação para continuar e reter clientes fiéis e felizes.

Seja qual for o modo como a experiência continua, lembre-se de que ela sempre precisa incorporar certos aspectos centrais:

- Cumprir promessas e atender expectativas dos clientes.
- Adicionar novos conteúdos e novas expectativas para esse conteúdo.

Mas esteja ciente de que seu público pode mudar com o tempo. Pode até mudar durante a fase de planejamento, portanto permaneça atento, sempre verificando, testando e atualizando os perfis pessoais. Muitas necessidades e expectativas não atendidas surgem porque o que foi entregue não era o que o novo público queria, para começo de conversa.

Além disso, manter-se atualizado com seu público significa que você está inovando para ele, mantendo-se, portanto, relevante

– aproximando-se do sonho do ciclo autossustentável de uma boa experiência de jogo.

EXPANSÃO OU RESCISÃO

Outra questão ao considerar a continuação da experiência é a necessidade ou não de uma expansão ou o seu ponto de extinção.

Reflita sobre as métricas que reuniu antes e durante a experiência de gamificação entregue. Os números mostram um aumento na procura? O crescimento do interesse, da adoção do cliente e da receita subsequente permite a expansão? Com isso em mente, você tem conteúdo proposto e concebido suficiente para se expandir? O orçamento cobre isso?

Verificar seu ROI sobre a receita e o lucro será o aspecto mais importante para saber se você pode expandir ou se a experiência tem um ponto de conclusão. Da mesma forma, é preciso considerar se você e sua equipe aprenderam o suficiente com o planejamento e o lançamento da experiência para garantir uma expansão. Construí-la foi confortável o suficiente para que você deseje continuar? Ou talvez tenha sido uma experiência de "trabalho forçado" que é simplesmente tolerável por um certo tempo?

Concluir uma experiência, portanto, tem dois lados. O primeiro é que há uma data clara de início e de fim. O suporte e o conteúdo só duram no intervalo entre uma data e outra, e pronto. Assim como uma refeição de cinco pratos ou uma série de TV, em algum momento os recursos e a narrativa se esgotam.

O outro lado é que, por alguma razão, há uma falta de apoio e/ou de interesse contínua à sua experiência – seja por parte da empresa, da equipe ou dos clientes. Essa é uma realidade triste, mas é uma realidade. A atenção das pessoas vai diminuir e elas vão sair para encontrar coisas mais novas (melhores) que estão oferecendo por aí.

A esta altura, você só tem duas opções: tentar inovar (se ainda não o fez) e esperar reter os clientes; ou, o resultado mais provável, você simplesmente descontinua a experiência. Um conselho que você pode extrair da indústria de jogos é: não deixe que as ofertas mais antigas se prolonguem. Tenha uma data final clara, mesmo que seja a anos de distância, mas tenha uma data final estabelecida. Ter isso significa que você pode usar seus novos aprendizados e inovações em uma nova versão da experiência – uma versão maior, melhor e mais vistosa da sua solução de gamificação de marketing.

CONSELHO FINAL

Nossa sugestão final antes de você fechar este livro é que você tenha em mente alguns pontos simples quando trabalhar com sua solução de gamificação de marketing.

EVITE A SUPERCOMPLEXIDADE E A DOCUMENTAÇÃO EXCESSIVA

Demos muitas dicas, métodos, processos e muito mais ao longo do livro. E grande parte disso resultará em muita papelada. Mas tenha cuidado para não exagerar. Tente manter tudo o mais simples possível; você precisa ser capaz de preservar uma visão geral, fácil e confortável do material para não ser obrigado a ler vários volumes de documentação operacional a fim de conseguir entender e entregar sua solução.

TESTE SEMPRE

Grave esta afirmação na mente: em qualquer estágio em que você esteja, teste. Avalie suposições, processos, resultados. Recomendamos fortemente que você crie protótipos de papel com a maior frequência possível. Quanto mais cedo você colocar à prova sua solução de gamificação de marketing, mais provável será que ela seja bem-sucedida quando lançada. Muitas pessoas adiam os testes até terem uma versão completa do sistema, o que com frequência significa que elas têm pouco tempo, orçamento baixo ou, o pior de tudo, precisam refazer grandes partes do projeto por causa de um teste tardio.

O BOM É INIMIGO DO ÓTIMO

Em contraste com a última afirmação, você deve evitar a avaliação excessiva. Não entre em um ciclo infinito de testes e melhorias, testes e melhorias, sem nunca lançar o produto final. Você não terá tempo ou orçamento para isso, e, em algum momento, é preciso dizer a si mesmo literalmente: *Está tão pronto agora como estará amanhã.* Você precisa fazer o lançamento, então defina um prazo, cumpra-o e trabalhe o mais próximo possível da perfeição.

FIQUE CALMO

Em nome da sua saúde física e mental (e da equipe também), mantenha a calma. Verifique as suposições regularmente, comunique-se de forma consistente e tente não sair do sério. Estresse, ansiedade e outras emoções negativas levam a erros. Lembre-se de que o fracasso é parte do processo de aprendizado; ele é até parte da solução para seus clientes. Portanto, abrace-o.

PENSE NOS JOGADORES

Finalmente, concentre-se na solução dos problemas do jogador. A maioria das soluções de gamificação que falham não se lembrou disso. Se você se concentrar apenas em seus próprios ganhos, os participantes não farão o que você quer (ou mesmo nem participarão). Sua solução de gamificação de marketing foi feita para resolver principalmente as demandas e os problemas do jogador; os objetivos da companhia são secundários. Isso leva a jogadores felizes, que são clientes felizes, o que conduz a um negócio feliz.

ADENDO

Queremos agradecer pela leitura do nosso livro. Foram alguns anos de construção, e esperamos sinceramente que ele tenha ajudado você de alguma maneira na formação e/ou na busca de uma melhor compreensão das soluções de mercado para a gamificação. Se ele de fato o ajudou, por favor, compartilhe o conhecimento com outras pessoas para que todos possamos ter experiências mais significativas e melhores com a gamificação de marketing.

Notas - Referências

1. Chou, Y. K. Octalysis Framework. Disponível em: https://yukaichou.com/gamification-examples/octalysis-complete-gamification-framework. Acesso em: 20 abr. 2019.

2. Chou, Y. K. (2015) *Actionable Gamification: Beyond Points, Badges, and Leaderboards.* Octalysis Media.

3. Chou, Y. K. What is Gamification. Disponível em: https://yukaichou.com/gamification-examples/what-is-gamification. Acesso em: 20 abr. 2019.

4. Burke, B. (2015) *Gamificar: como a gamificação motiva as pessoas a fazerem coisas extraordinárias.* DVS Editora.

5. Burke, B. (2014) Gartner Redefines Gamification. Disponível em: https://blogs. gartner.com/brian_burke/2014/04/04/gartner-redefines-gamification. Acesso em: 20 abr. 2019.

6. Werbach, K. (2012) *For the Win: How Game Thinking Can Revolutionize Your Business.* Wharton Digital Press.

7. Werbach, K. (2012) *For the Win: How Game Thinking Can Revolutionize Your Business.* Wharton Digital Press, p. 26.

8. Suits, B. (2005) *The Grasshopper: Games, Life and Utopia.* Broadview Press.

9. Rollings, A. and Morris, D. (2003) *Game Architecture and Design: A New Edition.* (1ª ed.) New Riders, p. 38.

10. Gabrielle, V. (2018) The Dark Side of Gamifying Work. Disponível em: https://www.fastcompany.com/90260703/the-dark-side-of-gamifying-work. Acesso em: 20 abr. 2019.

11. Fumagall, S. (2015) 01/12/2015, Gamification by Shane Fumagall LinkedIn: Using Gamification to Make People Come Back Every Time. Disponível

em: https://gamificationplus.uk/linkedin-using-gamification. Acesso em: 20 abr. 2019.

12. Wolfe, D. B2B Gamification: How Autodesk Used Game Mechanics for In-trial Marketing. Disponível em: https://www.marketingsherpa.com/video/b2b-gamification-in-trial. Acesso em: 20 abr. 2019.

13. Florentine, S. (2014) How Gamification Makes Customer Service Fun. Disponível em: https://www.cio.com/article/2378252/consumer-technology/ how--gamification-makes-customer-service-fun.html. Acesso em: 20 abr. 2019.

14. (2011) News Badges: The "Gamification" of Google. Disponível em: https://www.insegment.com/blog/news-badges-the-gamification-of-google/. Acesso em: 20 abr. 2019.

15. Lopez, J. (2011) Marriott Makes Facebook Game for Recruitment. Disponível em: http://www.gamification.co/2011/06/24/marriott-makes-facebook-game- for-recruitment. Acesso em: 20 abr. 2019.

16. (2015) Gamification Case Study: M&M's Eye Spy Pretzel. Disponível em: http://www.digitaltrainingacademy.com/casestudies/2015/06/gamification_ case_study_mms_eye_spy_pretzel.php. Acesso em: 20 abr. 2019.

17. Huizinga, J. (2019) *Homo ludens: o jogo como elemento da cultura*. Editora Perspectiva.

18. (2019) History of Games. Disponível em: https://en.wikipedia.org/wiki/History_of_games. Acesso em: 20 abr. 2019.

19. Gee, J. P. (2007) *What Video Games Have to Teach Us About Learning and Literacy*. Palgrave-Macmillan, p. 2.

20. (2019) Digital Video Game Trends and Stats for 2019. Disponível em: https:// filmora.wondershare.com/infographic/video-game-trends-and-stats.html. Acesso em: 20 abr. 2019.

21. (13 abr. 2018) Mobile Revenues Account for More Than 50% of the Global Games Market as It Reaches $137.9 Billion in 2018. Disponível em: https://newzoo.com/insights/articles/global-games-market-reaches- 137-9-billion--in-2018-mobile-games-take-half/. Acesso em: 20 abr. 2019.

22. (12 fev. 2019) Newzoo Estimates eSports Revenue Will Eclipse $1 Billion this Year. Disponível em: https://www.espn.com.sg/esports/story/_/id/25975947/newzoo-estimates-esports-revenue-eclipse-1-billion-year. Acesso em: 20 abr. 2019.

23. (12 fev. 2019) Newzoo: Global Sports Market Will Exceed $1 Billion in 2019. Disponível em: https://www.gamesindustry.biz/articles/2019-02-12- newzoo-global-esports-market-will-exceed-USD1-billion-in-2019. Acesso em: 20 abr. 2019.

24.

   a. (3 jan. 2019) Gamification Market: Global Industry Size, Trends and Forecast 2026 by Credence Research. Disponível em: http://www.abnews wire.com/pressreleases/gamification-market-global-industry-size- trends-and-forecast-2026-by-credence-research_311509.html. Acesso em: 20 abr. 2019.
   b. (Ago. 2017) Global Gamification Market 2017–2021. Disponível em: https://www.technavio.com/report/global-gamification-market. Acesso em: 20 abr. 2019.
   c. (2018) Gamification Market – Growth, Trends, and Forecast (2019–2024). Disponível em: https://www.mordorintelligence.com/industry-reports/gamification-market. Acesso em: 20 abr. 2019.
   d. (2016) Gamification Market. Disponível em: https://www.psmarketresearch. com/market-analysis/gamification-market. Acesso em: 20 abr. 2019.

25. (2016) Gamification Market. Disponível em: https://www.psmarketresearch. com/market-analysis/gamification-market. Acesso em: 20 abr. 2019.

26. McGonigal, J., (2012) *A realidade em jogo*. Editora BestSeller.

27. (2010) How Playboy Seduced Fans on Facebook. Disponível em: http://www.bunchball.com/customers/playboy-miss-social. Acesso em: 20 abr. 2019.

28. Olds, J. and Milner, P. (1954) "Positive reinforcement produced by electrical stimulation of septal area and other regions of rat brain." *Journal of Comparative and Physiological Psychology, 47*(6), 419-427.

29. Pavlov, I. P. (1928) *Lectures on Conditioned Reflexes.* (Translated by W. H. Gantt) London: Allen and Unwin.

30. Skinner, B. F. (1938) *The Behavior of Organisms: An Experimental Analysis.* New York: Appleton-Century-Crofts.

31. Knutson, B. and Samanez-Larkin, G. R. (2012) Brain, Decision, and Debt. In R. Brubaker, R. M. Lawless and C. J. Tabb (Eds.) *A Debtor World: Interdisciplinary Perspectives on Debt.* New York: Oxford University Press, p. 167-180.

32. Eyal, N. (2020) *Hooked (Engajado): como construir produtos e serviços formadores de hábitos.* AlfaCon.

33. Kahneman, D. (2012) *Rápido e devagar: duas formas de pensar.* Objetiva.

34. (8 fev. 2016) Blend It: 6 Remarkable Lessons From this Record Setting Campaign. Disponível em: https://digitalsparkmarketing.com/blend-it/. Acesso em: 20 abr. 2019.

35. Herzberg, F., Mausner, B. and Snyderman, B. (1959) *The Motivation to Work.* (2ª ed.) New York: John Wiley.

36. Vroom, V. H. and Deci, E. L. (1983) *Management and Motivation.* (1ª ed. 1970) Penguin.

37. Kahneman, D., Knetsch, J. L. and Thaler, R. H. (1990) "Experimental Tests of the Endowment Effect and the Coase Theorem." *Journal of Political Economy, 98*(6), 1325-1348.

38. Maslow, A. (1943) "A Theory of Human Motivation." *Psychological Review, 50*(4).

39. Maslow, A. (1964) *Motivation and Personality.* New York, NY: Harper.

40. Pink, D. H. (2019) *Motivação 3.0 – Drive.* Editora Sextante.

41. Deci, E. L. Flaste, R. (1995) *Why We Do What We Do.* USA, Penguin Books.

42. Eyal, N. (2020) *Hooked (Engajado): como construir produtos e serviços formadores de hábitos.* AlfaCon.

43. Pink, D. H. (2019) *Motivação 3.0 – Drive.* Editora Sextante.

44. Campbell, J. (2012) *The Hero with a Thousand Faces (The Collected Works of Joseph Campbell).* New World Library.

45. (2018) Duolingo. Disponível em: https://www.duolingo.com/. Acesso em: 20 abr. 2019.

46. (12 ago. 2015) Gamified Design Review: An In-depth Analysis of Duolingo. Disponível em: http://www.gamification.co/2015/08/12/gamified-design-review-a-in-depth-analysis-of-duolingo/. Acesso em: 20 abr. 2019.

47. Deci, E. L. and Flaste, R. (1995) *Why We Do What We Do.* USA: Penguin Books, p. 66.

48. Vygotsky, L. (18 abr. 2019) Zone of Proximal Development. Disponível em: https://en.wikipedia.org/wiki/Zone_of_proximal_development. Acesso em: 20 abr. 2019.

49. (8 abr. 2019) ROWE. Disponível em: https://en.wikipedia.org/wiki/ROWE. Acesso em: 20 abr. 2019.

50. (2019) ShipIt. Disponível em: https://www.atlassian.com/company/shipit. Acesso em: 20 abr. 2019.

51. (2019) FedEx Day: Lighting Corporate Passion. https://www.scrum. org/resources/fedex-day-lighting-corporate-passion. Acesso em: 20 abr. 2019.

52. Chou, Y. K. (2015) *Actionable Gamification: Beyond Points, Badges, and Leaderboards.* Octalysis Media, p. 131.

53. (2019) SuperBetter. Disponível em: https://www.superbetter.com/. Acesso em: 20 abr. 2019.

54. Gee, J. P. (2007) *What Video Games Have to Teach Us About Learning and Literacy.* New York, Palgrave Macmillan, p. 54.

55. Chou, Y. K. (2015) *Actionable Gamification: Beyond Points, Badges, and Leaderboards.* Octalysis Media, p. 312.

56. Kahneman, D. (2012) *Rápido e devagar: duas formas de pensar.* Objetiva.

57. Schwartz, P. (1979) *The Emergent Paradigm: Changing Patterns of Thought and Belief.* Sri International.

58. (18 abr. 2019) Zone of Proximal Development. Vygotsky, L. Disponível em: https://en.wikipedia.org/wiki/Zone_of_proximal_development. Acesso em: 20 abr. 2019.

59. Csikszentmihalyi, M. (2002) *Flow: The Classic Work on How to Achieve Happiness*. Rider.

60. (2019) LootCrate. Disponível em: https://www.lootcrate.com/. Acesso em: 20 abr. 2019.

61. (2018) HiddenCity. Disponível em: https://www.inthehiddencity.com/. Acesso em: 20 abr. 2019.

62. (3 dez. 2014) Loyalty Case Study: JetBlue's True Blue Rewards. Disponível em: https://blog.smile.io/loyalty-case-study-jetblue-airline-rewards. Acesso em: 20 abr. 2019.

63. (6 abr. 2019) Growth-share Matrix. Disponível em: https://en.wikipedia.org/ wiki/Growth-share_matrix. Acesso em: 20 abr. 2019.

64. (8 abr. 2019) Porter's Five Forces Analysis. Disponível em: https://en.wikipedia. org/wiki/Porter%27s_five_forces_analysis. Acesso em: 20 abr. 2019.

65. (3 abr. 2019) SWOT Analysis. Disponível em: https://en.wikipedia.org/wiki/ SWOT_analysis. Acesso em: 20 abr. 2019.

66. (6 mar. 2019) PEST Analysis. Disponível em: https://en.wikipedia.org/wiki/PEST_analysis. Acesso em: 20 abr. 2019.

67. (10 jul. 2017) So, What Is a Trailblazer?. Disponível em: https://www.salesforce. com/blog/2017/07/so-what-is-a-trailblazer.html. Acesso em: 20 abr. 2019.

68. Fitocracy. Disponível em: https://www.fitocracy.com/about-us/. Acesso em: 7 jul. 2019.

69. (4 mar. 2018) How to Score Leads for Values Alignment. Disponível em: https://www.boundless.ai/blog/how-to-score-leads-for-values- alignment/. Acesso em: 20 abr. 2019.

70. Marczewski, A. (2015) User Types. In *Even Ninja Monkeys Like to Play: Gamification, Game Thinking and Motivational Design.* (1ª ed.) CreateSpace Independent Publishing Platform, p. 65-80.

71. Radoff, J. (2011) *Game On: Energize your Business with Social Media Games.* Wiley Publishing, Inc., p. 81.

72. Campbell, J. (1989) *O herói de mil faces.* Editora Pensamento.

73. (2019) Beaconing Project. Disponível em: http://beaconing.eu/insights/the- whys/. Acesso em: 20 abr. 2019.

74. Rogers, E. (2003) *Diffusion of Innovations.* (5ª ed.) Simon and Schuster.

75. (2 maio 2018) Gamification in Education: 4 Ways to Bring Games to Your Classroom. Disponível em: https://tophat.com/blog/gamification-education- class/. Acesso em: 20 abr. 2019.

76. Case Study – BBVA Game. Disponível em: https://subscription.packtpub.com/book/business/9781783000203/1/ch01lvl2sec05/case-study-bbva-game. Acesso em: 20 abr. 2019.

77. (12 maio 2010) Shadow-Activated QR Code Actually Useful and Cool. Disponível em: https://www.adweek.com/creativity/shadow-activated-qr-code- actually-useful-and-cool-139975/. Acesso em: 20 abr. 2019.

78. Chou, Y. K. (2015) *Actionable Gamification: Beyond Points, Badges, and Leaderboards.* Octalysis Media.

79. Gee, J. P. (2007) *What Video Games Have to Teach Us About Learning and Literacy.* Palgrave Macmillan, p. 137.

80. Csikszentmihalyi, M. (2002) *Flow: The Classic Work on How to Achieve Happiness.* Rider.

81. (2019) Beachbody. Disponível em: https://www.beachbody.com/. Acesso em: 20 abr. 2019.

82. Gee, J. P. (2007) *What Video Games Have to Teach Us About Learning and Literacy.* p. 25.

83. (13 abr. 2019) Sun Wukong. Disponível em: https://en.wikipedia.org/wiki/Sun_Wukong. Acesso em: 20 abr. 2019.

84. (6 ago. 2015) The 8 Best Easter Eggs on Google Maps. Disponível em: http:// www.collegehumor.com/post/7028762/10-easter-eggs-you-can--find-on-google-maps. Acesso em: 20 abr. 2019.

85. (27 dez. 2018) 65 Funny Things to Ask Siri for a Good Giggle. Disponível em: https://www.pocket-lint.com/apps/news/apple/134568-funny-things-to-ask-siri-best-things-to-ask-siri-for-a-giggle. Acesso em: 20 abr. 2019.

86. (10 out. 2011) The Personal Tributes to Steve Jobs Around the World. Disponível em: https://www.theatlantic.com/technology/archive/2011/10/ personal-tributes-steve-jobs-around-world/337035/. Acesso em: 20 abr. 2019.

87. (3 dez. 2015) How to Choose the Right UX Metrics for Your Product. Disponível em: https://library.gv.com/how-to-choose-the-right-ux-metrics-for-your-product-5f46359ab5be. Acesso em: 20 abr. 2019.

88. (2019) Design Sprint Methodology. Disponível em: https://designsprintkit. withgoogle.com/methods/. Acesso em: 20 abr. 2019.

Bibliografia - Leitura adicional

LIVROS

Berger, J. (2014) *Contágio: por que as coisas pegam*. Casa da Palavra.

Bogost, I. (2016) *Play Anything: The Pleasure of Limits, the Uses of Boredom, & the Secrets of Games*. NY: Basic Books.

Brown, S. (2010) *Play: How it Shapes the Brain, Opens the Imagination, and Invigorates the Soul*. USA: Penguin Group Avery.

Burke, B. (2015) *Gamificar: como a gamificação motiva as pessoas a fazerem coisas extraordinárias*. DVS Editora.

Campbell, J. (2012) *The Hero with a Thousand Faces (The Collected Works of Joseph Campbell)*. New World Library.

Chou, Y. K. (2015) *Actionable Gamification: Beyond Points, Badges, and Leaderboards*. Octalysis Media.

Csikszentmihalyi, M. (2002) *Flow: The Classic Work on How to Achieve Happiness*. Rider.

Deci, E. L. and Flaste, R. (1995) *Why We Do What We Do*. USA: Penguin Books.

Eyal, N. (2020). *Hooked (Engajado): como construir produtos e serviços formadores de hábitos*. AlfaCon

Gee, J. P. (2007) *What Video Games Have to Teach Us About Learning and Literacy*. New York: Palgrave Macmillan.

Herzberg, F., Mausner, B. and Snyderman, B. (1959) *The Motivation to Work*. (2ª ed.) New York: John Wiley.

Huizinga, J. (2019) *Homo ludens: o jogo como elemento da cultura*. Editora Perspectiva.

Kahneman, D. (2012) *Rápido e devagar: duas formas de pensar.* Objetiva.

Kahneman, D. Knetsch, J. L. and Thaler, R. H. (1990) "Experimental Tests of the Endowment Effect and the Coase Theorem." *Journal of Political Economy. 98*(6), 1325-1348.

Kapp, K. M. (2014) *The Gamification of Learning and Instruction Fieldbook:* Ideas into Practice. John Wiley & Sons.

Kim, A. J. (2018) *Game Thinking: Innovate Smarter & Drive Deep Engagement with Design Techniques from Hit Games.* (2ª ed.) Gamethinking.io.

Knutson, B. and Samanez-Larkin, G. R. (2012) Brain, Decision, and Debt. In R. Brubaker, R. M. Lawless and C. J. Tabb (Eds.) *A Debtor World: Interdisciplinary Perspectives on Debt.* New York: Oxford University Press.

Marczewski, A. (2015) *Even Ninja Monkeys Like to Play: Gamification, Game Thinking and Motivational Design.* (1ª ed.) CreateSpace Independent Publishing Platform.

Maslow, A. (1943) "A Theory of Human Motivation." *Psychological Review, 50*(4).

Maslow, A. (1964) *Motivation and Personality.* New York, NY: Harper.

McGonigal, J. (2012) *A realidade em jogo.* Editora BestSeller.

Olds, J. and Milner, P. (1954) "Positive reinforcement produced by electrical stimulation of septal area and other regions of rat brain." *Journal of Comparative and Physiological Psychology, 47*(6), 419-427.

Pavlov, I. P. (1928) *Lectures on Conditioned Reflexes.* (Translated by W.H. Gantt) London: Allen and Unwin.

Pink, D. H. (2019) *Motivação 3.0 – Drive.* Editora Sextante.

Radoff, J. (2011) *Game On: Energize Your Business with Social Media Games.* Wiley Publishing, Inc.

Rogers, E. (2003) *Diffusion of Innovations.* (5ª ed.) Simon and Schuster.

Rollings, A. and Morris, D. (2003) *Game Architecture and Design: A New Edition.* (1ª ed.) New Riders.

Routledge, H. (2016) *Why Games Are Good for Business: How to Leverage the Power of Serious Games, Gamification and Simulations.* (1ª ed.) Palgrave Macmillan.

Schell, J. (2010). A arte de game design: o livro original. Elsevier.

Schwartz, P. (1979) *The Emergent Paradigm: Changing Patterns of Thought and Belief.* Sri International.

Skinner, B. F. (1938) *The Behavior of Organisms: An Experimental Analysis.* New York: Appleton-Century-Crofts.

Suits, B. (2005) *The Grasshopper: Games, Life and Utopia.* Broadview Press.

Sutton-Smith, B. (2001) *The Ambiguity of Play.* USA: Harvard University Press.

Thaler, R. H. (2019) *Comportamento inadequado: a construção da economía comportamental.* Actual Editora.

Vroom, V. H. and Deci, E. L. (1983) *Management and Motivation.* (1ª ed. 1970) Penguin.

Walz, S. P. et al. (2015) *The Gameful World: Approaches, Issues, Applications.* USA: MIT Press.

Werbach, K. (2012) *For the Win: How Game Thinking Can Revolutionize Your Business.* Press.

SITES

aeStranger. Disponível em: https://aestranger.com. Acesso em: 20 abr. 2019.

Dr Zac Fitz-Walter. Disponível em: Acesso em: 20 abr. 2019.

Game Thinking. Disponível em: https://gamethinking.io/. Acesso em: 20 abr. 2019.

Gamification Europe. Disponível em: https://gamification-europe.com/. Acesso em: 20 abr. 2019.

Gamification Nation. Disponível em: https://www.gamificationnation.com. Acesso em: 20 abr. 2019.

Gamification+. Disponível em: https://gamificationplus.uk/. Acesso em: 20 abr. 2019.

Gamified UK: Thoughts on Gamification and more. Disponível em: https://www. gamified.uk/. Acesso em: 20 abr. 2019.

Strategic Innovation Lab. Disponível em: https://strategicinnovationlab.com/. Acesso em: 20 abr. 2019.

Yu-Kai Chou. Octalysis Framework. Disponível em: https://yukaichou.com/. Acesso em: 20 abr. 2019.